Transition vers une économie verte

Collection « Afriques en mutations »
Dirigée par Ange Bergson Lendja Ngnemzué (PhD, HDR)

Cette collection accueille des travaux universitaires en sciences humaines et sociales, ainsi que des essais de bonne expertise consacrés à l'Afrique et aux sujets pertinents pour le continent. De facture empirique ou non, les ouvrages de la collection proposent des analyses innovantes ou critiques qui mettent en lumière les racines du présent africain, les logiques endogènes et les transformations qui s'y greffent. L'enjeu est d'explorer au plus près le local et ses rapports au monde, tels qu'ils se construisent sur différents aspects (culturel, politique, économique, diplomatique, etc.) et se confrontent à eux-mêmes ou aux dynamiques importées. Dans le champ des recherches africanistes, ces études montrent un continent profondément diversifié, contemporain et bouillonnant d'inventivité et de créativité humaine, de renouvellement autant sur l'éthique de l'action que sur les techniques de soi. Tous en quête d'innovation, les ouvrages de la collection enquêtent en profondeur, quitte à bouger les lignes traditionnelles d'analyse aux trois niveaux théorique, conceptuel et méthodologique, et à déconstruire les thèses dominantes en cours, qui sont parfois construites hors-sol.

Déjà paru

Mahamadou ZAKARI YAOU, *Lutte contre le djihadisme dans l'Alliance des États du Sahel*, 2024.
Seidik ABBA, *Crise interne au Conseil Militaire Suprême du Niger*, 2024.
Léonard BELEYO NGUINAMBAYE, *Code Civil du Tchad*, 2023.
Titi PALE, *Les femmes ministres en Côte d'Ivoire. Evolutions et enjeux de démocratisation,* 2023.
Freddy Joël TCHANA NANA KOUMOUSSA, *Omar Bongo et la sécurité collective en Afrique centrale,* 2022.
Magatte WADE, *Lat Dior, Damel du Cayor. Vie de combats d'un héros sénégalais*, 2022.

Michel Boukar

Transition vers une économie verte

Bâtir une gouvernance pour l'Afrique et le Tchad

L'Harmattan

5-7, rue de l'École-Polytechnique ; 75005 Paris

http://www.editions-harmattan.fr

ISBN : 978-2-336-49957-4

EAN : 9782336499574

À ma très chère maman,
Rouda Andjapso,
(Eré 1944-N'djamena 5 octobre 2024),
Qui retourne ainsi à la terre
Au moment de publier cet ouvrage.
En ce matin du jour de ton inhumation
(11 octobre 2024) je te dis :
Merci pour tous les soins
Et ces années d'éducation rigoureuse
Qui ont permis de forger
l'homme que je suis.
Je t'aimerai pour toujours maman.

Abréviations et acronymes

AIE : Agence internationale de l'énergie
APD : Aide publique au développement
BAD : Banque Africaine de développement
ODD : Objectifs de Développement Durable
ONG : Organisation non gouvernementale
OMD : Objectif du Millénaire pour le développement
PNUD : Programme des Nations Unies pour le développement
PNUE : Programme des Nations Unies pour l'environnement
PIB : Produit intérieur brut
PSE : Paiement pour les services écosystémiques
OCDE : Organisation de coopération et de développement économiques
ONU : Organisation des Nations Unies
PNUE : Programme des Nations Unies pour l'environnement
PPP Partenariat public-privé
CEA : Commission Economique pour l'Afrique
OMD : Objectifs du Millénaire pour le développement
OMM : Organisation météorologique mondiale
OMS : Organisation mondiale de la santé
ONU DAES : Organisation des Nations Unies, Département des affaires économiques et sociales
ONUDI : Organisation des Nations Unies pour le développement industriel
CCNUCC : Convention-cadre des Nations Unies sur les changements climatiques
CNUCED : Conférence des Nations Unies sur le commerce et le développement
FAO : Food and Agriculture Organization of the United Nations (Organisation des Nations Unies pour l'alimentation et l'agriculture)
FAOSTAT : Food and Agriculture Organization Statistical Databases (Base de données statistiques de l'Organisation des Nations Unies pour l'alimentation et l'agriculture)
FIDA : Fonds international de développement agricole
FMI ! Fonds monétaire international
GAP : Good Agricultural Practices (Bonnes Pratiques Agricoles)
GES : Gaz à effet de serre
GIEC : Groupement intergouvernemental d'Experts pour l'évolution du Climat
GRID : Global Resource Information Database (Base de données sur les ressources mondiales)
IFOAM : International Federation of Organic Agriculture (Fédération internationale des mouvements d'agriculture biologique)

Introduction générale

En 1987, le Rapport Brundtland avait popularisé le concept de « développement durable » au-devant de la scène mondiale. Celui-ci met en avant la nécessité pour les plus démunis de satisfaire leurs « besoins essentiels »[1] et pour la société humaine de réduire ses ponctions sur l'environnement pour se résoudre à « un mode de développement qui répond aux besoins des générations présentes sans compromettre la capacité des générations futures de répondre aux leurs »[2].

Au-delà de son contenu, ce rapport comporte deux points forts, dont le premier est d'avoir poussé ce concept à quitter « le giron des écologistes et des spécialistes de l'environnement pour faire son entrée dans la vaste arène des débats publics »[3]. Le second point fort est d'avoir facilité l'éclosion de concepts nouveaux sur lesquels nous reviendrons (recyclage, économie circulaire, etc.). Cette éclosion permet d'implémenter concrètement le « développement durable », qui est l'une des révolutions les plus significatives de la nouvelle pensée du développement qui émerge au sein de la communauté internationale de l'après-guerre froide.

1. Émergence et enjeux de l'économie verte

Cet essai propose l'esquisse d'une architecture de la gouvernance africaine de la transition vers l'économie verte. Celle-ci fait partie de la vague des concepts *ad hoc* du développement durable. L'économie verte est au service du renforcement de la convergence entre les trois piliers (économique, social et environnemental) de cette nouvelle pensée, et auquel il convient d'ajouter le pilier de la culture. Comme plusieurs autres concepts apparus ces dernières années, l'économie verte est étroitement liée à la mise en œuvre du développement durable. Le Programme des Nations Unies pour l'Environnement (PNUE) définit l'économie verte comme « une économie qui entraîne une amélioration du bien-être humain et de l'équité sociale tout en réduisant de manière significative les risques environnementaux et la pénurie

---

1 UNECA (2013), Étude sur l'économie verte en Afrique de l'Ouest, Renforcement des capacités des pays ouest-africains en économie verte pour l'atténuation des changements climatiques, disponible sur http://www.uneca.org

2 Commission mondiale sur l'environnement et le développement de l'Organisation des Nations unies, présidée par Gro Harlem Brundtland (1987), « Our Common Future », Report.

3 Gendron, C. & Revéret, J. P. (2000). Le développement durable. *Économies et sociétés*, 37 (91), 111-124, p. 112 pour la citation.

de ressources »[4]. Cela se traduit opérationnellement par une économie dont les emplois sont générés par des investissements cherchant à réduire les émissions de CO_2[5], à améliorer le rendement/l'efficacité dans l'usage des ressources, et à empêcher la perte de la biodiversité et des services écosystémiques. L'Organisation de la coopération et de développement économique (OCDE) aborde la croissance verte comme.

> « Une croissance qui favorise la croissance économique et le développement tout en veillant à ce que les actifs naturels continuent de fournir les ressources et les services environnementaux sur lesquels repose notre bien-être. Pour ce faire, elle doit catalyser l'investissement et l'innovation qui étaieront une croissance durable et créeront de nouvelles opportunités économiques »[6].

En pratique, l'économie verte est étroitement associée à l'innovation dans plusieurs domaines : économique pour les activités de production, de transformation et de distribution ; sociale en termes d'équité de genre et géographique, de participation et de système organisationnel ; technologique en termes d'efficience et de sobriété ; environnementale dans la prise en compte des différentes fonctions des écosystèmes.

Depuis des années, la notion « d'économie verte » a rompu ses amarres avec l'univers des spécialistes en économie de l'environnement et rejoint le discours politique au sens large. Les déclarations des chefs d'État et des ministres des Finances, les communiqués du G20 et les acteurs du développement durable et de l'éradication de la pauvreté y font de plus en plus allusion. L'intérêt récent pour ce concept a sans doute été encouragé par la déception généralisée à l'égard du paradigme économique dominant, le sentiment de lassitude suscité par les nombreuses crises simultanées et les dysfonctionnements du marché qui ont marqué la première décennie du nouveau millénaire, en particulier la crise économique et financière de 2008[7].

Mais parallèlement, l'existence d'une alternative, d'un nouveau paradigme économique où la richesse matérielle ne s'accompagnerait pas inévitablement d'une augmentation des risques environnementaux, de la pénurie de ressources et de disparités sociales, se manifeste avec une insistance

---

[4] Source : site du ministère de l'Environnement, de la Lutte contre les changements climatiques, de la Faune et des Parcs, Québec, Canada, information disponible sur : https://www.environnement.gouv.qc.ca

[5] Stern, N. (2007). The Economics of Climate Change: The Stern Review. Cambridge University Press.

[6] OCDE (2011), *vers une croissance verte*, Études de l'OCDE sur la croissance verte, Éditions OCDE, Paris, https://doi.org/10.1787/9789264111332-fr. Voir aussi UNECA (2013), *Étude sur l'économie verte en Afrique de l'Ouest, op. cit.*

[7] Artus, P., Betbèze, J. P., De Boissieu, C., & France. Conseil d'analyse économique. (2008). *La crise des subprimes*. La Documentation française.

croissante. Dans les discours des scientifiques, des experts et des institutionnels autorisés, un consensus se fait de plus en plus pour le passage à autre chose qui serait l'ouverture d'un chantier écologique[8].

2. La gouvernance d'une économie durable

Des faits de plus en plus nombreux étayent ces discours et suggèrent incidemment que la transition vers une économie verte se justifie aussi du point de vue économique et social. Si la prolifération des acteurs et des idéologies sur ce qui se présente désormais comme l'économie verte et de demain engendre des débats animés et des polémiques parfois vives qui opposent des mouvements sociaux aux dirigeants mondiaux sur les questions d'agendas et de priorités[9], de nouveaux arguments solides apparaissent rapidement pour inciter les gouvernements et le secteur privé à redoubler d'efforts pour s'engager dans cette transformation économique[10]. Pour les gouvernements, cela signifierait poser des règles du jeu plus favorables aux produits écologiques. Autrement dit, abandonner progressivement des subventions d'un autre temps, réformer leurs politiques, adopter de nouvelles mesures incitatives, renforcer l'infrastructure des marchés et les mécanismes économiques, réorienter l'investissement public et verdir les marchés publics[11]. Pour le secteur privé, cela nécessiterait de comprendre et de mesurer la chance réelle que représente la transition vers une économie verte dans de nombreux secteurs-clés, et de réagir aux réformes des politiques et aux signaux de prix en augmentant les niveaux de financement et d'investissement[12]. La gouvernance de l'économie verte ou durable devenait nécessaire, après des années de mauvaise allocation des capitaux, qui ont fait le lit de plusieurs crises simultanées qui ont éclaté au cours des deux décennies écoulées. Et la liste est longue : climat, biodiversité, énergie, denrées alimentaires, eau et, plus récemment, la crise du système financier mondial. L'augmentation galopante des émissions de carbone donne lieu à des craintes croissantes d'emballement du changement climatique, avec des conséquences potentiellement désastreuses pour l'humanité, notamment dans la production

---

[8] Audet, R. (2016). Discours autour de la transition écologique. *La transition énergétique en chantier. Les configurations institutionnelles et territoriales de l'énergie*, 11-30.

[9] Salleh, A. (2012). Rio+ 20 et l'économie verte : les technocrates, les méta-industriels, le Forum social mondial et Occupy. *Mouvements*, (2), 83-98.

[10] Programme des Nations Unies pour l'Environnement (2011). *Towards a Green Economy: Pathways to Sustainable Development and Poverty Eradication*. PNUE

[11] United Nations. (2015). Transforming our world: the 2030 Agenda for Sustainable Development. United Nations.

[12] Barbier, E. B. (2016). *Building the Green Economy.* Cambridge University Press. Voir aussi Sachs, J. D. (2015). The Age of Sustainable Development. Columbia University Press.

en élevage et dans le secteur agroalimentaire[13]. Le choc des prix des combustibles de 2007–2008 et la flambée des prix des denrées alimentaires et des matières premières qui en a découlé révèlent aussi bien des faiblesses structurelles que des risques non résolus de la dérégulation des prix sur le marché mondial[14]. Les prévisions de l'Agence internationale de l'énergie (AIE) et d'autres observateurs concernant la demande croissante de combustibles fossiles et la hausse des prix de l'énergie augurent une persistance de la dépendance pour remettre l'économie mondiale sur la voie de la reprise[15].

La situation est d'autant plus critique qu'il n'existe actuellement aucun consensus international sur le problème de la sécurité alimentaire dans le monde ou sur les solutions permettant de nourrir une population de 9 milliards de personnes d'ici 2050. La pénurie d'eau potable constitue déjà un problème planétaire et des prévisions laissent penser que l'écart entre la demande et l'offre renouvelable annuelle d'eau douce va se creuser d'ici 2030[16]. Les perspectives d'amélioration de l'assainissement demeurent sombres pour plus de 1,1 milliard de personnes, et 844 millions d'êtres humains n'ont toujours pas accès à de l'eau potable salubre[17].

Ensemble, ces crises compromettent gravement notre capacité à assurer la prospérité dans le monde et à atteindre les OMD relatifs à la lutte contre l'extrême pauvreté. Elles viennent s'ajouter aux problèmes sociaux persistants liés au chômage, à l'insécurité socioéconomique et à la maladie, et menacent la stabilité sociale. Les causes de ces crises varient, mais elles partagent toutes à la base un point commun : une mauvaise allocation flagrante des capitaux. Au cours des deux dernières décennies, des volumes importants de capitaux ont été investis dans l'immobilier, les combustibles fossiles et les actifs financiers incorporant des produits dérivés, mais relativement peu dans les énergies renouvelables, l'efficacité énergétique, les transports publics, l'agriculture durable, la protection des écosystèmes et de la biodiversité, et la préservation des sols et de l'eau.

La plupart des stratégies de développement et de croissance économiques ont favorisé l'accumulation rapide de capital physique, financier et humain, au prix d'un épuisement et d'une dégradation excessive du capital naturel,

---

[13] Seguin, B., & Soussana, J. F. (2008). Émissions de gaz à effet de serre et changement climatique : causes et conséquences observées pour l'agriculture et l'élevage. *Le Courrier de l'environnement de l'INRA*, *55* (55), 79-91.

[14] Hanne, H. (2010). Pour une modélisation prévisionnelle des marchés de l'énergie. *Géoéconomie*, (2), 121-129.

[15]IEA (2010), World Energy Outlook 2010, IEA, Paris https://www.iea.org/reports/world-energy-outlook-2010, Licence: CC BY 4.0

[16] Éducation, M. (2009). *Shaping the future: How good education systems can become great in the decade ahead.* McKinsey & Company, Singapore.

[17] OMS (2009). Tchad : Appel humanitaire 2009 de l'OMS. Profil Pays. WHO.

c'est-à-dire nos ressources naturelles et nos écosystèmes[18]. Ce schéma de développement et de croissance qui épuise le stock de richesses naturelles mondiales, souvent de manière irréversible, nuit au bien-être des générations actuelles et placera les générations futures devant des risques et des défis considérables. Les multiples crises récentes en sont symptomatiques. Les politiques et les mesures d'incitation économique existantes ont contribué à cette mauvaise allocation des capitaux parce qu'elles permettent aux entreprises de générer des externalités sociales et environnementales importantes, généralement non prises en compte et non contrôlées.

Le crédo de ce livre est de montrer et de soutenir que de meilleures politiques publiques comportant, entre autres, des mesures réglementaires et d'établissement des prix s'imposent pour changer les mesures incitatives perverses qui sont responsables de cette mauvaise allocation des capitaux et ne tiennent pas compte des externalités sociales et environnementales. Simultanément, des réglementations, des politiques et des investissements publics appropriés visant à favoriser le changement dans les schémas de l'investissement privé sont de plus en plus adoptés dans le monde entier, en particulier dans le secteur de l'économie verte des pays en développement[19]. Et l'Afrique dans tout cela ?

3. Quelques faits de gouvernance africaine

Cet essai considère cette préoccupation en se focalisant sur le thème de la transition vers l'économie verte dans l'Afrique contemporaine, et telle qu'il pose la question d'une économie politique adaptée. Partie intégrante de l'économie internationale comme le sont tous les autres continents, l'Afrique s'est résolument engagée dans la transition vers l'économie verte par deux instruments : sa Contribution nationale déterminée (CDN) et son Plan national Climat. À travers des actions de récupération et de valorisation des déchets, ces instruments visent à mettre en place des conditions propices pour l'émergence d'une économie verte, qui permettrait une croissance plus durable et moins néfaste pour l'environnement[20]. En plus des bénéfices pour l'environnement, la gestion des déchets, au centre de cette nouvelle économie, permet aussi d'envisager des gains économiques importants, auprès des communautés locales, impliquées dans les chaînes de valeurs, mais également une opportunité pour soutenir l'innovation technologique dans le pays, à travers notamment les solutions digitales dédiées au suivi, à la collecte, à l'achat, et à la vente de déchets.

---

[18] OCDE (2011) *Towards Green Growth*. OCDE.

[19] PNUE (2010). Green Economy: Developing Countries: Success Stories.

[20]PNUE. (2011). *Towards a Green Economy: Pathways to Sustainable Development and Poverty Eradication*. PNUE.

La Conférence des Nations Unies sur le développement durable (Rio+20) a identifié l'économie verte comme l'une des nombreuses approches du développement durable, précisant notamment que l'économie verte doit « contribuer à l'élimination de la pauvreté et à la croissance économique durable, améliorer l'intégration sociale et le bien-être de l'humanité, et créer des possibilités d'emploi et de travail décent pour tous, tout en préservant le bon fonctionnement des écosystèmes de la planète ». Dans leur position commune pour la Conférence Rio+20, les pays africains ont fait valoir que la transition vers une économie verte pourrait contribuer à la réalisation du développement durable et ont souligné la nécessité que l'économie verte s'appuie sur des impératifs de développement national.

Depuis Rio+20, plusieurs pays africains ont adopté des stratégies de croissance verte et poursuivent un processus de croissance verte dans certains secteurs[21]. En juin 2015, plusieurs pays avaient élaboré des plans d'action ou des stratégies d'économie verte au niveau national, ou étaient en voie de le faire. Il s'agit notamment de l'Afrique du Sud, de l'Éthiopie, du Kenya, du Mozambique, du Rwanda, du Sénégal et de la Tunisie. Plusieurs pays ont en outre réussi à intégrer l'économie verte dans la planification du développement national. Au Kenya, par exemple, la stratégie et le plan de mise en œuvre de l'économie verte ont fait partie du plan à moyen terme pour 2013-2017. Il est entendu que, pour réussir la transition vers l'économie verte, les processus nationaux de planification du développement doivent être replacés dans le contexte de l'économie verte[22]. Pour la plupart des pays, une croissance inclusive et une croissance économique plus à même de lutter contre la pauvreté constituent la priorité. D'autres pays, soucieux que les impacts sociaux et l'inclusivité aillent au-delà de la création d'emplois verts, plaident en faveur d'une protection sociale plus large pour ceux qui seront affectés de manière négative par l'économie verte[23].

La Conférence des Nations Unies sur le développement durable (Rio + 20) a identifié l'économie verte comme l'une des nombreuses approches du développement durable et, en particulier, que l'économie verte devrait « contribuer à l'éradication de la pauvreté, ainsi qu'à une croissance économique soutenue, renforçant l'inclusion sociale, l'amélioration du bien-être humain et la création d'opportunités d'emploi et de travail décent pour

[21] CEA (2013), Rapport économique sur l'Afrique 2013 : Tirer le Plus Grand Profit des Produits de Base africaine : L'industrialisation au Service de la Croissance, de l'Emploi et de la Transformation économique, p. 13.

[22] ILO (2018). World Employment and Social Outlook 2018: Greening with jobs. International Labour Organization (ILO), Geneva.

[23] Global Green Growth Institute (GGGI, 2015). Green Growth in Practice: Lessons from Country Experiences. GGGI.

tous, tout en maintenant le fonctionnement sain de l'écosystème terrestre »[24]. L'économie politique ou la gouvernance est une quatrième dimension critique du développement durable en Afrique, seule région au monde où le nombre de pauvres a augmenté entre 1990 et 2010[25]. Les pays africains se sont engagés à suivre une voie de transformation et de développement durables, avec l'Agenda 2063 comme cadre articulant leurs aspirations au développement.

4. Démarche analytique

L'Agenda 2063 reflète une volonté de prospérité et de bien-être partagés, ancrés dans l'esprit panafricaniste des années 1960, qui était axé sur la libération et l'indépendance politique et économique[26]. La présente étude entreprend une analyse de la transition vers une économie verte en Afrique, en se proposant de répondre à la question de recherche suivante : quelle économie politique adéquate pour porter ce changement de paradigme en Afrique ? Autrement dit, comment l'Afrique, et plus particulièrement le Tchad, peut-elle réussir sa transition vers une économie verte en surmontant les défis politiques, économiques et sociaux, tout en maximisant les avantages environnementaux et en assurant une inclusion sociale équitable ?

Derrière de telles préoccupations, l'objectif principal est de montrer que la transition vers une économie verte en Afrique ne peut se faire qu'à travers la mise en place d'institutions politiques et des instruments à la fois rationnels et critiques. Cela sous-entend que la structure et les systèmes politiques devraient également être transformés dans le cadre du processus de durabilité. Aussi, le présent essai met en évidence et analyse les problèmes d'économie politique qui émergent dans le paysage de l'économie verte dans la région.

Pour étayer davantage cette analyse, nous avons retenu trois objectifs secondaires. Le premier est la définition même de l'économie politique, qui sera considérée ici comme un synonyme de la gouvernance. Il s'agit d'un aspect crucial du développement durable en Afrique. Les pays africains se sont en effet engagés à suivre la voie de la transformation et du développement durable, l'Agenda 2063 constituant le cadre de leurs aspirations au développement. Cet Agenda traduit un désir de prospérité et de bien-être partagés, inscrit dans l'esprit panafricaniste des années 1960, qui mettait

---

[24] Les Nations Unies. Commission économique pour l'Afrique. Les Nations Unies. Commission économique pour l'Afrique (2020). Économie politique d'une économie verte : transition en Afrique. Addis-Abeba ©

[25] Nations unies, « Deuxième Commission : l'éradication de la pauvreté doit être inscrite comme une priorité dans le programme de développement pour l'après - 2015 », article du 17/10/2013, disponible sur https://press.un.org

[26] Les Nations Unies. Commission économique pour l'Afrique (2017). Rapport économique sur l'Afrique 2017. L'industrialisation et l'urbanisation au service de la transformation de l'Afrique, CEA, Addis-Abeba.

l'accent sur la libération et l'indépendance politique et économique[27]. En outre, il ne fait guère de doute que la réalisation d'un avenir prospère sur fond de développement durable exige des stratégies à même de surmonter les énormes défis politiques et économiques[28].

Le second objectif secondaire de cette recherche est de considérer que, compte tenu de l'importance du processus de développement durable à long terme, il faudrait évaluer cette gouvernance à l'échelle sous-régionale. Il faudrait en mesurer la portée (étendue et limites), les institutions, les politiques et instruments décisifs, la structure politique et les systèmes à transformer dans ce processus pour qu'ils s'inscrivent dans la durée. Enfin, un troisième objectif secondaire concernera la portée et les enjeux de cette gouvernance de la transition vers l'économie verte au Tchad. Les atouts et les défis d'une telle transition pour ce pays sahélien aux spécificités notoires doivent être mis en évidence.

Il s'ensuit que la problématique spécifique de cet essai consiste à identifier et à décrypter les grands enjeux politiques et économiques de la transition ; les principales parties prenantes et les mesures incitatives/dissuasives les concernant, les ressources naturelles, les contraintes et les choix ; les gagnants et les perdants de la transition, les groupes d'intérêt et leur influence ou leur poids ; les principaux systèmes politiques et économiques et institutions à travers lesquels les parties prenantes interagissent, et leur rôle dans la transition. L'étude propose un système à même de soutenir la transition, y compris les choix en matière de politique publique et la manière dont ils sont faits, le mécanisme rentable permettant de compenser les perdants ; les valeurs et les normes sociales, et ce qui doit être changé ; et les processus permettant de transformer les institutions[29].

5. Plan de l'exposé

Tous ces développements indiquent clairement que cette étude propose une architecture de la gouvernance de la transition vers une économie verte en Afrique, avec un focus particulier sur le Tchad. L'exposé d'un tel projet analytique sera fait en trois parties, dont la première sera consacrée aux enjeux de l'économie verte. Ce concept est défini au premier chapitre, qui précise ses caractéristiques et ses objectifs. Dans un second chapitre, nous examinerons les atouts de l'économie verte, ainsi que les contraintes socioéconomiques critiques du contexte africain où ce nouveau concept a vocation à s'inscrire

---

[27] *Idem.*

[28] United Nations Economic Commission for Africa (2013). Making the Most of Africa's Commodities: Industrializing for Growth, Jobs and Economic Transformationn Addis-Abeba:. © ONU. ECA. https://hdl.handle.net/10855/23386

[29] Government of Kenya. (2013). Kenya Vision 2030 : Second Medium Term Plan, 2013-2017. Government of Kenya.

dans la gouvernance des ressources naturelles. La deuxième partie, qui est entièrement consacrée au cas du Tchad, s'ouvre sur une présentation de trois cadres spécifiques (géographique, socioéconomique et énergétique) qui permettent d'identifier les défis et les opportunités endogènes.de ce pays engagé dans la transition vers l'économie verte (chapitre 3). À la suite, les acteurs et les stratégies de la gouvernance tchadienne de cette transition sont identifiés et analysés (chapitre 4). Dans la dernière partie de l'étude, les défis politiques et institutionnels de la transition vers l'économie verte sont abordés (troisième partie). Nous analyserons l'architecture de base d'une gouvernance de cette transition, explorant les organes politiques et institutionnels dédiés, les intérêts divergents des acteurs impliqués et les réformes structurelles nécessaires à cette économie politique de la transition verte (chapitre 5). Enfin, le concept « économie verte » sera discuté dans son statut épistémologique, avant d'être mis en perspective dans un ensemble de recommandations que nous prescrivons pour l'inscription des mutations qui lui sont inhérentes dans la gouvernance africaine et tchadienne (chapitre 6).

Première partie :

Les enjeux de l'économie verte en Afrique

Le monde est confronté aux limites du modèle standard du développement, principalement marqué par la recherche d'une croissance économique à tout prix, et cela en usant d'une énergie fossile peu chère et disponible. Un tel modèle a eu pour conséquences l'augmentation exponentielle des émissions de gaz à effet de serre, une dégradation rapide et parfois irréversible de l'environnement, une accentuation des disparités sociales, du sous-emploi, des migrations de populations[30], etc.

En septembre 2015, au terme de près de trois années d'intenses consultations aux trois niveaux mondial, régional et national, l'Assemblée générale des Nations Unies s'est efforcée de sortir de ce modèle énergivore pour adopter un nouveau programme mondial de développement, dont les caractéristiques diffèrent quelque peu de celles des objectifs du Millénaire pour le développement. Mais si ces caractéristiques ouvrent des possibilités nouvelles pour le continent africain, elles sont également annonciatrices de défis opérationnels très importants. Avec ce nouveau modèle, l'économie verte, sans prétendre apporter des réponses toutes faites à l'ensemble des défis auxquels nos sociétés sont confrontées du fait des excès du modèle standard, est considérée comme une démarche stimulante d'ajustement vis-à-vis des ressources naturelles et de l'environnement. Elle nous permet de repenser nos modes de production et de consommation dans une perspective de développement durable[31].

Bien que ce concept fasse parfois l'objet d'incompréhensions ou de controverses, notamment dans certaines de ses définitions, il est désormais au cœur des stratégies nationales et internationales en matière de croissance soutenable et de lutte contre les changements climatiques au même titre que la création d'emplois respectueux de la personne et de l'environnement. Cette première partie présente le concept d'économie verte, dans ses caractéristiques fondamentales et ses objectifs (chapitre 1). Nous mettrons aussi en évidence les atouts spécifiques de la conduite de sobriété énergétique que l'économie verte appelle et encourage de tous ses vœux, sans oublier de montrer et de nommer les incertitudes socioéconomiques, qui tiennent le continent en laisse, devenant d'emblée, l'un des enjeux majeurs, de toute gouvernance de la transition vers l'économie verte en Afrique (chapitre 2).

---

[30] Meadows, D. H., Meadows, D. L., Randers, J., & Behrens, W. W. (1972). *The Limits to Growth: A Report for the Club of Rome's Project on the Predicament of Mankind.* Universe Books.

[31] African Development Bank Group. (2015). Transitioning towards Green Growth: A Framework for the African Development Bank. African Development Bank Group

Chapitre premier :
Qu'est-ce que l'économie verte ?

L'économie verte est un concept nouveau issu du consensus autour de la mise en place du développement durable. Souvent objet de controverses et de définitions pas toujours convergentes, cette nouvelle orientation de la production et de la consommation ers la durabilité demande un certain nombre de précisions lorsqu'il s'agit de parler de l'économie de la gouvernance appropriée pour la transition vers son implémentation véritable dans les sociétés africaines. Ce chapitre liminaire se propose de cerner les contours de l'économe verte en scrutant en profondeur les définitions, les caractérisations et les énonciations qui peuvent retenir ou tout au moins requérir l'attention des décideurs, tout particulièrement pendant la période de transition. En d'autres termes, les analyses de ce chapitre visent à identifier et à articuler l'ensemble des significations et les objectifs de l'économie verte qui peuvent aider à formuler une économie politique judicieuse de cette transition. Pour atteindre cet objectif, le chapitre définit l'économie verte et ses objectifs (section 1), identifie les figures complémentaires de pratiques (section 2) pour s'attarder enfin sur les secteurs-clés de la transition qui en résulte (section 3).

1.1 Définition et objectifs

La popularité du concept d'économie verte n'en fait pas un énoncé univoque. Il fait l'objet de nombreuses interprétations et débats au sein de la communauté scientifique, politique et économique. Cette section a pour objectif de clarifier certains points et de lever certaines équivoques directement liées à cet énoncé et au contexte de son émergence.

1.1.1 Définir l'économie verte

Sur fond de crise écologique, l'expression « économie verte » fait l'objet de plus en plus de débats. L'expression elle-même prête à controverse, peut-être parce qu'elle est devenue l'objet d'un processus de négociation multilatérale, dans le cadre de Rio+20. L'économie verte est un concept qui ne jouit pas encore d'un large consensus (parmi les économistes et les environnementalistes), ni même d'un consensus international. Il s'agit d'un concept très complexe. Il est donc peu probable que sa signification, son utilisation, son utilité et ses implications fassent consensus à court terme[32]. L'expression « économie verte » semble faire référence à une économie qui respecte l'environnement, qui répond au besoin de conserver les ressources naturelles, qui limite le plus possible la pollution et les gaz à effet de serre nuisibles à l'environnement émis par la production industrielle, et qui produit des biens et des services dont l'existence et la consommation ne nuisent pas à l'environnement[33].

L'économie verte est un concept vaste et complexe qui englobe de nombreux aspects, allant des politiques gouvernementales aux pratiques des entreprises, en passant par les comportements individuels. Une définition complète nécessiterait une analyse approfondie de ces différents éléments, ce qui dépasse largement le cadre d'une réponse courte[34]. Il s'agit d'un modèle de développement économique qui vise à réduire les impacts négatifs sur l'environnement tout en améliorant le bien-être humain. Elle se base sur l'utilisation efficace des ressources naturelles, la réduction des émissions de gaz à effet de serre et la promotion d'une économie circulaire[35].

L'économie verte veille à ce que le coût des avantages et des inconvénients environnementaux soit justement pris en compte dans les décisions de l'individu, de l'entreprise et du gouvernement. Étant donné que les actifs environnementaux sont souvent mal valorisés, et que les droits de propriété les concernant ne sont pas clairs, ils sont sujets au jeu de nombreuses externalités, ce qui conduit à leur surexploitation et à leur détérioration. D'où la nécessité d'intervenir pour que les actifs environnementaux soient correctement comptabilisés, collectivement parlant, au titre du « capital naturel » (les aspects vivant ou non de la nature qui sont source de valeur et d'avantages pour la population et qui sous-tendent toutes les autres formes de capital que connaissent les économies et les sociétés). Nombreux sont les cas de défaillances du marché dans lesquels le recours aux prix et aux marchés pour assurer la mise à disposition sociale, spatiale et temporelle de biens et service est susceptible de causer des dommages à la société et à l'environnement. Les émissions de gaz à effet de serre sont l'exemple le plus frappant, mais les menaces pesant sur une variété d'autres biens et services environnementaux, comme l'air pur, les forêts, l'eau, la biodiversité et les

---

32 Barbier, E. B. (2010). À Global Green New Deal : Rethinking the Economic Recovery. Cambridge University Press.

33 United Nations Conference on Sustainable Development (Rio+20). (2012). The Future We Want. United Nations.

34 Organisation for Economic Co-operation and Development (OECD, 2011). Towards Green Growth. OECD Publishing.

35 *Idem.*

ressources génétiques, nécessitent une action des pouvoirs publics afin de corriger les dysfonctionnements du marché[36].

1.1.2 Un produit du développement durable

L'économie verte est un concept *ad hoc* du développement durable, qui peut être défini comme la synthèse d'objectifs économiques, sociaux et environnementaux intégrés dans un cadre cohérent de développement. Dans le document final de la Conférence des Nations Unies sur le développement durable, en 2012, intitulé « L'avenir que nous voulons »[37], les gouvernements ont confirmé le rôle de l'économie verte dans la mise en œuvre du développement durable et ont reconnu que, si l'on ne changeait pas de modèle économique, les objectifs du développement durable resteraient hors de portée. L'émergence de l'économie verte a déjà renforcé l'engagement mondial en faveur du développement durable et a servi de catalyseur au renouveau des politiques nationales à cet égard[38]. En 2016, 80 pays avaient pris des mesures pour accélérer leur transition vers une économie verte, bien que l'ampleur et l'impact de ces mesures varient beaucoup d'un pays à l'autre.

1.1.3 Les principales caractéristiques de l'économie verte

En dépit de son arrimage au développement durable, l'économie verte dégage des caractéristiques spécifiques qui la constituent comme un secteur d'activités aux normes et aux pratiques autonomes. Plus clairement, il s'agit d'un modèle économique qui vise à promouvoir le développement durable tout en minimisant l'impact environnemental. Voici les principales caractéristiques de l'économie verte :

- ✓ *Réduction des émissions de carbone :*

Adoption de technologies et de pratiques qui réduisent les émissions de gaz à effet de serre. La réduction des émissions de carbone est une composante cruciale de l'économie verte, essentielle pour lutter contre le changement climatique et ses impacts négatifs. Voici un développement détaillé sur ce sujet : les émissions de carbone, principalement sous forme de dioxyde de carbone (CO_2), proviennent en grande partie de la combustion des combustibles fossiles, tels que le charbon, le pétrole et le gaz naturel. Ces

[36] United Nations Conference on Sustainable Development (Rio+20). (2012). The Future We Want. United Nations.
[37] Barbier, E. B. (2010). A Global Green New Deal: Rethinking the Economic Recovery. Cambridge University Press.
[38] International Institute for Environment and Development (IIED). (2012). Green Economy: À UK Perspective. IIED

émissions sont un des principaux contributeurs à l'effet de serre, entraînant une augmentation des températures mondiales, des phénomènes météorologiques extrêmes, la montée du niveau des mers et des perturbations écologiques. Réduire ces émissions est donc vital pour limiter le réchauffement climatique et ses conséquences. Cette réduction des émissions de carbone se concrétise par transition vers les énergies renouvelables :

- ✓ *Énergie solaire :* Installation de panneaux solaires pour capter l'énergie du soleil.
- ✓ *Énergie éolienne :* Utilisation des éoliennes pour transformer l'énergie du vent en électricité.
- ✓ *Hydroélectricité :* Exploitation de l'énergie hydraulique des cours d'eau.
- ✓ *Biomasse et biogaz :* Utilisation de matières organiques pour produire de l'énergie.

Au regard de ces caractéristiques, on peut convenir que la transition vers les énergies renouvelables est un pilier fondamental de l'économie verte, visant à remplacer les sources d'énergie fossiles polluantes par des alternatives durables et respectueuses de l'environnement. Les énergies renouvelables, telles que l'énergie solaire, éolienne, hydraulique, et biomasse, offrent un potentiel immense pour réduire les émissions de gaz à effet de serre et limiter les impacts du changement climatique. L'adoption de ces technologies implique des investissements massifs dans l'infrastructure énergétique, la recherche et développement, ainsi que des politiques incitatives pour encourager leur déploiement à grande échelle. Les gouvernements, les entreprises et les citoyens doivent collaborer pour surmonter les obstacles techniques et économiques, en rendant ces technologies plus accessibles et abordables.

1.2 Économie verte et autres modèles complémentaires

Comme mentionné plus haut, l'économie verte est un modèle économique complexe qui exige beaucoup plus qu'une solution technologique ou un simple ensemble de politiques environnementales. De plus, l'économie verte ne peut se réduire à des concepts populaires, tels que l'économie collaborative, l'économie circulaire ou l'économie solidaire. Néanmoins, ces concepts jouent un rôle complémentaire important en mettant en lumière différents aspects de l'économie verte.

1.2.1 Économie collaborative

L'économie collaborative désigne un mode de consommation et de propriété permettant de mettre à disposition d'un grand nombre de personnes des biens dont la propriété est individuelle (par ex. voitures, maisons, outils de travail). Ce type d'économie repose sur l'ancien usage du partage de services proposés par des acteurs publics ou privés (par ex. transports publics, services locaux de taxis, services de logements à louer), la principale innovation étant l'utilisation de plates-formes en ligne facilitant la consommation de ces biens par le plus grand nombre[39]. Le postulat de l'économie collaborative est que de nombreux biens, dont la propriété est individuelle et qui requièrent souvent des sommes importantes à l'achat, ne sont pas pleinement utilisés et restent inactifs sur de longues périodes, alors qu'ils pourraient être beaucoup plus utiles si on les mettait à disposition d'autres personnes[40]. Avantage de cette approche : elle permet de mieux amortir le coût d'achat initial des biens partagés. En outre, ceux qui utilisent ces biens ont moins besoin de les acquérir, ce qui entraîne une moindre production de ceux-ci et des économies pour les consommateurs[41]. Bien que les avantages environnementaux et sociétaux de l'économie collaborative soient bien identifiés, en pratique, ces avantages sont beaucoup plus difficiles à quantifier[42]. La promotion de l'utilisation partagée doit naturellement réduire la demande d'exploitation en ressources, mais des recherches ont montré que, dans certains cas, elle peut entraîner une augmentation de la consommation personnelle, car les biens sont plus immédiatement disponibles à moindre coût (pour chaque utilisation). À cet égard, une analyse empirique plus poussée est nécessaire avant de tirer des conclusions concrètes. L'économie collaborative peut assurément permettre la jouissance de biens de consommation à un niveau de revenu moindre, tout en contribuant peut-être à réduire la production, puisque de plus en plus de biens existants sont utilisés par un nombre croissant de gens. Ce constat a de nombreuses implications, mais la plus importante porte sur la création d'emplois : si de nouveaux postes sont créés, beaucoup plus sont perdus étant donné que la production globale en nouveaux produits et biens se trouve réduite.

1.2.2 Économie circulaire

L'économie circulaire s'écarte radicalement du modèle de production et de consommation linéaire, qui se résume à « extraire-fabriquer-jeter »[43]. Mis en œuvre d'abord pour gérer les circuits des déchets urbains et industriels, les principes de ce modèle sont désormais appliqués dans divers secteurs, comme

---

[39] Botsman, R., & Rogers, R. (2010). What's Mine Is Yours: The Rise of Collaborative Consumption. Harper Business.

[40] Sundararajan, A. (2016). The Sharing Economy: The End of Employment and the Rise of Crowd-Based Capitalism. MIT Press

[41] Schor, J. B. (2014). Debating the Sharing Economy. Great Transition Initiative

[42] Frenken, K., & Schor, J. (2017). Putting the sharing economy into perspective. Environmental Innovation and Societal Transitions, 23, 3-10.

[43] Ellen MacArthur Foundation (2013) « Towards the Circular Economy: Economic and Business Rationale for an Accelerated Transition. » Ellen MacArthur Foundation.

l'exploitation minière et la production alimentaire. L'économie circulaire est centrée sur le processus de production et elle applique le principe du recyclage à toute l'économie. Ce modèle encourage la remise en état, la régénération et la réutilisation des matériaux, il met en avant la gestion efficace et durable des ressources naturelles dans tout leur cycle de vie. Ainsi, on limite la demande en nouvelles ressources et énergies tout en réduisant les contraintes subies par l'environnement en matière d'extraction, d'émissions de carbone et de production de déchets. L'économie circulaire dépend pour une large part de la conception des produits, car celle-ci permet de prolonger leur durée de vie quasiment indéfiniment en remplaçant chacun de leurs constituants lorsqu'ils tombent en panne ou deviennent obsolètes. À l'instar de l'économie collaborative, l'économie circulaire peut induire un effet négatif sur les créations d'emplois en réduisant la production et la consommation de nouveaux biens.

1.2.3 Économie solidaire

Ce modèle repose sur l'idée que toutes les économies doivent soutenir et servir le développement humain, comme en atteste l'expression bien connue « les gens d'abord, les profits après »[44]. L'économie solidaire vise à transcender les relations traditionnelles employé-employeur grâce aux principes d'autodétermination et de coopération, tout en s'appuyant sur d'autres modes de vie, de production et de consommation[45]. Le plus souvent, mais pas exclusivement, l'économie solidaire tend à promouvoir et impliquer les petites et moyennes entreprises étroitement liées au contexte local[46]. Bien qu'un grand nombre de ces entreprises soit à but lucratif, les bénéfices issus de leurs activités profitent en général directement aux producteurs et aux consommateurs[47]. Au plan mondial, l'économie solidaire se caractérise par des mouvements comme le commerce équitable, qui garantit que les producteurs (par ex. les producteurs de café)[48] des pays en développement perçoivent une juste part et que les productions se font de manière durable (par ex. les fèves de café). Bien que pouvant potentiellement réduire l'empreinte environnementale, en particulier lorsqu'elle repose sur la production locale ou

---

[44] Defourny, J. & Develtere, P. (1999). *L'économie sociale au Nord et au Sud.* De Boeck Supérieur.

[45] Laville, J.-L. (2010). L'économie solidaire : Une perspective internationale. Hachette.

[46] Chaves, R., & Monzón, J. L. (2007). The social economy in the European Union. CIRIEC.

[47] Moulaert, F. & Ailenei, O. (2005). Social economy, third sector and solidarity relations: A conceptual synthesis from history to present. Urban Studies, 42(11), 2037-2053.

[48] Utting, P. (2015). Social and Solidarity Economy: Beyond the fringe?. Zed Books.

sur les produits issus d'une exploitation durable, l'économie solidaire est principalement axée sur les aspects sociaux de l'activité économique, sur la démocratie de proximité et sur l'autonomisation[49]. En d'autres termes, la poursuite de ces objectifs peut se faire, quelles que soient les considérations écologiques[50].

1.3 Secteurs-clés d'une transition vers l'économie verte en Afrique

Plusieurs pays africains ayant adopté des stratégies et des politiques d'économie verte ont amélioré leur intégration dans l'architecture nationale de planification du développement. Il s'agit notamment du Rwanda, qui met en œuvre une stratégie de croissance verte et de résilience aux changements climatiques, et de l'Éthiopie, qui a intégré la stratégie d'économie verte de résistance aux changements climatiques dans son plan de croissance et de transformation II. D'autres pays, comme l'Afrique du Sud, le Burkina Faso, le Gabon, le Ghana, le Kenya, le Maroc, le Mozambique et la Tunisie, entre autres, ont progressé, à divers titres, sur la voie de l'écologisation de leur économie[51].

Les domaines phares de la transition vers l'économie verte sont l'agriculture, l'énergie et les mines, l'industrie et le secteur manufacturier, les infrastructures de transport, la construction et les bâtiments écologiques, l'eau et l'environnement, le développement des infrastructures urbaines et la gestion des déchets[52].

1.3.1 Le Secteur agricole

L'agriculture est le secteur qui permettra le mieux de remédier à la pauvreté en Afrique et de libérer son potentiel de développement, car la majorité de la population est employée dans le secteur agricole, qui est resté traditionnel dans sa structure. Une révolution verte n'en est pas moins un enjeu de taille en Afrique, étant donné la diversité des cultures pluviales, l'insuffisance de l'irrigation et la rareté des infrastructures rurales. L'Afrique a donc besoin d'une révolution « arc-en-ciel » pour faire face à la diversité de ses cultures et

---

[49] Utting, P. (2015). Social and Solidarity Economy: Beyond the fringe?. Zed Books.
[50] Laville, J.-L., Lemaitre, A., & Nyssens, M. (2006). Public policies and social enterprises in Europe: The challenge of institutionalization. In Nyssens, M. (Ed.), Social Enterprise: At the crossroads of market, public policies and civil society (pp. 272-295). Routledge.
[51] Republic of Rwanda (2011). Green Growth and Climate Resilience: National Strategy for Climate Change and Low Carbon Development.
[52] UNEP (2011). Towards a Green Economy: Pathways to Sustainable Development and Poverty Eradication.

de ses systèmes agricoles. Une économie verte dans le contexte de l'agriculture doit prendre en considération les défis auxquels ce secteur sera confronté à l'avenir.

La plupart des agriculteurs sont de petits exploitants, dont beaucoup sont pauvres, et une transformation agricole verte devra accroître la productivité, éviter une hausse des prix des denrées alimentaires et, d'une manière générale, avoir un impact sur la pauvreté[53]. Favoriser une transformation durable de l'agriculture peut créer des revenus et des emplois productifs, réduire la pauvreté, les inégalités et l'insécurité alimentaire, conduire à de meilleurs résultats sur le plan environnemental et nutritionnel et contribuer à rendre l'agriculture et les chaînes de valeur plus résistantes aux chocs des changements climatiques et plus attractifs pour les jeunes. En outre, l'adaptation aux changements climatiques et la réduction de la dégradation des écosystèmes qui a des effets négatifs sur l'agriculture, en particulier sur les systèmes de culture pluviale, doivent être la priorité. L'agriculture durable pourrait « consacrer l'agriculture verte et les pratiques d'irrigation durable comme moyen de conserver la qualité des sols, d'améliorer la biodiversité et de maintenir des niveaux de productivité plus élevés pour nourrir une population croissante »[54].

Au Mozambique, par exemple, les actions concrètes qui lient la transformation de l'économie verte et l'agriculture prévoient des mesures visant à accroître la productivité agricole et la création d'emplois. La stratégie consiste à ouvrir des lignes de financement à travers le Fonds de développement agricole et le Fonds de développement des districts, entre autres. À terme, et du moment où elle permet au Mozambique d'exploiter plus aisément ses dix zones agroécologiques et de diversifier l'ensemble de sa production agricole, cette combinaison de facteurs de production permet de réduire sensiblement la pauvreté et se constitue comme une source de croissance économique.

Au Burkina Faso, la forte valeur ajoutée de l'agriculture et des chaînes de valeur est l'une des composantes de la transformation structurelle. Au nombre des objectifs figurent, notamment, le doublement de l'agriculture verte et de la production animale, l'utilisation de pratiques d'irrigation durables visant à préserver la qualité des sols, « l'accroissement de la production alimentaire, la réduction des émissions de carbone »[55] et l'accès aux marchés internationaux des produits écologiques. De même, l'Éthiopie estime que l'investissement du secteur privé est essentiel pour améliorer la productivité des petites exploitations agricoles, consolider les liens entre agriculture et industrie en

---

[53] United Nations Economic Commission for Africa (UNECA, 2016). Greening Africa's Industrialization. UNECA.

[54] CEA. (2011a). L'économie verte et les pratiques d'irrigation durable, p. 7.

[55] International Energy Agency. (2017). L'utilisation traditionnelle de la biomasse solide

accroissant l'accès des acteurs aux nouvelles technologies agricoles, plus adaptées et à bas coûts.

Ces pays africains entendent également cartographier leurs sols, adoptant *de facto* les normes toutes nouvelles de l'agro-écologie, définie comme

> « Une approche intégrée qui applique concomitamment des notions et des principes écologiques et sociaux à la conception et à la gestion des systèmes alimentaires et agricoles », pour « optimiser les interactions entre les végétaux, les animaux, les humains et l'environnement, sans oublier les aspects sociaux dont il convient de tenir compte pour qu'un système alimentaire soit durable et équitable »[56].

1.3.2 Le Secteur de l'énergie

L'Afrique est souvent considérée comme l'épicentre du défi mondial que représente la pauvreté énergétique. Le développement efficace du secteur de l'énergie sera un facteur déterminant du rythme du développement économique et social en Afrique. L'accès limité à l'électricité est une faiblesse fondamentale du système énergétique de l'Afrique subsaharienne et un obstacle majeur au développement[57]. Plus de 650 millions de personnes vivent sans avoir accès à l'électricité et près de 730 millions utilisent des modes de cuisson dangereux et inefficaces, dont dépendent de manière disproportionnée les femmes et les enfants[58].

Par ailleurs, ceux qui ont accès à l'énergie moderne sont confrontés à des prix très élevés pour un approvisionnement à la fois insuffisant et peu fiable. Globalement, le secteur énergétique de l'Afrique subsaharienne ne répond toujours pas aux besoins et aux aspirations de ses citoyens[59]. L'utilisation traditionnelle de la biomasse solide pour la cuisson des aliments, soit l'essentiel de la consommation d'énergie des ménages, a des effets importants sur la santé et l'environnement, d'où la nécessité de passer rapidement à des solutions moins polluantes en Afrique. Un meilleur accès à une énergie moderne et fiable peut stimuler la croissance économique en Afrique subsaharienne. Les ressources énergétiques actuelles de la région sont plus que suffisantes pour répondre à ses besoins globaux, mais elles sont inégalement réparties et sous-développées, ce qui plaide en faveur de

---

[56] FAO, « Les 10 éléments de l'agro-écologie. Guider la transition vers des systèmes alimentaires et agricoles durables », Introduction, p. 1. Rapport disponible sur https://openknowledge.fao.org.

[57] Agence internationale de l'énergie (2014). Accès limité à l'électricité en Afrique subsaharienne.

[58] *Idem*.

[59] *Idem*.

l'intégration énergétique régionale. L'Afrique subsaharienne dispose de ressources renouvelables inexploitées qui pourraient fournir des niveaux d'approvisionnement supérieurs à la consommation intérieure jusqu'en 2040 et bien au-delà. Des mesures doivent être prises aux niveaux national et régional si l'on veut mobiliser des investissements plus importants dans le secteur de l'énergie. Ces mesures supposent de renforcer les cadres directifs et réglementaires de manière à faire émerger des marchés de l'énergie qui fonctionnent bien, de tirer parti des canaux actuels de coopération régionale et, ce qui est peut-être le plus important, d'atteindre des normes élevées de gouvernance, tant pour le secteur énergétique que dans les autres domaines. La communauté internationale se doit de soutenir l'action menée dans tous ces domaines, ce que font déjà de nombreux pays africains. L'accès universel à l'énergie moderne constitue désormais l'un des objectifs du développement durable pour l'après 2015.

1.3.3 Le Transport et infrastructure

L'écologisation du secteur des transports est au centre des stratégies d'économie verte de certains pays. Ainsi, pour l'Éthiopie, les transports et les infrastructures à faibles émissions de carbone sont au cœur de son Plan II de croissance et de transformation/Économie verte résiliente au changement climatique. Le pays a mis sur pied un système de transport de masse qui combine le rail et la route dans la capitale, et un réseau ferroviaire qui renforce sa route commerciale vers le port de Djibouti[60]. L'objectif global du sous-thème des transports est d'adopter des technologies modernes et économes en énergie, d'introduire des normes d'efficacité énergétique pour les véhicules de transport de passagers et de marchandises et de remplacer les combustibles fossiles importés par le biodiesel et l'éthanol produits localement. Pour y parvenir, l'accent a été mis sur l'investissement dans les infrastructures, en particulier dans les sources d'énergie renouvelables (hydroélectrique, géothermique, solaire et éolienne).

En Afrique du Sud, le transport vert ne se limite pas aux spécifications techniques des véhicules qui sont généralement utilisées dans le calcul de la taxe carbone. Il ne s'agit pas seulement de réduire les émissions, mais aussi le nombre de voitures particulières sur les routes, augmentant ainsi la durée de vie des infrastructures de transport. Dans ce contexte, de grandes villes (comme Le Cap, Johannesburg, Tshwane et eThekwini) se sont fixé des objectifs en matière de transports verts, notamment convertir les flottes

[60] Éthiopie, Plan II de croissance et de transformation/Économie verte résiliente au changement climatique.

municipales aux carburants alternatifs et réduire les émissions de gaz à effet de serre d'ici à 2020. Le Plan directeur intégré des transports de 2012 pour le Gauteng est encore plus ambitieux : réduire les émissions de 35 % d'ici à 2020, voire 50 % d'ici à 2040[61].

La feuille de route vers une économie verte au Mozambique définit trois piliers, dont l'infrastructure durable (pour l'énergie, les transports et les villes). Les autres piliers sont l'utilisation durable des ressources naturelles et le renforcement de la résilience et de l'adaptation au changement climatique. Pour ce faire, la politique des transports entend accroître la mobilité et l'accessibilité dans les zones rurales et urbaines, et relier les zones de production des ressources naturelles (principalement les mines, les forêts et la pêche) et les zones agricoles aux marchés (notamment les grands centres urbains). La congestion, problème courant dans de nombreuses villes africaines, a des effets néfastes sur l'économie. L'extension des réseaux ferroviaires et routiers pourrait contribuer à décongestionner les grandes villes et à réduire les émissions des véhicules. Par exemple, le Gouvernement ougandais va construire un premier système ferroviaire léger de transport en commun de 35 kilomètres pour le grand Kampala, tandis qu'un nouveau train à grande vitesse entre Tanger et Casablanca et des systèmes de bus rapides au Nigéria ont été commandés.

1.3.4 Ressources naturelles

La gestion durable des ressources naturelles est l'un des principaux domaines d'intervention de l'économie verte en Afrique, car la plupart des pays reposent toujours sur l'agriculture et les ressources naturelles. La région, dotée de ressources minérales considérables, se classe au premier ou au deuxième rang mondial quant à la quantité de réserves mondiales de plusieurs métaux précieux. Par exemple, les rentes économiques provenant du pétrole et de l'exploitation minière se situent autour de 28 % du produit intérieur brut (PIB), et les ressources naturelles représentent plus de 77 % des recettes d'exportation totales et 42 % des recettes publiques[62]. Les récentes découvertes de matières extractibles dans plusieurs pays africains renforcent d'autant les possibilités d'accroître les rentes de ressources pour ces pays.

La clé de la transformation verte est la manière dont les ressources naturelles sont gérées, exploitées et utilisées, et dont les recettes du secteur

---

[61] Voir le « Gauteng 25 — Year Integrated Transport Master Plan », le plan directeur intégré des transports de cette région sud-africaine pour les 25 prochaines années, disponible sur https://fr.scribd.com

[62] Groupe de la Banque mondiale (2012), Rapport annuel 2012, Agapito Mendes Dias, Administrateur.

sont recouvrées et déployées. Renforcer les liens entre les ressources naturelles et les autres secteurs économiques des pays concernés, par le biais de création de valeur ajoutée et autres mécanismes d'offre et de demande, est essentiel à leur contribution à la transformation de l'Afrique. L'ajout de valeur aux ressources naturelles augmente la part des recettes que conserve un pays, favorise l'emploi dans d'autres secteurs d'activités ayant des liens en amont et en aval, et génère d'autres effets multiplicateurs sur le plan économique. La vision selon laquelle les ressources extractives peuvent servir à propulser l'Afrique dans un processus de modernisation figure dans de nombreux plans et stratégies de développement africains aux niveaux national et régional[63].

Pour autant, des contraintes comme le manque de transparence et de gouvernance, la mauvaise gestion de la rente minière, le caractère enclavé de la plupart des activités, le besoin de renforcer la participation des opérateurs artisanaux, le manque de gestion saine de l'environnement, les risques que présente le marché des produits de base et la nécessité d'adopter des cadres et des politiques de gouvernance adaptés aux besoins des femmes, sont autant de freins au rôle transformateur que peut jouer le secteur des ressources naturelles.

Cette transition vers les énergies renouvelables présente également de nombreux avantages socio-économiques. Elle stimule l'innovation technologique et la création d'emplois verts, tout en renforçant la sécurité énergétique en diversifiant les sources d'approvisionnement. En réduisant la dépendance aux combustibles fossiles importés, les pays peuvent améliorer leur balance commerciale et leur résilience face aux fluctuations des prix de l'énergie. De plus, les énergies renouvelables contribuent à améliorer la qualité de l'air et à protéger la santé publique en réduisant la pollution. Ainsi, la transition énergétique est non seulement une nécessité environnementale, mais aussi une opportunité pour un développement économique durable et équitable.

1.3.4.1 Stratégies de réduction des émissions de carbone

Les normes de l'économie verte s'appliquent de plus en plus dans la conception de bâtiments verts à haute efficacité énergétique, incluant une

---

[63] Par exemples, le Plan d'action de Lagos, le Programme du secteur des minerais de la Communauté de développement de l'Afrique australe (SADC), le Chapitre minier du Nouveau Partenariat pour le Développement de l'Afrique (NEPAD), la Politique de mise en valeur des minerais de la Communauté économique des États de l'Afrique de l'Ouest (CEDEAO), le Partenariat minier africain et la Vision pour l'industrie minière en Afrique.

isolation performante, des systèmes de chauffage et de refroidissement efficaces, et l'utilisation de matériaux durables. On retrouve aussi ces normes vertes dans le développement de véhicules électriques, la promotion des transports en commun, et dans l'encouragement des modes de transport non motorisés, comme le vélo et la marche. L'économie verte développe aussi l'optimisation des processus industriels pour réduire la consommation d'énergie et les émissions, par le captage et le stockage du carbone (CSC) [64], par une Technologie permettant de capter le CO_2 émis par les centrales électriques et les installations industrielles avant qu'il ne soit libéré dans l'atmosphère[65]. On procède au stockage du CO_2 capté dans des formations géologiques souterraines ou utilisations dans des processus industriels. Ces stratégies interviennent également dans la foresterie et l'utilisation des terres. Des protocoles de la reforestation consistent à suivre des normes écologiques pour planter des arbres pour absorber le CO_2 de l'atmosphère. Dans l'agriculture durable, les pratiques agricoles qui séquestrent le carbone dans le sol et réduisent les émissions sont encouragées, notamment dans l'agroforesterie et l'agriculture régénératrice.

1.3.4.2. Utilisation efficace des ressources

La mise en place d'une économie verte est incitative pour une utilisation efficace des ressources. Assurément, une amélioration de l'efficacité des ressources permet de minimiser les déchets et la consommation d'énergie. L'utilisation efficace des ressources est essentielle pour assurer la durabilité économique, environnementale et sociale. Dans le contexte actuel de croissance démographique et d'urbanisation rapide, la demande en ressources naturelles — y compris l'énergie, l'eau, les minéraux et les matériaux de construction continue d'augmenter[66]. Une gestion inefficace de ces ressources entraîne non seulement une dégradation environnementale, mais aussi des pénuries qui peuvent freiner le développement économique et exacerber les inégalités sociales. Par conséquent, il est crucial de mettre en place des stratégies pour maximiser l'efficacité de l'utilisation des ressources. Cela inclut des techniques de production et de consommation qui minimisent les déchets, optimisent l'utilisation de l'énergie et des matériaux, et prolongent la durée de vie des produits par le biais de la réutilisation et du recyclage.

---

[64] IPCC (2019). Climate change and Land. Groupe d'experts intergouvernemental sur l'évolution du climat

[65] UNEP (2017). Resource Efficiency : Potential and Economic Implications. Programme des Nations Unies pour l'environnement.

[66] World Bank (2018). The Role of Resource Efficiency in Promoting Sustainable Development. Banque mondiale.

L'industrie joue un rôle central dans cette transition vers une utilisation plus efficace des ressources. Les entreprises peuvent adopter des pratiques de production plus durables, telles que la conception écoresponsable, l'économie circulaire, et la symbiose industrielle[67]. La conception écoresponsable consiste à développer des produits qui utilisent moins de ressources et qui sont plus faciles à recycler[68]. L'économie circulaire vise à fermer le cycle de vie des produits en réutilisant, réparant, remanufacturant et recyclant les matériaux autant que possible. La symbiose industrielle, quant à elle, encourage les entreprises à collaborer pour utiliser les déchets d'une industrie comme matières premières pour une autre. Ces pratiques permettent non seulement de réduire les coûts de production, mais aussi de diminuer l'empreinte écologique des entreprises et de créer des emplois dans les secteurs du recyclage et de la gestion des déchets.

À l'échelle individuelle, les consommateurs peuvent également contribuer à l'utilisation efficace des ressources en adoptant des modes de vie plus durables. Cela peut inclure des choix de consommation, tels que l'achat de produits durables et de haute qualité, la réduction des déchets alimentaires, et la préférence pour les biens et services locaux et saisonniers. Les politiques publiques jouent également un rôle clé en promouvant l'éducation environnementale et en mettant en place des incitations pour encourager des comportements durables, comme les subventions pour les technologies d'économie d'énergie et les programmes de recyclage. En outre, des régulations plus strictes sur les émissions et la gestion des ressources peuvent aider à orienter les marchés vers des pratiques plus durables. Ainsi, l'utilisation efficace des ressources nécessite une approche intégrée impliquant les efforts combinés des gouvernements, des industries et des consommateurs pour parvenir à un avenir durable.

1.3.4.3 Énergies renouvelables

L'économie verte incite à la promotion et à l'utilisation accrue des sources d'énergie renouvelable, comme le solaire, l'éolien, l'hydroélectricité et la biomasse[69]. La promotion et l'utilisation accrue des sources d'énergie renouvelable sont des piliers essentiels pour un avenir énergétique durable[70]. Ces sources d'énergie offrent des alternatives propres et inépuisables aux

---

67 European Commission (2020). Circular Economy Action Plan. Commission européenne.

68 IEA (2020). World Energy Outlook 2020. Agence internationale de l'énergie.

69 IPCC (2019). *Climate change and Land.* Groupe d'experts intergouvernemental sur l'évolution du climat.

70 UNEP (2017). Resource Efficiency : Potential and Economic Implications. Programme des Nations Unies pour l'environnement.

combustibles fossiles traditionnels, réduisant ainsi les émissions de gaz à effet de serre responsables du changement climatique. L'énergie solaire, par exemple, utilise la lumière du soleil captée par des panneaux photovoltaïques pour générer de l'électricité. Grâce à des technologies en constante amélioration, l'efficacité des panneaux solaires a considérablement augmenté, rendant cette option de plus en plus viable pour une large gamme d'applications, des petites installations résidentielles aux grandes centrales solaires[71]. De même, l'énergie éolienne exploite la force du vent pour produire de l'électricité à travers des éoliennes, qui peuvent être installées aussi bien sur terre qu'en mer, offrant une flexibilité géographique et une production énergétique substantielle.

En parallèle, l'hydroélectricité, qui utilise la force de l'eau en mouvement — notamment des rivières et des barrages pour produire de l'électricité, reste l'une des sources d'énergie renouvelable les plus développées et les plus stables. Elle offre l'avantage de pouvoir fournir une production continue et fiable, ce qui est particulièrement précieux pour répondre aux besoins énergétiques de base et stabiliser les réseaux électriques. La biomasse, qui comprend les déchets organiques, les résidus agricoles et le bois, est une autre source d'énergie renouvelable significative[72]. Elle peut être utilisée pour produire de la chaleur, de l'électricité et des biocarburants, contribuant ainsi à une réduction des déchets et à une gestion plus durable des ressources naturelles. La biomasse présente également l'avantage d'être une source d'énergie locale, réduisant la dépendance aux importations de combustibles fossiles et soutenant les économies rurales par la création d'emplois[73].

Pour maximiser le potentiel des énergies renouvelables, il est crucial de mettre en place des politiques de soutien robustes et des incitations financières. Les gouvernements peuvent jouer un rôle clé en établissant des tarifs de rachat garantis, des crédits d'impôt, et des subventions pour les projets d'énergies renouvelables. De plus, des investissements dans la recherche et le développement sont nécessaires pour améliorer l'efficacité des technologies existantes et en développer de nouvelles. Par exemple, des innovations dans le stockage de l'énergie, comme les batteries avancées, sont essentielles pour surmonter le défi de l'intermittence des sources d'énergie renouvelables et assurer une fourniture d'énergie stable et fiable. Par ailleurs,

---

[71] World Bank (2018). The Role of Resource Efficiency in Promoting Sustainable Development. Banque mondiale.

[72] International Energy Agency (IEA, 2020). "Renewables 2020: Analysis and Forecast to 2025." IEA.

[73] World Bioenergy Association (WBA, 2021). "Global Bioenergy Statistics 2021." WBA.

l'éducation et la sensibilisation du public sont également importantes pour encourager l'adoption des énergies renouvelables à grande échelle. En fin de compte, la promotion et l'utilisation accrue des énergies renouvelables nécessitent une approche intégrée et collaborative, impliquant les gouvernements, le secteur privé, les communautés locales et les individus pour construire un avenir énergétique durable et résilient.

1.3.4.4. Économie circulaire

L'économie circulaire consiste à passer d'un modèle économique linéaire (produire, consommer, jeter) à un modèle circulaire où les produits sont réutilisés, réparés, recyclés et revalorisés[74]. La transition d'un modèle économique linéaire à un modèle économique circulaire est une transformation nécessaire pour garantir la durabilité environnementale, économique et sociale[75]. Dans un modèle linéaire, les ressources naturelles sont extraites, transformées en produits, utilisés et finalement éliminés sous forme de déchets[76]. Ce processus conduit à une consommation excessive de ressources et à une accumulation de déchets, aggravant les problèmes environnementaux, tels que la pollution et l'épuisement des ressources. En revanche, un modèle économique circulaire vise à maintenir les ressources en circulation le plus longtemps possible en réutilisant, réparant, recyclant et revalorisant les produits et matériaux. Cela permet non seulement de réduire la pression sur les ressources naturelles, mais aussi de minimiser les déchets et les émissions de gaz à effet de serre.

L'implémentation d'un modèle économique circulaire nécessite des changements significatifs dans la manière dont les produits sont conçus, fabriqués et consommés. Les entreprises doivent adopter des stratégies de conception écoresponsable qui facilitent la réutilisation, la réparation et le recyclage des produits. Cela implique l'utilisation de matériaux durables, l'optimisation des processus de production pour minimiser les déchets, et la conception de produits modulaires et réparables. Par exemple, dans l'industrie de l'électronique, des initiatives visant à concevoir des appareils avec des composants facilement remplaçables peuvent prolonger la durée de vie des produits et réduire les déchets électroniques. En outre, les modèles commerciaux basés sur l'économie de fonctionnalité, où les consommateurs

---

[74] Ellen MacArthur Foundation (2013). Towards the Circular Economy: Economic and Business Rationale for an Accelerated Transition.

[75] OECD. (2020). *Circular Economy in Cities and Regions: Synthesis Report.* Organisation de coopération et de développement économiques

[76] European Commission (2014). Towards a Circular Economy: A Zero Waste Programme for Europe.

paient pour l'usage d'un produit plutôt que pour sa possession, peuvent également encourager une utilisation plus durable des ressources.

Les consommateurs jouent un rôle crucial dans la transition vers une économie circulaire en adoptant des comportements de consommation responsables. Cela inclut la préférence pour des produits durables, réparables et recyclables, ainsi que la participation active à des pratiques de recyclage et de réutilisation. Les gouvernements et les politiques publiques ont également un rôle essentiel à jouer en créant un cadre réglementaire favorable à l'économie circulaire. Des mesures telles que les incitations fiscales pour les entreprises circulaires, les normes de produits durables, et les programmes de sensibilisation du public peuvent encourager la transition. Par ailleurs, la collaboration entre les différents acteurs, entrepris, consommateurs, gouvernements et organisations non gouvernementales — est essentielle pour créer des boucles de rétroaction positive et promouvoir l'innovation dans les pratiques circulaires. En fin de compte, la transition vers un modèle économique circulaire offre une opportunité de repenser la manière dont nous utilisons les ressources, en favorisant une économie plus résiliente, équitable et respectueuse de l'environnement.

1.3.4.2.5. Protection de la biodiversité

L'économie verte procède aussi par la protection de la biodiversité désigne la conservation et la restauration des écosystèmes naturels, ainsi que la protection de la biodiversité. La conservation et la restauration des écosystèmes naturels sont essentielles pour la protection de la biodiversité et la santé de notre planète[77]. Les écosystèmes naturels, tels que les forêts, les prairies, les zones humides et les récifs coralliens, jouent un rôle crucial en fournissant des services écosystémiques indispensables, tels que la purification de l'eau, la régulation du climat, la pollinisation des cultures et la protection contre les catastrophes naturelles[78]. Cependant, ces écosystèmes sont gravement menacés par les activités humaines, notamment la déforestation, l'urbanisation, la pollution et le changement climatique. La conservation de ces habitats naturels est donc vitale pour maintenir la biodiversité, car chaque écosystème abrite une multitude d'espèces interconnectées qui dépendent les unes des autres pour survivre[79].

La restauration des écosystèmes dégradés est une étape cruciale pour inverser les dommages causés par des décennies d'exploitation et de destruction. Les initiatives de restauration visent à réhabiliter les zones dégradées en rétablissant les fonctions écologiques et en réintroduisant des espèces indigènes. Cela peut inclure des efforts tels que la reforestation, la

---

[77] MEA (2005), p. 9.
[78] TEEB (2010), p. 14.
[79] IPBES (2019), p. 47.

restauration des zones humides, et la réhabilitation des sols érodés. Par exemple, la reforestation aide non seulement à absorber le dioxyde de carbone, mais aussi à restaurer les habitats pour les espèces sauvages et à stabiliser les sols. De plus, la restauration des zones humides améliore la filtration de l'eau et fournit des habitats essentiels pour de nombreuses espèces aquatiques et terrestres. Ces initiatives de restauration nécessitent une planification minutieuse et une gestion adaptative pour s'assurer qu'elles répondent aux besoins spécifiques des écosystèmes locaux et des communautés humaines qui en dépendent[80].

La protection de la biodiversité va au-delà de la conservation et de la restauration des écosystèmes naturels ; elle implique également la mise en place de politiques et de réglementations robustes[81]. Les gouvernements, les organisations internationales et les communautés locales doivent collaborer pour créer des aires protégées, établir des corridors écologiques et appliquer des lois strictes contre la chasse illégale, la pêche non durable et le commerce de la faune sauvage. Les programmes de conservation doivent également inclure des stratégies de gestion durable des ressources naturelles qui intègrent les connaissances traditionnelles et scientifiques.

Par ailleurs, il est crucial de sensibiliser le public à l'importance de la biodiversité et de promouvoir des pratiques durables dans l'agriculture, la pêche et l'exploitation forestière. En fin de compte, la protection de la biodiversité et la restauration des écosystèmes naturels sont des impératifs non seulement pour la santé de notre environnement, mais aussi pour le bien-être économique et social des générations présentes et futures.

1.3.4.2.6. Création d'emplois verts

La création d'emplois verts est le développement de nouveaux emplois dans des secteurs durables, comme les énergies renouvelables, l'agriculture biologique, le recyclage, etc. Le développement de nouveaux emplois dans les secteurs durables, tels que les énergies renouvelables, l'agriculture biologique et le recyclage, représente une opportunité majeure pour construire une économie verte tout en stimulant la croissance économique. Les énergies renouvelables, en particulier, offrent un potentiel significatif de création d'emplois à travers l'installation, la maintenance et l'exploitation des technologies solaires, éoliennes, hydrauliques et de biomasse. Par exemple, le déploiement de parcs solaires et éoliens nécessite une main-d'œuvre qualifiée pour l'assemblage et l'installation des équipements, ainsi que pour la gestion et la maintenance des infrastructures énergétiques. Ces emplois contribuent non seulement à la réduction des émissions de gaz à effet de serre, mais également à la diversification de l'économie et à l'amélioration de la sécurité

[80] UNEP (2015), p. 22.
[81] CBD (2021), p. 35.

énergétique. De plus, les politiques de soutien et les incitations financières, telles que les crédits d'impôt pour les énergies renouvelables, peuvent accélérer l'expansion de ce secteur et augmenter encore davantage les opportunités d'emploi.

1.3.4.2.7. Agriculture biologique et création d'emplois durables

L'agriculture biologique est un autre secteur clé pour la création d'emplois durables. En se concentrant sur des pratiques agricoles respectueuses de l'environnement, telles que la rotation des cultures, l'utilisation de compost et de fumier naturel, et l'élimination des pesticides et engrais chimiques, l'agriculture biologique favorise la santé des sols, la biodiversité et la résilience climatique[82]. Ce mode de production requiert souvent plus de main-d'œuvre que l'agriculture conventionnelle, en raison des techniques de gestion intensive des terres et de la surveillance accrue des cultures. En conséquence, le développement de l'agriculture biologique peut générer une multitude d'emplois dans les fermes, les coopératives agricoles, et les marchés locaux, tout en offrant des produits plus sains aux consommateurs[83]. En outre, les formations et les programmes d'éducation en agriculture biologique peuvent préparer une nouvelle génération d'agriculteurs et de travailleurs agricoles à adopter des pratiques durables, contribuant ainsi à une transition vers une économie plus verte et plus résiliente.

1.3.4.2.8 Recyclage et économie circulaire

Le recyclage et l'économie circulaire sont également des secteurs prometteurs pour la création d'emplois durables. Le passage d'un modèle économique linéaire à un modèle circulaire implique la réutilisation, la réparation, le recyclage et la revalorisation des matériaux et des produits, réduisant ainsi les déchets et la consommation de ressources naturelles. Le secteur du recyclage, en particulier, nécessite une main-d'œuvre importante pour la collecte, le tri, le traitement et la revalorisation des matériaux recyclables[84].

Par exemple, les centres de tri et de traitement des déchets créent des emplois dans la gestion des déchets, la maintenance des équipements et la logistique. De plus, l'innovation dans le design de produits recyclables et la recherche de nouvelles techniques de recyclage peuvent ouvrir de nouvelles opportunités d'emploi dans la recherche et développement. En investissant dans les infrastructures de recyclage et en promouvant des politiques favorables à l'économie circulaire, les gouvernements et les entreprises

---

[82] AO (2019), p. 12.
[83] OECD (2020), p. 25.
[84] UNEP (2018), p. 22.

peuvent stimuler la création d'emplois tout en contribuant à un avenir plus durable[85].

1.3.4.2.9 Innovation technologique

L'économie verte encourage l'innovation technologique pour développer des solutions écologiques et durables. L'innovation technologique est un moteur crucial pour le développement de solutions écologiques et durables, permettant de relever les défis environnementaux mondiaux tout en stimulant la croissance économique. Les avancées technologiques offrent des moyens novateurs pour réduire les émissions de gaz à effet de serre, améliorer l'efficacité énergétique, et promouvoir l'utilisation des ressources renouvelables. Par exemple, les technologies propres, telles que les panneaux solaires de nouvelle génération, les éoliennes à haute efficacité et les systèmes de stockage d'énergie avancés sont essentielles pour la transition vers une économie bas-carbone. De plus, les innovations dans les domaines de l'intelligence artificielle et de l'Internet des objets (IoT) permettent une gestion plus intelligente et efficace des réseaux énergétiques, réduisant ainsi les pertes et optimisant la consommation d'énergie. Encourager l'innovation technologique dans ces domaines est donc vital pour atteindre les objectifs de développement durable et lutter contre le changement climatique.

[85] European Commission (2021), p. 35.

Chapitre 2 :
Atouts de l'économie verte et pesanteurs économiques africaines

Les analyses qui précèdent montrent clairement que l'économie traditionnelle, polluante et insouciante, n'a plus la cote à l'échelle mondiale. La production énergivore des biens et la pratique irresponsable du gaspillage sont des faits que la culture toute nouvelle de l'économie durable rend répréhensibles d'un point de vue moral et légal. En rendant les coûts de la pollution prohibitifs et en intégrant l'indice carbone dans le système de production des biens de consommation courante, les législateurs ont fait la meilleure publicité des choix durables de production et rendu le plus grand service au développement de l'économie verte. Quels sont les objectifs et les avantages d'une transition africaine vers cette nouvelle économie ? Comment le déficit du financement du développement durable en Afrique témoigne des contraintes économiques endogènes et qui sont susceptibles de plomber l'incorporation des promesses de l'économie verte ?

Ce chapitre répond à ces questions, qui invitent à l'analyse d'un paradoxe : en dépit de ses objectifs progressistes et de ses avantages structurels, l'économie verte n'est pas facile à implémenter dans l'Afrique des pénuries économiques. Ce chapitre analyse ce paradoxe en examinant, dans une première section, les objectifs de l'économie verte, pour préparer l'analyse de l'étendue des avantages de cette nouvelle offre globale dans des sociétés africaines aux économies en développement (section 2). La troisième section décrypte les pesanteurs économiques africaines qui peuvent compromettre l'incorporation socioéconomique et culturelle de l'offre de l'économie verte.

2.1 Les objectifs de l'économie verte

Les États africains ont des économies basées essentiellement sur les ressources naturelles[86]. Ils peuvent en tirer davantage de valeur en favorisant des activités qui valorisent et perpétuent ce capital. Les activités vertes créent de nouveaux marchés et permettent la création d'emplois[87]. La transition vers une économie verte ne pourrait qu'améliorer la croissance économique plus qu'un simple maintien du *statu quo* ou des politiques publiques qui entravent le développement. Les besoins de financement de cette transition sont certes importants, mais, selon le Programme des Nations Unies pour l'Environnement, à l'échelle globale, investir 2 % du PIB mondial d'ici 2050

[86] UNEP (2023), Strategies for Supporting Green Economy. p. 22.
[87] United Nations (2021), Global Challenges: Poverty and Climate Change. p. 30.

dans des secteurs ciblés, comme l'agriculture et l'énergie permettrait d'accélérer la croissance économique. C'est ainsi que les dirigeants africains ont lié le financement de la lutte contre le dérèglement climatique à celui de la transition verte.

Dans le cadre de la lutte contre le dérèglement climatique, plusieurs instruments économiques ont vu le jour, notamment le mécanisme de développement propre et le marché carbone découlant du protocole de Kyoto. Des institutions financières publiques, des fonds souverains et des banques de développement ont également commencé à orienter une partie de leurs investissements dans l'économie verte, favorisant son développement bien qu'il soit encore modeste.

Cependant, les États africains n'ont pas réussi à capter la majorité de ces investissements. Pour l'heure, ils développent différentes stratégies pour accroître leur soutien à l'économie verte[88]. Celles-ci apparaissent notamment dans les contributions prévues déterminées nationales (CPDN), soumises à l'Accord de Paris sur le climat. Ils se sont engagés sur des objectifs chiffrés de réduction d'émissions de carbone. La réalisation de ces objectifs traduisant une économie sobre en carbone reste conditionnée en grande partie par des apports financiers extérieurs.

Le monde est confronté à deux enjeux majeurs et inséparables : l'éradication de la pauvreté et la transition écologique, en particulier pour ne dépasser 2 °C d'augmentation moyenne des températures[89]. C'est l'approche choisie par les Nations Unies, qui, après avoir adopté les objectifs de développement du Millénaire, sont en train de définir les Objectifs de Développement durable, destinés à entrer en vigueur au 1er janvier 2016. Dans le document préparatoire, on peut constater que les 17 objectifs couvrent les dimensions économiques, sociales et environnementales. Ainsi, le groupe de travail propose que chaque État s'engage à éradiquer la pauvreté sous toutes ses formes et partout (objectif 1), à assurer l'accès à une énergie disponible, soutenable et moderne à chacun 25 (objectif 7), à promouvoir une croissance soutenue, soutenable et inclusive, le plein emploi et un travail décent pour tous (objectif 8), à réduire les inégalités entre et à l'intérieur de chaque pays (objectif 10), à faire des villes et des implantations humaines inclusives, sûres, résilientes et durables (objectif 11), à assurer des modes de production et de consommation soutenables (objectif 12), et enfin à prendre des mesures urgentes pour lutter contre le changement climatique et ses impacts (objectif 13). On peut regretter que le modèle de développement sous-jacent soit celui de la croissance verte et que la question de la justice nord-sud, en

[88]United Nations (2021), Overview of the 17 Sustainable Development Goals. p. 28.
[89] African Union (2022), Linking Climate Finance to Green Transition. p. 8.

particulier celle de la responsabilité du dérèglement climatique, ne soit pas plus clairement pointée. On peut aussi déplorer que le respect de ces 17 objectifs soit volontaire pour chaque État, qui choisira lui-même les moyens de les atteindre et les indicateurs de suivi, alors que la réduction des inégalités entre États et la lutte contre le changement climatique requièrent la participation forte et la coordination de l'action de tous les États. Mais le fait est que jamais une approche aussi systémique du développement n'avait été proposée par les Nations Unies[90].

Selon le dernier rapport du GIEC, le dérèglement climatique va perturber le climat des différents pays du monde et engendrer plus d'insécurité alimentaire et de catastrophes naturelles. Cependant tous les pays ne sont pas exposés à ces risques de la même façon. L'exposition aux aléas climatiques est définie comme la présence de personnes, de moyens de subsistance, de ressources et de services environnementaux, d'éléments d'infrastructures ou de biens économiques, sociaux ou culturels susceptibles de subir un dommage. L'insécurité alimentaire et les catastrophes naturelles vont augmenter fortement dans les pays du sud, qui sont majoritairement des pays en voie de développement. Ainsi, selon les projections, l'abondance de ressources halieutiques va diminuer dans les pays du sud et augmenter dans les pays du nord, de même que la productivité agricole. Les évènements climatiques violents, ceux qui provoquent des catastrophes naturelles, vont devenir plus intenses et plus fréquents dans les pays du sud. Et finalement, alors que les pays en développement ne sont que très faiblement responsables des émissions de gaz à effet de serre depuis le début de l'ère industrielle, le dérèglement climatique va certainement y provoquer plus de dommages que dans les pays développés. Tout ceci va renforcer les inégalités entre pays développés et pays en développement, mais aussi entre les territoires et les groupes sociaux des pays en développement[91].

Certaines régions du monde cumulent un fort aléa et une forte vulnérabilité, elles seront confrontées à des risques importants qui dépassent de très loin leur capacité à les surmonter. En particulier, l'Afrique subsaharienne, les petits États pauvres de l'Amérique Centrale et des Caraïbes, certains pays d'Asie ayant une longue façade maritime, comme le Bangladesh, le Cambodge, le Vietnam, ainsi que les archipels insulaires (Philippines, Indonésie, petites îles entre océans indien et pacifique). De plus, dans les territoires des pays du sud, tous les groupes sociaux ne sont pas égaux face au changement climatique. D'une manière générale, les groupes sociaux

---

[90] United Nations (2022), Systemic Approach to Sustainable Development. p. 40.
[91] African Development Bank (2022), Challenges in Capturing Green Investments. p. 20.

les moins favorisés sont aussi les plus affectés, particulièrement dans les pays les plus touchés par le changement climatique, mais aussi dans des pays qui le sont moins, mais qui ont peu de politiques de réduction des inégalités et de filets sociaux. Cela s'explique par le fait que « Les moyens d'existence des personnes pauvres sont davantage directement liés aux ressources naturelles, et, comme ces personnes vivent souvent dans les zones les plus vulnérables, elles souffrent le plus de la dégradation de l'environnement. »[92].

La vulnérabilité politique et institutionnelle, ou, autrement dit l'absence ou la défaillance de politiques s'ajoute bien souvent à la vulnérabilité physique. Ainsi, en l'absence de filets sociaux, une catastrophe naturelle ou un épisode sévère d'insécurité alimentaire risque de faire tomber des pans entiers des populations touchées dans la « trappe à pauvreté »[93]. Si une famille a pour tout capital productif une vache et qu'elle la perd, emportée par une catastrophe naturelle, ou qu'elle est contrainte d'emprunter à des taux usuraires pour acheter de l'alimentation après une sécheresse sévère, elle tombe dans cette trappe et ne pourra en sortir sans aide extérieure. L'Afrique, face à son activité à faible degré de transformation caractérisée par la rareté des produits à forte valeur ajoutée et une production centrée sur les matières premières et les produits de base risque de piéger l'Afrique au pied de l'échelle économique, là où elle devra continuer de dépendre de l'importation de produits à valeur élevée et de n'avoir que des liens ténus avec les produits de l'économie du savoir, la R-D et l'amélioration technologique.

Il y a lieu d'ouvrir le débat sur la meilleure stratégie à adopter pour sortir de ce piège, étant donné la contraction de la « marge d'action » dont les pays disposent pour prendre des mesures de politique industrielle sur le plan mondial. Certains font valoir que les pays africains devraient concentrer leurs investissements dans des domaines où ils disposent d'un avantage comparatif, en particulier les produits agricoles et de base, car c'est là qu'ils peuvent donner toute la mesure de leurs compétences et de leur esprit d'entreprise[94].

D'autres observateurs estiment, au contraire, qu'une telle stratégie ne sortirait pas les pays africains du piège du bas revenu, et qu'ils continueraient d'être devancés sur le terrain des compétences, des revenus, de la puissance commerciale et de la technologie. Les producteurs africains resteraient des partenaires subalternes dans les chaînes de valeur mondiales, dont les plus hauts niveaux concentrent le pouvoir et le profit. C'est pourquoi des auteurs

---

[92] Nations unies (2015) Objectifs du millénaire pour le développement, Rapport 2015

[93] United Nations Development Programme (2022), The Poverty Trap and Natural Disasters. p. 18.

[94] Voir, par exemple, Lin et Monga (2010) African Union (2022), Investment Strategies and Comparative Advantage. p. 42.

comme Chang Ha-Joon recommandent une politique industrielle « intelligente » menée par des pouvoirs publics qui repoussent les limites de la marge d'action, négocient avec des sociétés de premiers plans dans les chaînes de valeur mondiales, recherchent les moyens de créer des liens internes et investissent dans de nouveaux domaines d'activité où les pays peuvent graduellement acquérir un avantage comparatif[95].

L'environnement économique mondial est plus complexe que ne pourrait le donner à penser cette simple alternative stratégique. Les brevets, les chaînes de valeur, les économies d'échelle, les flux d'investissement mondiaux, les sociétés transnationales et les droits de propriété intellectuelle requièrent tous que la voie choisie par un pays prenne en compte ce à quoi aspirent d'autres pays géographiquement proches et éloignés, et qu'il détermine sa capacité relative d'attirer le type d'investissements dont il a besoin de la part de sources internationales et intérieures.

Contradiction croissance-environnement. Il a souvent été affirmé que l'économie verte était un luxe à la portée des seuls pays riches : pour les pays pauvres, le développement devait l'emporter sur l'environnement[96]. Selon un argument tout aussi couramment avancé par les économistes néoclassiques, la question de l'inclusion sociale pouvait se régler par la taxation et la redistribution une fois réglée la question, prioritaire, de la croissance économique[97].

Dans ces deux situations, le gouvernement est censé se tenir en retrait pour laisser libre cours à l'économie de marché. Cette approche part du principe que la non-intervention en matière d'environnement maximisera la croissance et fournira des ressources plus que suffisantes pour couvrir les coûts de la supervision environnementale et sociale. La contradiction résulte donc du conflit entre deux objectifs désirables, mais incompatibles. Synergies croissance-environnement. La thèse des synergies entre croissance et environnement se situe à l'opposé de celle de la contradiction[98].

Selon ce point de vue, loin de compromettre le taux de croissance, l'approche environnementale joue en faveur de celui-ci. Perman et Stern (2003) montrent que le fondement statistique de la thèse de la contradiction croissance-environnement n'est pas solide, en ce qu'il ne rend pas compte du fait que négliger l'environnement aujourd'hui peut avoir comme conséquence de compromettre activement la croissance présente et future. La thèse de la

---

[95] *Idem.*

[96] Grossman, G. M. (1995), The Environment and Growth: The Role of Economic Development. p. 23.

[97] Neoclassical Economists (2022), Economic Growth and Social Inclusion. p. 31

[98] Growth and Environment Review (2023), Synergies Between Economic Growth and Environmental Protection. p. 16.

contradiction ne tient pas compte non plus du fait que la réglementation tend à être plus efficace dans les pays à revenus élevés, et que, lorsque survient un problème de pollution dans un pays à revenus moyens ou faibles, sa résolution après-coup sera dans une large mesure inefficace[99].

- *Type de croissance*

Au fond, une telle analyse pose la question du type de croissance. En effet, la question de la contradiction entre la croissance et l'environnement n'est pas seulement une question de taux de croissance, mais aussi de type de croissance, et de distribution des fruits de la croissance. Le calcul conventionnel du PIB ne renseigne guère sur les aspects qualitatifs du taux de croissance, ce qui complique l'argumentation pour ou contre l'existence de contradictions ou de synergies entre la croissance et l'environnement. Préférences temporelles. Il est important de savoir pendant quel laps de temps la contradiction croissance-environnement sera de mise. Pendant combien de temps une croissance écologiquement destructrice peut-elle se justifier avant que les bienfaits de sa progression rapide ne puissent servir à remettre l'environnement en état ?[100]

À l'inverse, s'il est question de synergies entre la croissance et l'environnement, combien de temps faut-il pour qu'elles se concrétisent ? Et si un investissement à court terme est requis pour réaliser des gains à moyen et à long terme, quelle période d'amortissement faut-il raisonnablement prévoir ? Pour l'Afrique, les coûts du « comme si de rien n'était » en termes de revenus, de croissance et de santé seront lourds compte tenu de l'accroissement rapide de la demande engendrée par une consommation croissante partout sur le continent. Réparer les dégâts causés à l'environnement est une entreprise difficile et dispendieuse[101].

C'est par exemple le cas des sols emportés par l'érosion hydrique, qui souvent finissent dans les réservoirs des barrages, réduisant la capacité de production d'énergie et d'irrigation de ces ouvrages : récupérer ces sédiments par excavation pour les retransporter ensuite jusqu'aux terres dont ils ont été détachés serait une tâche extrêmement onéreuse. Les politiques visant à réaliser une industrialisation verte et inclusive ne peuvent être esquivées.

Il reste que la logique de la « contradiction » peut être invoquée par ceux qui ne sont pas appelés à profiter de la nouvelle orientation. Ainsi, un

---

[99] Global Environmental Change Journal (2022), Regulatory Effectiveness and Pollution Management. p. 35.

[100] Sachs, Jeffrey D. (2015), "The Age of Sustainable Development." Columbia University Press.

[101] Organisation for Economic Co-operation and Development (OECD, 2016), "The Economic Consequences of Outdoor Air Pollution." OECD Publishing.

gouvernement qui voudrait se doter d'une ligne de chemin de fer électrifiée pour assurer le fret à destination et en provenance de son port pourrait-il essuyer l'opposition de politiciens influents qui ont déjà investi dans un parc de camions et pour qui le transport de marchandises est une activité forte lucrative. Le reste de ce rapport réexamine notamment la mesure dans laquelle la relation entre la croissance et l'environnement est synergique ou contradictoire, la qualité de la croissance concernée et la durée optimale pendant laquelle le décideur politique doit se poser ces questions.

Même si cela reste vrai dans l'ensemble du monde, le capital naturel (terres, forêts, pêche, etc.) représente, pour le continent africain, une ressource vitale qu'il convient de préserver, que c'est pour des questions de sécurité alimentaire ou de création de richesse. Ceci étant dit, force est de constater qu'elles sont soumises à de très fortes pressions et dégradations que ce soit pour alimenter le marché international ou pour répondre aux besoins d'une population en rapide et forte augmentation qui aspire légitimement à des conditions de vie améliorées (accès à l'énergie, à l'eau, à la nourriture, à la santé, etc., mais aussi impératifs de réduction de la pauvreté et des inégalités). Une transition vers une économie plus respectueuse de l'environnement et socialement inclusive est donc indispensable afin de permettre le développement durable des moyens de subsistance des populations fortement dépendantes des ressources naturelles, tout en autorisant un développement soutenable inscrit dans la durée et créateur de richesses économiques partagées.

Cependant, malgré l'urgence de la situation, il y a actuellement trop peu de connaissances sur les politiques les plus efficaces à mettre en œuvre pour soutenir l'émergence d'une économie verte en Afrique. Cette réalité peut en partie s'expliquer par la relative complexité de la question qui nécessite d'être traitée sous couvert d'une approche systémique[102].

Pour autant, et cela constitue sans aucun doute une bonne nouvelle, de plus en plus d'initiatives, de programmes et de projets sont mis en œuvre sur cette question cruciale afin d'accompagner l'ensemble des acteurs publics et privés et les différentes composantes de la société civile à identifier et mettre en place les réponses les plus appropriées pour soutenir l'émergence d'une économie verte en Afrique[103]. Le Programme Économie verte en Afrique (ou P-EVA) s'inscrit résolument dans cette démarche. Le Programme EVA est le fruit d'une collaboration multipartite, regroupant les partenaires suivants (voir la

[102] Perman, R., & Stern, D. I. (2003), Re-evaluating the Growth-Environment Nexus. p. 29.

[103] Global Environmental Change Journal (2022), Regulatory Effectiveness and Pollution Management. p. 35.

description des partenaires de ce programme en Annexe) : L'Institut de la Francophonie pour le Développement durable (IFDD), organe subsidiaire de l'Organisation internationale de la Francophonie (OIF), le Centre international des Technologies de l'Environnement de Tunis (CITET) l'Université Senghor d'Alexandrie, l'Observatoire du Sahara et du Sahel (OSS), l'Union Internationale pour la Conservation de la Nature (UICN), l'association ÉNERGIES 2050[104].

L'ambition de cette collaboration multipartite est de concevoir et de mettre en œuvre un programme de renforcement des capacités et d'accompagnement sur l'économie verte pour les pays africains francophones en développement. L'objectif général du Programme Économie verte Afrique est de promouvoir l'élaboration et la mise en œuvre de politiques vertes en Afrique aux niveaux national et régional, dans une perspective de développement durable et d'élimination de la pauvreté. Il s'agit de favoriser le plaidoyer politique, l'assistance technique, la production de connaissances et la mobilisation de ressources financières au profit des opérateurs institutionnels, des réseaux de la société civile, des organismes du monde universitaire et du secteur privé.

2.2 Les avantages africains de l'économie verte

L'économie verte présente des atouts pour de nombreux pays en développement, compte tenu de leur profil à faible émission de carbone et de la richesse de leur capital naturel. Les investissements « verts » peuvent être stimulés par des politiques publiques bien conçues, des dépenses ciblées et des mesures incitatives. De nombreux pays d'Afrique, par exemple, disposent d'importantes ressources minérales et énergétiques, telles que le lithium, le graphite, le cobalt, le nickel, le cuivre et les minéraux de terres rares, qui offrent de nouvelles opportunités de marché pour la transition verte. Ces pays étant peu enclins à utiliser des technologies énergétiques fossiles, ces opportunités pourraient aider le continent à se doter d'un secteur énergétique durable, intégré et équipé face au changement climatique.

Une économie verte promet de remplacer le statu quo par un système qui engendre « une amélioration du bien-être humain et de l'équité sociale, tout en réduisant considérablement les risques environnementaux et les pénuries écologiques »[105]. Malgré les dimensions économique, environnementale et sociale du développement durable, rien ne permet de présumer que ce système sera par définition inclusif et qu'il favorisera automatiquement des sociétés

---

[104] Sustainable Growth Analysis (2023), Types of Growth and Environmental Impact. p. 40.

[105] CEA et PNUE (2011), p. 1.

plus équitables, d'où la nécessité que les politiques visant à verdir l'économie soient conçues de façon à maximiser les avantages et à réduire les coûts pour les pauvres et les personnes les plus vulnérables de nos sociétés. Un concept plus large « d'économie verte inclusive » intègre pleinement et de manière explicite les aspects de viabilité sociale, notamment en contribuant au développement humain et à l'amélioration des conditions de vie des pauvres et des personnes vulnérables[106]. Les liens d'interdépendance entre les politiques et stratégies d'économie verte inclusive et le rôle qu'elles jouent dans la transformation structurelle des pays africains sont évidents.

Sur le plan conceptuel, la transformation structurelle s'accompagne des processus interdépendants suivants : recul de la part de l'agriculture dans le PIB et l'emploi ; évolution rapide des sites économiques et de l'urbanisation du fait de l'exode rural ; essor d'une économie industrielle et tertiaire moderne, avec une classe moyenne en pleine expansion ; changement dans la répartition des revenus et dans le cadre institutionnel ; et transition démographique vers des taux de natalité et de mortalité faibles[107].

La transformation structurelle elle-même peut donner lieu à trois résultats ou phénomènes interdépendants : accroissement de la productivité, industrialisation, diversification économique et compétitivité ; changements dans la répartition des revenus et réduction de la pauvreté ; et développement humain accru. La dynamique de transformation structurelle en Afrique dopera inévitablement l'utilisation des ressources ainsi que le développement et l'utilisation des infrastructures, en particulier dans le domaine de l'énergie et des transports pour l'industrialisation, avec des résultats sociaux et environnementaux non souhaitables. En outre, la forte dépendance des économies africaines à l'égard des ressources naturelles pourrait accroître la pression sur les ressources.

Globalement, une économie verte inclusive est un système économique de production, de distribution et de consommation qui tend à obtenir des résultats équilibrés dans les trois dimensions du développement durable (économique, sociale et environnementale), grâce à des politiques qui favorisent la croissance, l'utilisation efficace des ressources et un développement sobre en carbone, protègent et améliorent la biodiversité et les écosystèmes, et sont socialement inclusives. L'économie verte inclusive devrait donc assurer une croissance économique durable, une réduction de la pauvreté, une meilleure inclusion sociale et le bien-être humain. Elle devrait également créer des

---

[106] Samans (2013) in ECA (2016 b).
[107] Timmer et *coll.* (2012) dans CEA (2016 b).

possibilités d'emploi et de travail décent pour tous, tout en appuyant et en préservant un bon fonctionnement des écosystèmes de la planète[108].

Dans le contexte de la transformation structurelle de l'Afrique, l'économie verte inclusive peut contribuer à accélérer et à promouvoir le développement industriel durable. Elle peut stimuler la production, la disponibilité et l'efficacité des énergies renouvelables, et accroître la production et la productivité agricoles durables.

De même, elle peut contribuer à exploiter durablement les ressources naturelles du continent, élargissant ainsi les débouchés commerciaux, créant des emplois et réduisant la pauvreté. Ce qui met en lumière le rôle que joue l'économie verte inclusive dans la transformation structurelle durable des pays africains et la corrélation entre les deux phénomènes[109].

Au niveau opérationnel, les buts et objectifs de l'économie verte inclusive et de la transformation structurelle doivent être traduits en politiques et stratégies dans un contexte politique et institutionnel favorable. L'environnement macroéconomique et les perspectives d'évolution des politiques sont des conditions préalables au bon fonctionnement d'un système d'économie verte ouvert à tous.

Les réformes fiscales vertes tendent à décourager la surexploitation des ressources tout en créant des incitations à la durabilité. Ce qui produit à son tour des recettes et assure la souplesse budgétaire nécessaire à l'investissement public vert et aux dépenses sociales qui profitent aux pauvres. L'accent que nombre de stratégies nationales mettent sur les changements environnementaux et climatiques peut mettre en péril le financement d'activités qui ont une composante sociale importante, par opposition à l'objectif d'une économie verte inclusive, qui est d'atteindre un équilibre économique, social et environnemental dans les activités de développement. La croissance verte, qui présente de multiples facettes, suscite des débats politiques polarisants, notamment sur la question de savoir si une stratégie de croissance verte permettra d'obtenir une croissance économique et des avantages environnementaux importants.

> « Pour lutter contre la pauvreté, accélérer la croissance et le développement et faire face aux changements climatiques, il faudra opérer des arbitrages et des choix politiques entre des priorités qui se renforcent mutuellement, mais sont d'égale importance pour améliorer le bien-être et la qualité de vie des citoyens africains »[110].

---

[108] Nations Unies (2012), *op.cit.*

[109] Gaye et *ali.*(2015).

[110] CEA et PNUE (2011), p. 2.

L'économie verte promeut une économie sobre en carbone, économe en ressources naturelles et à fort impact social. Dans le même sillage, l'Accord de Paris (21 COP) sur le climat et le programme à l'horizon 2030 pour l'atteinte des objectifs de développement durable (ODD) soulignent la nécessité de soutenir les actions du développement durable à travers l'économie verte. En effet, huit ODD sur dix-sept considèrent l'économie verte comme l'une des principales alternatives durables pour la préservation de l'environnement et l'atteinte des objectifs de l'agenda 2030. L'économie verte favorise une croissance soutenue du revenu et de l'emploi, permet la réduction de la pauvreté aux moyens d'investissements publics et privés sur le capital naturel, contribue à la réduction des émissions de carbone et de la pollution, améliore l'efficacité de l'utilisation de l'énergie et des ressources, et empêche les pertes de biodiversité et la dégradation des services fournis par les écosystèmes. Ainsi, le passage à une économie verte paraît incontournable pour assurer le développement durable et lutter contre la pauvreté en considérant l'environnement comme un déterminant de la croissance économique et du bien être humain.

L'économie verte permet de passer du modèle classique de croissance systématique à un modèle dans lequel le bien-être des populations s'accroît au sein d'une économie socialement inclusive, économe en ressources et sobre en carbone. Plus simplement, l'économie verte vise à faciliter le découplage entre économie et environnement de sorte que production et consommation restent dans les limites de la capacité de la planète, terme désignant généralement leur capacité à générer leurs propres ressources et absorber la pollution et les impacts environnementaux des activités humaines. L'économie verte vise à une réduction drastique des déchets et à une limitation des ressources et de l'énergie allouées à la consommation et à la production, en particulier par le développement de nouvelles technologies et de processus innovants (le principe d'efficacité). À des stades plus avancés de développement, l'économie verte vise également à garantir que les gains d'efficacité réalisés par l'économie ne sont pas réduits à néant par des niveaux trop importants de consommation et de production (le principe de suffisance 2)[111].

En termes pratiques, cette définition de l'économie verte englobe les points suivants :

[111] UNEP (2011). Towards a Green Economy: Pathways to Sustainable Development and Poverty Eradication. United Nations Environment Programme.

- ✓ méthodes et moyens pour réduire, réutiliser et recycler autant que possible la production économique (biens de consommation ainsi que biens d'investissement, par exemple les machines et les équipements),
- ✓ investissements à fort coefficient de capitaux dans les énergies renouvelables (par ex. le solaire, l'éolien, la géothermie) et dans les biens publics favorisant un usage commun (par ex. les transports en commun) par opposition à la propriété individuelle (par ex. les voitures particulières),
- ✓ changements de politiques pouvant être réalisés à moindre coût pour la population et règles pour mieux assurer un usage équitable des ressources environnementales (par ex., règle de rendement énergétique pour l'industrie automobile, taxe sur la consommation électrique au-delà d'un certain niveau),
- ✓ lois et politiques économiques permettant de répartir plus équitablement les gains de productivité et soutenant l'emploi et les revenus (par ex. lois pour protéger les droits des ouvriers à la négociation),
- ✓ réformes de la politique fiscale afin d'intégrer les coûts externes (c'est-à-dire le coût environnemental réel de tout ce qui est produit) tout en mobilisant les ressources publiques pour les investissements verts et en orientant le comportement des producteurs et consommateurs vers le développement durable[112],
- ✓ nouveau système de comptabilité environnementale prenant en compte, dans l'économie, les coûts externes environnementaux ainsi que de nouveaux indicateurs de développement durable et de bien-être des populations comme alternatives au Produit intérieur brut (PIB). La transition vers une économie verte peut faire avancer le programme mondial de développement durable en ouvrant la voie à l'éradication de la pauvreté et en favorisant la mise en œuvre des Objectifs de développement durable. Cette transition est déjà en cours, bien que de nombreux problèmes entravent ses progrès. Beaucoup de pays prennent des mesures, ou en ont déjà pris, pour réformer leurs structures juridiques et de gouvernance en vue d'y inclure des lois et des politiques orientées vers l'économie verte.

L'économie verte inclusive offre à l'Afrique une possibilité crédible de parvenir au développement durable. Elle permet d'envisager sous un autre angle la solution des problèmes de développement particuliers à la région, notamment la persistance de la pauvreté et du chômage, la détérioration de l'environnement, la vulnérabilité au changement climatique et

---

[112] European Commission (2014). Towards a Circular Economy: A Zero Waste Programme for Europe. European Commission.

l'accroissement rapide de la population[113]. Si l'économie verte peut favoriser la croissance en Afrique, c'est grâce à l'énorme patrimoine de ressources naturelles qui forme pour la plupart des pays la base de la croissance économique[114].

Mais ce n'est pas une raison pour faire fi des incertitudes et des risques pour la croissance économique future dont s'accompagne inévitablement le remplacement du modèle économique classique par l'économie verte. La transition est donc à concevoir comme un changement global — social, économique, politique et socioculturel — dont le bon déroulement exige un soutien politique et social, à cause d'incertitudes et de craintes concernant la répartition équitable des coûts et avantages dont elle peut s'accompagner. Ces considérations doivent donc s'intégrer dans les plans de développement à long terme, qui ont des conséquences fondamentales sur la poursuite du développement durable.

Cette transition appelle un ensemble complexe de mesures favorables, dont des institutions et des politiques de soutien pour la sous-tendre, des instruments de politiques publiques motivants qui la stimulent, un environnement porteur pour l'innovation et l'adoption de technologies vertes qui n'excluent aucun groupe de la société, la consolidation de capacités à tous les niveaux, permettant de mettre en œuvre les politiques et les stratégies d'économie verte inclusive, un financement suffisant pour la transition, mobilisant des ressources et des investissements intérieurs comme internationaux, et un rôle accru du secteur privé, s'ajoutant à l'action publique pour dynamiser la transition.

2.3 Le déficit de financement des objectifs de développement durable en Afrique

Le World Investment Report (Rapport sur l'investissement dans le monde) de 2023 met en exergue le déficit d'investissement annuel grandissant qui entrave la marche des pays en développement vers les objectifs de développement durable d'ici à 2030. Les insuffisances actuelles représentent plus de 4 000 milliards de dollars des États-Unis par an, soit une forte hausse par rapport aux 2 500 milliards de dollars manquants en 2015, l'année où les objectifs du Programme 2030 ont été définis[115]. Selon la voie choisie, le coût annuel de la réalisation des objectifs pour les pays en développement entre

---

[113] OECD (2012). Green Growth and Developing Countries: A Summary for Policymakers. Organisation for Economic Co-operation and Development
[114] United Nations (2015). Transforming our world: the 2030 Agenda for Sustainable Development. United Nations.
[115] United Nations (2023), World Investment Report 2023, NexYork.

2023 et 2030 varie entre 6,9 et 7,6 billions de dollars[116]. Les flux d'investissement dans les infrastructures et les principaux secteurs porteurs sont toutefois très limités. Selon le rapport World Energy Investment 2023 (Investissements énergétiques dans le monde), sur les quelque 10 000 milliards de dollars investis dans les technologies énergétiques propres au niveau mondial entre 2015 et 2022, seuls 211 milliards l'ont été en Afrique (soit à peu près 2 %)[117].

La transition vers les énergies propres en Afrique nécessitera un investissement annuel d'environ 190 milliards de dollars sur la période 2026-2030[118]. La concrétisation des contributions déterminées au niveau national des pays africains demandera près de 3 000 milliards de dollars de financement conditionnel et inconditionnel d'ici à 2030, somme qui est proche d'une année entière du produit intérieur brut (PIB) de l'Afrique en termes courants[119]. La Commission économique pour l'Afrique (CEA) estime que, pour réaliser des progrès notables en matière d'accès à l'électricité, la capacité installée en Afrique doit doubler pour atteindre au moins 500 GW en 2023, et être multipliée par cinq d'ici à 2025. Une telle croissance requerrait des investissements de l'ordre de 500 milliards de dollars et de 2 000 milliards de dollars d'ici à 2030 et 2050, respectivement[120].

Les dépenses effectivement consacrées à la réalisation des objectifs en Afrique sont inférieures aux montants nécessaires. L'insuffisance des mesures prises pour réaliser les objectifs se traduit par un cercle vicieux : le déficit d'investissement augmente la vulnérabilité aux risques, laquelle aggrave les incidences de ces risques, incidences qui restreignent à leur tour la marge de manœuvre budgétaire, ce qui, en fin de compte, entraîne une hausse des coûts de financement et des déficits d'investissement.

---

116 Conférence des Nations Unies sur le commerce et le développement, « The costs of achieving the sustainable development goals », article disponible sur https://unctad.org/sdg-costing.

117 Agence internationale de l'énergie, World Energy Investment 2023 (Paris, 2023).

118 *Ibid*, Africa Energy Outlook 2022, Paris.

119 Commission économique pour l'Afrique (2020), The « SDG7 Initiative for Africa » : accelerating clean énergie inversement for accès and climat ambition in Africa, document préparé pour la troisième édition du Forum des entreprises africaines (Africa Business Forum), Addis-Abeba, février.

120 CEA (2023), What constitutes a just and equitable transition for Africa? Who defines it? Opportunities and challenges, document présenté lors des quatrièmes Pourparlers sur le climat en Afrique, Maputo, juillet 2022.

2.3.1 Détérioration de la situation de l'économie africaine

2.3.1.1 Hausse de la dette publique

Le fardeau de la dette publique en Afrique s'est aggravé au cours de la dernière décennie. Sur le continent, le ratio moyen de la dette par rapport au PIB a fortement augmenté depuis les années 2010, passant de 39,49 % en 2010 - 2014 à 56,21 % en 2015-2019 et 70,47 % en 2020[121]. Selon le Fonds monétaire international (FMI), en novembre 2023, 8 pays africains étaient en situation de surendettement et 13 présentaient un risque élevé de surendettement[122]. Comme l'a souligné le Secrétaire général de l'ONU, 57 % des pays africains consacrent plus d'argent au paiement des intérêts sur la dette extérieure qu'ils n'en investissent dans les soins de santé, et presque tous dépensent plus en paiement de ces intérêts qu'ils n'investissent dans l'action climatique[123].

Le fardeau de la dette est encore aggravé par divers facteurs, tels que l'instabilité des cours des matières premières, les déficits budgétaires persistants, les chocs extérieurs (tels que la pandémie de COVID-19 et le ralentissement économique connexe), les conflits et le resserrement des politiques monétaires. Les pays africains paient environ 1,7 point de pourcentage de plus en intérêts que les pays d'autres régions, après prises en compte de l'efficacité de l'administration et des variables macroéconomiques. La figure ci-dessous présente l'évolution du ratio de la dette publique par rapport au PIB brut en Afrique et dans ses sous-régions entre 2020 et 2025.

Les changements climatiques menacent grandement la capacité des pays africains à réaliser les objectifs de développement énoncés dans leurs divers plans de développement nationaux, dans l'Agenda 2063 et dans le Programme 2030. On estime qu'en moyenne, les effets négatifs induits par les changements climatiques coûtent déjà aux pays africains 5 % de leur PIB par an (en particulier dans des secteurs cruciaux, tels que l'agriculture, l'énergie, l'eau, les transports et les écosystèmes)[124].

---

[121] CEA (2023), Debt and finance Profiles : Africa, Addis Ababa.

[122] FMI (2023), List of LIC DSAs for PRGT-Eligible Countries as of November 30.

[123] António Guterres, Secrétaire général de l'ONU, dans ses remarques pour le dialogue politique de haut niveau de la série de dialogues sur l'Afrique intitulé Market and Scale : Unlocking Industrialization through Intra-Africa Trade (Marché et échelle : déverrouiller l'industrialisation grâce au commerce intra-africain), New York, 24 mai 2023.

[124] D'après les modèles de la CEA, les pays africains risquent de perdre jusqu'à 5 % de leur PIB si la température mondiale venait à s'accroître de +2 °C. Dans certaines régions, comme le Sahel, les pertes pourraient atteindre 15 % du PIB dans les scénarios fondés sur les valeurs de réchauffement les plus élevées. Voir, par exemple, CEA (2021), Building Forward for an African Green Recovery (Addis-Abeba, et

Le continent doit investir massivement dans ces secteurs pour combler son énorme retard de développement. Alors que les contributions des pays africains déterminées au niveau national coûteront près de 2 800 milliards de dollars, ces pays ont indiqué ne pouvoir mobiliser qu'environ 264 milliards à partir de leurs propres ressources, créant un déficit d'environ 2 500 milliards de dollars d'ici à 2030[125]. La Banque mondiale estime qu'au-delà des flux annuels actuels, il faudra mobiliser l'équivalent de 10 % du PIB africain de 2022 au cours de la prochaine décennie pour répondre aux besoins de financement de l'action climatique[126]. En 2020, le total des flux financiers annuels en faveur de l'Afrique, provenant de sources nationales et étrangères, ne s'élevait qu'à 29,5 milliards de dollars, soit à peine 11 % des besoins totaux[127]. En outre, la part des investissements mondiaux à destination de l'Afrique a diminué au cours des cinq dernières années, ce qui témoigne de problèmes structurels sous-jacents. En 2021, seul 0,6 % des fonds consacrés à l'action climatique dans le monde ont été déployés pour des projets de production d'électricité à partir de sources renouvelables en Afrique, soit le niveau le plus bas depuis onze ans[128].

2.3.1.2 Mobilisation insuffisante des ressources nationales

En Afrique, les recettes fiscales comparées au PIB sont plus faibles que dans d'autres régions. Le ratio moyen non pondéré des recettes fiscales en pourcentage du PIB des pays africains déclarants en 2020[129] était de 16,0 %, inférieur à la moyenne enregistrée dans les pays d'Asie et du Pacifique (19,1 %), d'Amérique latine et des Caraïbes (21,9 %) et de l'Organisation de coopération et de développement économiques (OCDE) (33,5 %)[130]. Les

---

Florent Baarsch et Michiel Schaeffer (2019), Climate Change Impacts on Africa's Economic Growth (Abidjan, Banque africaine de développement.

[125] Sandra Guzmán et *al.* (2022), The state of climate finance in Africa: climate finance needs of African countries (Climate Policy Initiative.

[126] *Idem.*

[127] Chavi Meattle et *al.* (2022), Landscape of Climate Finance in Africa (Climate Policy Initiative.

[128] RES4Africa Foundation (2023), Africa's Energy Future Is Renewable, Rome,.

[129] Afrique du Sud, Botswana, Burkina Faso, Cabo Verde, Cameroun, Congo, Côte d'Ivoire, Égypte, Eswatini, Ghana, Guinée équatoriale, Kenya, Lesotho, Madagascar, Malawi, Mali, Maroc, Mauritanie, Maurice, Namibie, Niger, Nigéria, Ouganda, République démocratique du Congo, Rwanda, Sénégal, Seychelles, Sierra Leone, Tchad, Togo et Tunisie.

[130] OCDE (2022), Commission de l'Union africaine et Forum sur l'administration fiscale africaine, Revenue Statistics in Africa 2022, Paris, Éditions OCDE.

assiettes fiscales des pays africains ont fortement varié en 2020, allant de 5,5 % à 32,5 % du PIB[131].

Les contraintes systémiques qui pèsent sur la mobilisation des ressources nationales sont notamment : des systèmes d'administration fiscale faibles ; les trop grandes exonérations fiscales ; la grande ampleur des sorties financières illicites ; la faiblesse des marchés financiers nationaux ; l'importance du secteur informel ; l'évasion et la fraude fiscales ; ou l'étroitesse de l'assiette fiscale. Plus récemment, des chocs externes, tels que la pandémie de COVID-19 et la guerre en Ukraine, ont encore érodé les recettes fiscales des pays africains.

On estime que l'Afrique a perdu en moyenne 88,6 milliards de dollars par an en raison des flux financiers illicites entre 2013 et 2015, soit 3,7 % de son PIB[132]. Ces pertes dépassent de loin les apports financiers annuels à l'Afrique provenant des investissements directs étrangers et de l'aide publique au développement bilatérale nette accordée à l'Afrique par les pays du Comité d'aide au développement, estimée à 34 milliards de dollars en 2022. Selon le Groupe de haut niveau sur les flux financiers illicites en provenance d'Afrique, ces flux se produisent de diverses manières, dont « les prix de transfert abusifs, les prix commerciaux erronés, la mauvaise facturation des services et des biens incorporels et l'utilisation de contrats inégaux, le tout à des fins de fraude fiscale, d'évasion fiscale agressive et d'exportation illégale de devises étrangères »[133].

Les flux financiers illicites posent un problème de développement pour l'ensemble de l'Afrique, car ils détournent d'importantes ressources nationales hors du continent, les rendant indisponibles pour des investissements stratégiques dans ses domaines prioritaires, qu'il s'agisse du développement ou de la lutte contre les changements climatiques. Associés à la corruption, ces flux drainent des devises, étouffent le commerce et la stabilité macroéconomique, aggravent la pauvreté et les inégalités, portent atteinte aux principes de transparence et de redevabilité, et érodent la confiance dans les institutions africaines. Rien qu'en s'attaquant à ces flux

---

131 *Idem.*

132 Nations Unies (2020), Rapport 2020 sur le développement économique en Afrique : les flux financiers illicites et le développement durable en Afrique, New York,

133 Commission économique pour l'Afrique (2015), Flux financiers illicites : Rapport du Groupe de haut niveau sur les flux financiers illicites en provenance d'Afrique, Addis-Abeba.

illicites dans toute l'Afrique, on pourrait réduire de 33 % le déficit de financement des objectifs de développement durable[134].

2.3.2 Cadres stratégiques et réglementaires insuffisants

Outre la hausse du financement, l'amélioration de l'efficacité des cadres stratégiques et réglementaires contribuera à combler les lacunes de développement et d'action climatique en Afrique. L'indice d'attractivité des pays pour les investissements dans les énergies renouvelables (Renewable Energy Country Attractiveness Index) souligne toute l'importance d'un environnement réglementaire propice au développement de la production d'énergies renouvelables[135]. Malgré l'abondance de ressources énergétiques solaires, éoliennes et hydrauliques dont ils disposent, les quelques pays africains représentés dans l'indice se classent parmi les moins attractifs au monde pour les investissements dans les énergies renouvelables.

La mise en place de nouvelles infrastructures publiques fait souvent intervenir de longues procédures d'autorisation et d'approbation, d'ordinaire très opaques, ce qui a pour effet de renforcer l'hégémonie des opérateurs déjà bien établis, de décourager les nouveaux arrivants et partants, de maintenir les coûts à un niveau élevé. De plus, la plupart des pays africains ne disposent pas de programmes réglementaires avancés destinés à favoriser la mise en place de nouvelles infrastructures, comme c'est le cas dans de nombreux pays de l'OCDE (par exemple, une tarification préférentielle de l'électricité provenant de sources d'énergie renouvelables pour encourager les ménages et les entreprises disposant d'installations solaires sur leur toit à vendre leur énergie excédentaire à une compagnie d'électricité locale)[136].

Au niveau des microentreprises et des petites et moyennes entreprises, les mesures d'incitation sont souvent dérisoires, tandis que d'importants obstacles se dressent pour l'enregistrement de nouvelles entreprises, l'accès aux marchés de capitaux et la participation à l'économie formelle. D'autre part, il n'y a pas suffisamment de stratégies globales pour inviter ces entreprises à prendre part à la transition climatique ni de programmes de subventions vertes et de crédit d'impôt à destination de ces entreprises.

L'absence d'un cadre réglementaire bien défini entrave l'attrait du continent en tant que destination d'investissement. Les investisseurs y font face à une forte incertitude et instabilité en ce qui concerne les mesures publiques, ce qui les empêche de prendre des engagements d'investissement

---

[134] Nations Unies (2020), Rapport 2020 sur le développement économique en Afrique.

[135] Pour plus d'informations sur cet indice, voir Ernst and Young (2023), Renewable Energy Country Attractiveness Index : will local ambition fast-track or frustrate the global energy transition, 61e édition, juin.

[136] OCDE (2023), Niveaux d'APD en 2022 : données préliminaires, note de synthèse détaillée, 12 avril.

éclairés et à long terme. Il est indispensable d'instaurer un environnement réglementaire plus ferme et plus clair pour inspirer confiance aux investisseurs et libérer l'immense potentiel économique du continent.

Dans ce cadre, le rôle des banques multilatérales de développement africaines est particulièrement important pour atténuer les risques d'investissement, réels comme perçus[137]. Elles peuvent notamment recourir à des outils, tels que les tranches de capital, le rehaussement de crédit, des garanties et une assurance contre les risques politiques, en vue de mobiliser des capitaux nationaux, d'encourager les investissements privés et d'améliorer la solvabilité des pistes d'investissement[138]. Les banques multilatérales de développement africaines ont clairement la possibilité de jouer un rôle de catalyseur en tirant parti des ressources des investisseurs institutionnels afin de favoriser le développement des infrastructures sur le continent au moyen d'instruments de placement innovants, en réduisant le risque du paysage de l'investissement en Afrique et en encourageant l'investissement.

Par exemple, la Société financière africaine (AFC) a mis en place et financé la Zone économique spéciale du Gabon, une coentreprise à laquelle elle participe aux côtés de l'État gabonais et d'Olam International, dont la mission est de développer les infrastructures de ce pays afin d'en renforcer la compétitivité industrielle et d'y créer un environnement propice aux affaires. La Zone économique spéciale de Nkok, située à 20 km de Libreville, est la première zone industrielle neutre en carbone d'Afrique. Elle a contribué à faire du Gabon le premier exportateur mondial de bois de placage, générant 1 milliard de dollars de recettes d'exportation annuelles et créant plus de 30 000 emplois[139]. Grâce à un investissement de 150 millions de dollars, une approche similaire est mise en œuvre par les plateformes industrielles intégrées Arise au Bénin et au Togo, qui devraient générer respectivement 750 millions et 2 milliards de dollars de PIB supplémentaire. En outre, la Société a travaillé sans relâche pour réduire les risques du projet d'énergie indépendante Cenpower au Ghana. Davantage de projets de ce type sont nécessaires dans toute l'Afrique.

---

[137] African Development Bank (AfDB, 2021). "Financing Africa's Infrastructure: New Strategies, Mechanisms, and Instruments." AfDB.

[138] International Finance Corporation (IFC, 2020). « Blended finance : A Powerful Tool for Sustainable Development in Africa. » IFC.

[139] Société financière africaine (2022), Cameroon joins Africa Finance Corporation in push towards manufacturing economy, 22 septembre.

Deuxième partie :

Le cas spécifique du Tchad

L'économie verte est un enjeu planétaire qu'il faut prendre au sérieux, même, et surtout dans l'Afrique des crises économiques et gouvernementales. En économie politique, la gouvernance de la transition vers l'économie verte est d'autant plus possible que la communauté internationale a pris le temps, ces dernières décennies, de construire des paradigmes et des institutions à l'échelle mondiale grâce à la coopération bilatérale et multilatérale ainsi qu'à l'action des agences onusiennes. De efforts considérables ont ainsi été faits pour harmoniser la marche de l'humanité » vers une civilisation nouvelle où la production industrielle des biens de consommation courante se donne les moyens et un intérêt de s'armer d'une sobriété énergétique. Comment cette problématique nouvelle se traduit-elle à l'échelle d'un pays en voie de développement, comme le Tchad ?

Cette seconde partie de notre travail répond à cette préoccupation. Ce qui sera exploré, c'est la manière dont opère la gouvernance tchadienne de la transition vers l'économie verte, et cela, compte tenu des contraintes spécifiques de ce pays vis-à-vis du développement économique et de la problématique de certaines ressources naturelles essentielles. Le potentiel du pays pour faire face à l'enjeu économie verte sera aussi exploré pour identifier les points d'appui d'une gouvernance efficace de la transition vers cette nouvelle économie. Dans l'ordre, les deux chapitres qui vont suivre présentent le cadre géoclimatique, les contraintes économiques et les atouts du pays (chapitre 3). Ensuite, l'architecture de l'économie politique de la transition du Tchad vers l'économie verte sera esquissée. Acteurs sociopolitiques et stratégies de cette transition vers l'économie verte au Tchad seront présentés et agencés (chapitre 4).

Chapitre 3 :

La transition vers l'économie verte au Tchad : contraintes économiques et atouts

L'objectif principal de ce chapitre est de montrer que l'enjeu tchadien de la transition vers une économie verte ne se comprend pas sans une prise en compte à la fois de la position géoclimatique de ce pays, et des contraintes socioéconomiques internes complexes. Le Tchad est un pays compris entre 7° et 24° de latitude Nord et entre 14° et 24° de longitude Est. Il couvre une superficie de 1 284 000 km^2[140]. et se classe comme le 21e pays le plus étendu du monde. En Afrique, le Tchad est le 5e pays le plus grand, après le Soudan, l'Algérie, la République Démocratique du Congo et la Libye[141]. Le pays s'étire sur 1700 km[142] du Nord au Sud et sur 1000 km d'est en ouest. État continental sans frontières maritimes ou naturelles, le Tchad est limité au nord par la Libye, à l'Est par le Soudan, au sud par la République centrafricaine et à l'ouest par le Cameroun, le Nigeria et le Niger.

Les sections qui vont suivre montrent la contribution de la géographie, de l'hydrologie et de la biodiversité à une identité environnementale tchadienne (section 1). Par suite sera présentée une analyse les contraintes socioéconomiques du pays (section 2), qui masquent de vrais atouts tchadiens en matière de ressources pour la transition vers une économie verte (section 3).

3.1 Relief, eau et biodiversité au Tchad

L'analyse du lien entre le relief et l'eau au Tchad peut être décisive d'un point de vue hydrologique et climatique. Du point de vue hydrologique, expliciter un tel lien est fondamental :

> « [Ce lien permet de] mettre en relation les précipitations (pluie, neige) et les débits d'un cours d'eau (…) de délimiter les surfaces qui contribuent à alimenter l'écoulement de ce cours d'eau. L'ensemble de ces surfaces constitue le bassin versant. Sa délimitation se base généralement sur la topographie. Le bassin versant regroupe alors toutes les surfaces qui, par ruissellement superficiel, contribuent à

---

140 Source : https://www.cia.gov/the-world-factbook/countries/chad/

141 United Nations Statistics Division. (2023). Geographic Information on Chad

142 PNUE (2010). Green Economy: Developing Countries: Success Stories.

l'écoulement au niveau de la section de rivière considérée. On parle aussi d'impluvium »[143].

Il est question dans cette section de présenter les éléments de pure géographie physique qui peuvent éclairer l'analyse topographique de ce facteur environnemental capital pour une économie verte que constitue le « bassin versant » de l'eau d'écoulement au Tchad.

3.1.1 Le relief du Tchad

Le relief du Tchad est caractérisé par les ensembles naturels suivants :

- ✓ le Tchad méridional, au sud du 10e parallèle, correspondant aux hauts bassins du Chari et du Logone, d'altitude moyenne de 400 à 500 m, avec des massifs montagneux culminant à 1163 m ;
- ✓ les plaines d'inondation du Logone entre Lai et N'Djamena (300 à 400 m d'altitude) et celle du Sud-Est le long de la frontière de la République centrafricaine 400 à 450 m) [144];
- ✓ le massif du Guera, au centre, culminant à 1500 m ;
- ✓ les deltas du Chari, dont l'altitude varie de 300 à 350 m avec d'anciennes formations deltaïques aux alluvions argilo-sableuses ;
- ✓ les zones inondables et les cordons dunaires des environnements du lac Tchad avec des altitudes variant de 280 à 290 m ;
- ✓ le massif du Ouaddaï à l'Est (500 à 1000 m) ;
- ✓ le massif du Tibesti au Nord, avec le pic d'Emi — Koussi atteignant 3415 m d'altitude, mais où l'on rencontre aussi les dépressions les plus basses (175 m d'altitude)[145]. Ces ensembles naturels peuvent être regroupés en deux entités physiques suivantes pour distinguer une partie plate (la cuvette tchadienne) et une accidentée (les appointements rocheux)[146].

Cette description du relief montre que le Tchad est un pays plat, formé de deux plaines séparées par le Massif central tchadien (monts Guéra) et qui comprend la plaine désertique du nord avec son niveau le plus bas au puits de Chicha dans le Djourab, et une deuxième plaine inondable, drainée par

---

143 Gaume, E. (2000). Hydrologie : cycle de l'eau et modélisation pluie-débit. *École nationale des ponts et chaussées. Rapport technique. France*, p. 1.

144 https://www.unep.org/floodplains-logone-river

145 International Journal of Geosciences. (2023). The Tibesti Mountains: Geography and Climate. Voir aussi Yacoub, A. N., Sylvestre, F., Moussa, A., Hoelzmann, P., Alexandre, A., Dinies, M.… et Kröpelin, S. (2023). La période humide de l'Holocène africain dans les montagnes du Tibesti (Sahara central, Tchad) : Reconstruction climatique déduite des diatomées fossiles et de leur composition isotopique de l'oxygène. *Quaternary Science Reviews*, *308*, 108 099.

146 https://www.afdb.org/en/countries/central-africa/chad

l'ensemble Chari-Logone[147]. Cet ensemble préfigure un « bassin versant » de faible dénivellement d'autant plus dommageable à la retenue des eaux et au ravitaillement des rivières que le Tchad accidenté est une aire géographique où les plaines décrites ci-dessus sont entourées par un ensemble rocheux dominé au nord par les montagnes du Tibesti (point culminant : Emi Koussi 3414 m), au nord-est par les plateaux de l'Ennedi, les massifs du Ouaddaî à l'est, les monts Guéra au centre et les monts Lam au sud auxquels s'ajoutent les systèmes colinéaires du sud-ouest, derniers contreforts de l'Adamoua (Cameroun). Rappelons que l'Adamaoua est le principal « bassin versant » de ce pays limitrophe, où prend source la Sanaga, le plus long fleuve du Cameroun (918 km).

3.1.2 L'hydrographie du Tchad

L'hydrographie du Tchad se trouve profondément influencée par ce relief moyennement surélevé. Elle comprend essentiellement un réseau fluvial constitué de cours d'eau et de lacs ; les ressources en eau de surface sont peu importantes au nord du 14e parallèle, mais relativement abondantes en dessous de cette latitude. Les principaux cours d'eau permanents sont le Chari (long de 1200 km avec une source située en République centrafricaine) et le Logone (long d'environ 1000 km[148], dont la source se situe dans le « bassin versant » du nord-est de l'Adamaoua au Cameroun) et qui rejoint le Chari à N'Djamena, fleuve grossit du Logone à un débit interannuel de 1080 m^3/s pour un bassin versant estimé à 600 000 km^2.

À ces deux fleuves s'ajoutent les cours d'eau semi-permanents et les temporaires, et les lacs dont le plus important est le Lac Tchad, fraction résiduelle d'une vaste mer intérieure qui, au paléolithique, aurait couvert environ 230 000 km^2, mais dont les sécheresses récurrentes, ont réduit le plan d'eau à 25 000 km^2 en 1963 et à moins de 2000 km^2 à l'heure actuelle. Son volume est passé de 86 milliards de m^3 en 1963 à 18 milliards de m^3 en 1992. Le Lac Tchad est alimenté essentiellement par les eaux du Chari pour environ 82 %, les eaux de pluie directes pour 14 % et le reste par Elbeid et Kamadougou (Nigéria-Niger). Outre le Lac Tchad, il existe d'autres modestes réservoirs d'eau à savoir les lacs Fitri, Iro, Ounianga, Leré, Fianga, Tikem, Tréné, etc.

Le climat tchadien est régi par deux masses d'air : l'harmattan (vent chaud et sec du secteur nord-est) et la mousson (vents humides du Sud–Ouest), tous deux sous l'influence du Front Inter tropical (FIT), dont l'évolution (renforcement/affaiblissement) dépend essentiellement des anticyclones de

[147] ttps://www.unep.org/chads-plains-basins
[148] PNUE (2010). Green Economy, *op.cit.*

Sainte-Hélène, et des Açores[149]. La saison sèche dure de novembre à mars et, à partir d'avril, la légère remontée du FIT donne lieu à des précipitations dans la partie méridionale du pays, mais c'est en juillet-août que tombent environ les trois quarts des précipitations annuelles caractérisées par de fortes irrégularités dans leur répartition spatio-temporelle.

En moyenne, la pluviométrie varie de plus de 1200 mm au Sud à bien moins de 100 mm à l'extrême Nord du pays. Le régime thermique est marqué par une période relativement froide allant de décembre à février (11° à 22° C) et une période chaude caractérisée par des maximas de températures moyennes en Mars de 35° à 38 °C au sud, en avril de 40° à 41 °C, au centre et en mai — juin de 42° à 43° C au Nord ; le maximum absolu est de l'ordre de 46°-47 °C[150]. L'évolution saisonnière de l'humidité relative de l'air est identique à celle des précipitations. Le maximum est de l'ordre de 90 à 95 % en moyenne, en juillet-août, dans la zone méridionale ; il passe à 85 à 90 %, au centre, et est de moins de 80 % au Nord.

Le minimum en termes d'hygrométrie est enregistré en février-mars et varie, du sud au Nord, de 35 % à moins de 10 %. La durée d'insolation est en moyenne de 9 heures par jour avec des minima journaliers, en en août, de 6 à 7 heures. Le maximum mensuel du rayonnement global (mars-avril) varie de 1800 à -1900 cal/CM2 à la station de N'Djamena avec un minimum de 600 à 620 cal/CM2 en août. L'évaporation (valeur annuelle moyenne entre 2500-3000 mm) est marquée par un maximum enregistré en mars-avril et des minima notés en août et pendant la période froide, en décembre-janvier.

3.1.3 La diversité biophysique

Pays de transition entre les zones saharienne et soudanienne, le Tchad est un des pays les plus continentaux du monde et aussi l'un des plus grands États intérieurs de l'Afrique. Cette section présente la diversité biologique (faune et flore) du Tchad, qui recèle d'importantes richesses, dont l'exploitation rationnelle, notamment dans le cadre d'une économie verte, contribuera à son développement économique et social. Les principaux faciès de formations forestières dictés, du nord au Sud, par les volumes pluviométriques, sont :

- ✓ Les forêts-galeries, feuillus denses situés le long des cours d'eau, et les îlots de forêts denses sèches qui font place, par endroits, à des formations dégradées à forêts claires et savanes boisées.
- ✓ Les formations forestières feuillues ouvertes, appelées formations mixtes forestières, regroupent les formations mixtes productives

[149] Bézançon, J. (1992) *Climatologie du Tchad.* Éditions du CNRS.

[150] Tchamou, Niger (2020). *Les Variations climatiques au Tchad : Analyse et Perspectives.* Éditions L'Harmattan.

✓ Les forêts claires et les savanes boisées de la zone soudanienne.
✓ Les jachères forestières, rencontrées au niveau des terroirs agricoles.
✓ Les formations essentiellement arbustives, composées de steppes, de steppes arbustives et de savanes, se rencontrent dans les secteurs sahariens et sahels — soudanien.

Le document de la SNRP (2008) résume les ressources potentielles du secteur rural de la manière suivante :

✓ 39 millions d'hectares cultivables (soit 30 % du territoire), dont 19 millions d'hectares de terres arables, y compris 13,3 millions d'hectares défrichés propres à l'agriculture.
✓ 5,6 millions d'hectares irrigables, dont 335 000 ha facilement irrigables
✓ 84 millions d'hectares de pâturages naturels
✓ 23,3 millions d'hectares de formations forestières naturelles
✓ 22,4 millions d'hectares d'aires protégées.
✓ 7 millions d'hectares de superficie productrice de ressources halieutiques en année de pluviométrie normale, et plus de 150 espèces de poisson.

Des ressources en eau renouvelables ont été évaluées à 45 km^3/an[151]. Le volume prélevé chaque année est de l'ordre de 1,27 km^3, dont 2/3 prélevés dans les eaux de surface, et 1/3 dans les eaux souterraines (en grande partie dans un aquifère non renouvelable)[152]. Environ 10 millions de bovins, 8 millions de petits ruminants, 1,2 million de camelins, 400 000 sains, 360 000 équins, 70 000 porcins et plus de 24 millions de volailles.

Une grande richesse faunique et floristique est associée à cette diversité avec des espèces de faune dont les plus connues sont les mammifères (131 espèces) [153], les oiseaux, 532 espèces d'oiseaux, dont 354 résidents, 117 migrants paléarctiques et 260 migrants afrotropicaux et des poissons auxquels il faut ajouter une faune de reptiles et de batraciens pas encore bien documentée[154].

Le Tchad dispose essentiellement de gisements d'or, de fer, de bauxite, de sel et de natron — sans oublier le cuivre, l'étain, le tungstène, le graffite, et même le diamant[155]. Si tous ces minerais sont susceptibles de contribuer à l'économie du pays, nombre d'exploitations tchadiennes actuelles sont encore artisanales[156]. C'est pourquoi le Tchad a lancé un inventaire des ressources minières sur lequel il fonde beaucoup d'espoir. Actualisé en 2017, son nouveau code minier entend aussi offrir aux nouveaux investisseurs,

[151] Food and Agriculture Organization (FAO, 2023). Water Resources in Chad.
[152] https://www.undp.org/water-resources-chad
[153] PNUE (2010). Green Economy, *op.cit.*
[154] https://www.wwf.org/biodiversity-chad
[155] Geological Survey of Chad. (2023). Mineral Resources in Chad.
[156] International Journal of Mining and Mineral Resources. (2023). Mining Activities in Chad

nationaux ou internationaux, un cadre législatif attractif, mais qui saura préserver les intérêts de chacun ? Dans cette logique de dynamisation du secteur, le Tchad a ainsi octroyé trois permis miniers au nord du pays, une douzaine à l'est et plus d'une dizaine au sud-ouest, à des compagnies russes, franco-suisses, chinoises ou sud-africaines[157].

3.2 Économie du Tchad contemporain

Avec un PIB de 9,74 milliards de dollars US en 2017[158], la République du Tchad est la quatrième économie de la CEMAC et représente 13 % du PIB de sa sous-région[159]. Son secteur pétrolier, longtemps pilier de son développement économique, est en crise depuis 2016[160], ce qui pousse le pays à se tourner vers de nouvelles ressources. Le Tchad engage ainsi une vaste politique de réformes et cherche à attirer de nouveaux investisseurs, notamment dans les domaines de l'agriculture, l'élevage, l'électricité et les mines. Trait d'union entre le Maghreb et l'Afrique noire, le pays est aussi soumis à une forte pression migratoire, via ses frontières libyennes, soudanaises et nigériennes. L'unité sociale et nationale de la population — estimée à environ 11,63 millions, dont 44,2 % ont moins de quinze ans est donc au centre de son Plan national de Développement.

Le recensement de 2009 estimait la population tchadienne de plus de 11 millions (estimée à 17,72 millions en 2022)[161] d'habitants, avec une majorité de jeunes (les moins de 15 ans représentant près de 48 % et ceux entre 16-64 ans constituant 49 % entre de cette population) [162] cette population a une densité moyenne estimée à 5,6 habitants par km², mais elle est très inégalement répartie avec des densités allant de 0,1 habitant au km² dans la région du Borkou Ennedi Tibesti à 54 habitants au km² au Logone occidental[163]. Elle est aussi caractérisée par un fort taux d'accroissement moyen annuel (3,1 %), une grande majorité de ruraux (plus de 80 %)[164], et les jeunes de 0 à 14 ans représentent 47,95 % de la population ; la fécondité y très forte (6,6 enfants, en moyenne par femme en âge de procréer). L'agriculture est un secteur très important de l'économie tchadienne, car elle génère des ressources financières appréciables pour le pays et participe à la consolidation de la sécurité alimentaire des Tchadiens.

---

[157]https://www.afdb.org/en/countries/central-africa/chad/mining-investment

[158] World Bank. (2017). Chad GDP

[159] Central African Economic and Monetary Community (CEMAC, 2023). Economic Overview of CEMAC

[160] International Monetary Fund (IMF, 2023). Chad Oil Sector Crisis

[161] United Nations Population Division. (2022). Chad Population Estimate

[162]Ministry of Social Planning, Chad. (2010). Demographic Statistics

[163] World Bank. (2023). Population Density by Region in Chad.

[164] Food and Agriculture Organization (FAO, 2023). Rural Population in Chad.

Les principaux secteurs qui contribuent à l'économie nationale sont principalement l'agriculture, l'élevage et les produits forestiers. Cette agriculture, pratiquée en milieu rural, est dominée par le coton, principale culture de rente et les cultures vivrières. En 2003, la contribution du secteur agricole au PIB s'élevait à 45,6 % et celle de l'élevage, deuxième produit d'exportation et seconde source de devises après le coton, à 12,7 %. Les produits issus de ces secteurs sont principalement : le coton, le bétail, les peaux, la gomme arabique et les produits halieutiques.

Le coton fibre contribue pour 45 %, tandis que les productions animales à la hauteur de 26 % aux recettes d'exportation hors pétrole. La gomme arabique contribue à la hauteur de 7 % et la pêche pour 3 % d'exportations hors pétrole. De manière globale, on note une augmentation nette dans la production agricole avec ses productions vivrières qui ont augmenté de 11,2 % lors de la campagne 1994-1995, de même que la production d'arachide, durant la même période.

L'agriculture reste cependant basée sur des systèmes extensifs, sur des terres marginales peu productives : les cultures sont surtout pluviales et portent sur de petites surfaces de l'ordre de 2 à 3 ha, les cultures irriguées portant sur environ 0,1 à 1 hectare[165]. Depuis un certain temps, le Gouvernement tchadien déploie des efforts dans le développement des cultures irrigué pour des productions intensives afin d'atteindre les objectifs du millénaire et pour la réduction de la pauvreté en milieu rural[166].

La production animale joue un rôle prépondérant dans la vie quotidienne du monde rural où, la subsistance, donc la survie de nombreuses familles est bâtie autour de l'élevage, essentiellement extensif à cause de la recherche des pâturages dans ces zones arides et semi-arides du pays. Cet élevage occupe plus de 40 % de la population active et contribue à hauteur de 18 % dans la formation du PIB[167]. Le cheptel tchadien est estimé à 19 millions de têtes, dont 7 245 230 de bovins, 2 955 550 ovins, 6 438 450 caprins, 1 415 640 camelins, 405 030 équins, 445 566 ânes, 95 000 porcs et 40 millions de volailles[168].

Les atouts qui concourent à [a pratique durable de cet élevage sont l'existence de traditions pastorales confirmées, d'acquis dans la lutte contre les principales épizooties, de zones à vocation pastorale et la disponibilité de sous-produits agricoles et agro-industriels. Les faiblesses de ce secteur sont d'ordre institutionnel (faibles capacités d'intervention des services publics pour appuyer les opérateurs traditionnels de l'élevage, l'absence d'un système d'information fiable sur les marchés, des conditions d'exportation difficiles,

---

165 https://www.fao.org/agriculture/chad

166 Ministry of Agriculture, Chad (2023). Irrigation Development Efforts.

167 https://data.worldbank.org/indicator/NE.GDP.MKTP.CD?locations=TCD

168 National Institute of Statistics, Chad (2023). Livestock Inventory

les conflits fréquents liés à l'insuffisance ou à l'absence de couloirs de transhumances) ou organisationnel (faible professionnalisation et organisation des opérateurs et leur participation insuffisante à la structuration et au financement du secteur).

La pêche, tout comme l'agriculture et l'élevage, contribue grandement à l'économie nationale du Tchad, qui dispose d'un important potentiel en ressources halieutiques estimé à 186 500 tonnes en 2008[169]. En année de bonne pluviométrie, la production de poissons peut atteindre 373 000 tonnes avec plus de 35 % proviennent du Lac Tchad et 65 % des autres cours d'eau (fleuves, plaines inondées et lacs secondaires)[170].

Ce sous-secteur de la pêche fait vivre près de 200 000 Tchadiens et 20 000 étrangers (nigérians, maliens, ghanéens, etc.), mais sa gestion devrait être rationalisée pour garantir sa durabilité. En effet, l'on déplore la surexploitation des ressources avec des engins prohibés et l'absence de stratégie de gestion concertée, qui sont exacerbées par une sécheresse persistante. Plusieurs expériences ont indiqué l'existence d'opportunités pour le développement de la pisciculture dans certaines zones inondables, dans des bras de fleuves et dans certaines mares pérennes[171].

Les principales contraintes au développement de ce secteur de la pêche sont le manque d'information sur les ressources disponibles, la faiblesse de l'encadrement liée, du moins en partie, à l'insuffisance des référentiels techniques et aux coûts de production élevés[172].

La contribution des produits forestiers ligneux et non ligneux dans l'économie du Tchad reste difficile à apprécier, car, comme dans beaucoup de pays sahéliens, il n'existe pratiquement pas d'information sur ce sujet. Ces deux dernières décennies, la conjonction d'une mauvaise redistribution de la croissance et de la libéralisation économique couplée au désengagement progressif de l'État des secteurs productifs a contribué à l'aggravation des conditions d'indigence, de pauvreté d'une bonne partie de la population tchadienne. En effet, aujourd'hui, 55 % des Tchadiens vivent, avec moins d'un (1) dollar américain par jour, dans des niveaux de pauvreté les plus criards, surtout dans les milieux ruraux et dans les couches vulnérables des centres urbains[173].

---

169 Food and Agriculture Organization (FAO, 2008). Fishery Resources in Chad.

170 https://data.worldbank.org/indicator/FP.CPI.TOTL.ZG?locations=TCD

171 https://www.afdb.org/en/projects-and-operations/aquaculture-chad

172 Food and Agriculture Organization (FAO, 2023). Challenges in Chad's Fishing Sector.

173 United Nations Development Programme (UNDP, 2023). Poverty and Income Levels in Chad.

Cette situation est quelque peu paradoxale dès lors que le secteur rural contribue pour environ 40 % au PIB et occupe 80 % de la population[174]. Il contribue également au niveau des recettes d'exportations hors pétrole, pour 45 %, pour le coton fibre, 25 % pour les productions animales, 7 % pour la gomme arabique et 3 % pour la pêche. Le Tchad est considéré comme l'un des pays les plus pauvres de la planète, mais son économie enregistre une forte relance dans sa croissance, qui est passée de 10,6 % en 2001 à 15,1 % en 2003 pour atteindre 33,4 % en 2004, bénéficiant ainsi de l'exploitation des ressources pétrolières à partir d'octobre 2003.

En effet, le Produit intérieur brut (PIB), qui désigne la richesse nationale produite, a doublé entre 2001 et 2009, passant de 918 milliards à 1,789 milliard en termes réels grâce aux revenus pétroliers, avec, en moyenne, une croissance de 7 % par an entre 2001 et 2009. L'avènement de cette ère pétrolière a permis au Tchad d'enregistrer une croissance à deux chiffres, avec le PIB par habitant qui s'est amélioré à un rythme moyen de 8,6 % l'an.

3.2.1 Les défis spécifiques

Depuis la révolution industrielle, les activités économiques sont basées sur l'exploitation massive des ressources naturelles. La question de la pérennité de ces ressources ne s'est posée que récemment avec l'ampleur du dérèglement climatique. Appelant à un changement de paradigme, le concept de l'économie verte a vu le jour. Elle se caractérise, selon les Nations Unies, par l'utilisation rationnelle des ressources, un faible taux d'émission de carbone et l'inclusion sociale. Ces caractéristiques, difficiles à évaluer, représentent un défi pour son développement.

Le pays est une économie entravée par des politiques publiques en faveur des activités traditionnelles. Au Tchad, comme dans toute l'Afrique, l'économie verte englobe des activités dans des domaines variés allant de l'agroalimentaire aux énergies en passant par la gestion des déchets, l'eau, la santé et le tourisme. Pour répondre aux triples objectifs sociaux, environnementaux et de rentabilité économique, les activités vertes nécessitent de gros investissements ou engendrent des coûts de production significatifs[175]. Par exemple les énergies renouvelables nécessitent des investissements initiaux importants bien que leurs coûts d'exploitation soient faibles contrairement aux énergies fossiles.

Les difficultés soulevées par les entrepreneurs de l'économie verte sont très souvent liées à l'accès aux financements ou à des pratiques de taux d'intérêt élevés à cause des réticences des investisseurs face à des risques

---

174 PNUE (2010). Green Economy: Developing Countries: Success Stories.

175 PNUE (2008). SCP Indicators for Developing Countries. À Guidance Framework.

élevés[176]. Les politiques publiques rechignant encore à créer des cadres favorables de nature à atténuer ces risques. En effet, ne tenant pas compte des externalités négatives, les activités traditionnelles bénéficient d'un coût de production plus faible et de revenus plus significatifs liés aux subventions publiques. Ces politiques de soutien engendrent une distorsion des prix au détriment des produits issus de l'économie verte.

En plus, certains biens intermédiaires entrant dans la production de l'économie verte, comme les panneaux solaires, les éoliens, et les produits issus de l'agriculture écologique, par exemple, sont encore frappés de taxes, ce qui a tendance à renchérir le prix des produits de l'économie verte. Dans ces conditions, la rentabilité des investissements dans l'économie verte est plus faible, limitant de fait les opportunités de financement pour les acteurs du secteur[177].

Des efforts financiers et une révision des modèles de développement permettront d'opérer la transition vers une économie verte et résiliente face au dérèglement climatique[178]. Les dispositions financières et fiscales qui, pour l'instant, pénalisent le développement de cette économie peuvent être transformées en facteurs favorables à ce dernier[179].

3.2.2 Dilemmes de la transition vers l'économie verte

Au Tchad, on note un manque de ressources pour financer la transition vers l'économie verte. Des investissements initiaux substantiels sont nécessaires pour que les pays en développement puissent passer à l'économie verte et les gouvernements sont appelés à jouer un rôle important dans la mobilisation des ressources. Si la mobilisation des ressources intérieures demeure essentielle au succès de la transition, des financements internationaux seront peut-être nécessaires pour éliminer certains des goulets d'étranglement. Les stratégies et programmes d'économie verte récemment adoptés dans certains pays de la région offrent aux pays développés la possibilité d'orienter l'aide publique au développement et autres fonds d'assistance technique vers des projets verts.

Parallèlement, des réformes budgétaires doivent être entreprises avec prudence dans le contexte de l'amélioration du système d'administration fiscale. Ces réformes sont difficiles, mais peuvent servir à combler les déficits de ressources nationales en éliminant les fuites et les inefficacités.

---

[176] International Finance Corporation (IFC, 2023). Access to Finance for Green Entrepreneurs

[177] United Nations Environment Programme (UNEP). Investment Challenges in Green Economy.

[178] https://www.imf.org/financial-efforts-green-economy

[179] World Resources Institute (WRI). Transforming Financial and Fiscal Policies for Green Economy

Le Rwanda a surmonté cet obstacle en créant, en 2008, un Fonds national pour l'environnement et le changement climatique, dans le cadre de la stratégie nationale de croissance verte et de résilience climatique[180]. L'Afrique du Sud et l'Éthiopie ont mis en place des mécanismes de financement similaires, avec toutefois des approches très différentes. Si la lutte contre les changements climatiques est généralement considérée comme très positive, les effets à court terme (comme la hausse des prix) des mesures fiscales et réglementaires deviennent rapidement impopulaires et peuvent donner aux décideurs et aux électeurs l'impression que l'économie verte est plus un luxe qu'une nécessité pragmatique. Par exemple, selon l'Institut de recherche des Nations Unies pour le développement social (UNRISD), les politiques d'énergie verte grèvent le budget des utilisateurs nationaux, étant donné que l'énergie représente une part bien plus importante des dépenses des ménages à faible revenu.

3.2.2.1 Arbitrages entre les moyens de subsistance

La pauvreté reste le grand défi auquel les pays africains sont confrontés et le moteur principal de la politique. D'où la priorité donnée à la croissance économique et la dégradation de l'environnement qui en résulte. Un certain nombre d'études illustrent les arbitrages opérés entre les politiques de développement durable et les moyens d'existence, les dépenses sociales et les coûts de distribution, et l'échec possible d'interventions bien intentionnées[181].

En outre, l'évolution démographique en Afrique met l'économie au défi de fournir suffisamment d'emplois à la population, nonobstant les compromis environnementaux. Le risque que représente la transition vers l'économie verte peut être atténué par les gains politiques liés à la création d'emplois si ces gains l'emportent sur les pertes politiques résultant d'une consommation réduite, que ce soit « dans les structures économiques existantes ou dans les structures économiques qui ont été réformées pour mieux concilier objectifs écologiques et commerciaux »[182].

Les stéréotypes à l'origine de bon nombre de débats stériles ont été renforcés par des conflits liés notamment à l'utilisation des terres pour la production alimentaire, par exemple, les terres qui sont reclassées ou redistribuées en raison de projets mettant en danger l'agriculture paysanne, la biodiversité, les moyens de subsistance et la sécurité alimentaire. En outre, la conservation stricte des puits de carbone limite les possibilités de subsistance des populations autochtones et fait fi de systèmes culturels qui, historiquement, ont coexisté et ont même contribué à préserver la nature. Cela a pour double effet de réduire les possibilités de développement économique

---

[180] PNUE (2010). Green Economy: Developing Countries: Success Stories.

[181] CEA (2016a), p. 21 ; Alliance pour une révolution verte en Afrique, 2016.

[182] Jeffrey et Seaford (2014). P.19.

tout en empêchant les propriétaires traditionnels de participer à l'économie verte. En outre, les efforts de promotion du développement durable sont souvent en contradiction avec les effets sociaux, environnementaux et culturels d'un développement infrastructurel axé sur des projets de grande envergure, comme l'hydroélectricité ou les lignes ferroviaires[183].

Dans les pays à faibles revenus, les mécanismes de paiement des services écosystémiques qui attribuent des droits de propriété privée sur des biens communs ou des ressources appartenant à l'État peuvent profiter aux plus aisés et renforcer les rapports de force inégaux entre les entreprises, les États et les usagers des biens communs. De même, de nouveaux marchés pour une production plus respectueuse de l'environnement peuvent imposer des coûts de transaction élevés aux producteurs locaux qui participent à de tels programmes alors que les principaux bénéficiaires ont tendance à rester dans le Nord. Comme le montrent les programmes de plantation d'arbres, ce qui est perçu comme juste compensation économique ou la participation des agriculteurs à la réduction des émissions dues au déboisement et à la dégradation des forêts (REDD), le paiement des services écosystémiques ou le mécanisme de développement propre) n'est pas nécessairement un gage d'équité à l'échelle locale et peut même être en contradiction avec les conceptions locales de la justice, qui plaident plutôt en faveur d'un partage des charges pour minimiser les compromis[184]. Le partage des charges, selon eux, peut être défini de façon à assurer une égalité et une sécurité accrues, solidarité sociale renforcée, avec un accent mis sur la satisfaction des besoins essentiels et le renforcement des capacités humaines. Cela peut être présent comme une fin en soi ou comme un impératif moral. Ou bien, proposer comme condition politique préalable à la transition, tant au niveau de la politique nationale (puisque cela signifie que les coûts de l'investissement nécessaire et de la consommation durable sont supportés par une minorité électorale) que dans le cadre des négociations internationales (ce qui peut renforcer le soutien politique en faveur de la transition dans les pays en développement). En l'absence de ce dernier, l'économie verte peut être vue comme un objectif de pays riche. Cet objectif peut être atteint par une série de mesures de redistribution et de mesures « prédistributives » au niveau national, ainsi que par des transferts et des investissements internationaux. La plupart des commentateurs conviennent qu'un certain partage de la charge est nécessaire — reste à s'entendre sur l'ampleur de la redistribution nécessaire à l'intérieur des pays et entre eux et sur la manière d'y parvenir[185].

---

183 UNRISD (2012).
184 Jeffrey, K. & Seaford, C. (2014), Report on definitions of the Green Economy and progress towards it. A Review. United Nations Research Institute for Social Development.
185 Jeffrey, K., & Seaford, C. (2014). Sharing the Load: Equity and Justice in the Green Economy. In Sustainable Development and Social Justice, pp. 19-20.

Par ailleurs, les arbitrages pourraient répondre à une norme de qualité de vie que les politiciens peuvent assurer dans le respect de limites environnementales. Soit un partage des charges permettant de mettre sur pied une coalition électorale (ou une coalition internationale) pour le changement, ou l'élaboration de nouveaux récits avec l'émergence de leaders d'opinion. L'élaboration de nouveaux récits suppose que les leaders d'opinion et les porte-parole, par exemple, définissent la question de l'énergie durable comme une question de sécurité, ce qui exige un engagement actif avec les parties prenantes et les organisations de la société civile. À cet égard, les objectifs, les indicateurs et les données (y compris les nouvelles façons de présenter les comptes nationaux) font partie de l'arsenal permettant de faire bouger les choses : ce sont des outils politiques, qui constituent la pièce maîtresse d'un récit, comme le PIB constitue la pièce maîtresse du récit de la croissance.

Toutefois, pour le progrès social, une transparence accrue et une prise de décision responsable font partie du processus de remise en question des intérêts dominants. On part du principe que les compromis sont plus difficiles en raison de la toute-puissance de ces intérêts et que la transparence réduira ce pouvoir. Des stratégies locales sont nécessaires parce que ce qui fonctionne relève de l'économie politique locale, à savoir une « analyse de l'acceptabilité et de l'urgence » et la définition des priorités qui en découlent — l'acceptabilité est plus grande lorsque les avantages locaux (p. ex., emploie, sécurité accrue) compensent les coûts de transition ; l'urgence est justifiée dès lors que des effets de verrouillage se produisent en l'absence de mesures (p. ex. aménagement du territoire)[186].

3.2.2.2 Concilier réformes macroéconomiques et objectifs sociaux

Un individu privilégiera des activités économiques locales plutôt que la vision globale où l'innovation technologique et institutionnelle assure à la fois la performance environnementale et une meilleure qualité de vie[187]. L'idée étant que la réduction d'échelle augmente le sentiment de contrôle des individus et réduit les possibilités qu'une élite s'approprie des biens de valeur, et que cela compense (largement) des économies d'échelle moindres[188]. Dès lors que les innovations au sens large encouragent l'activité économique locale, c'est-à-dire la production de biens et de services qui servent les intérêts locaux, et que les avantages de la réforme macroéconomique permettent de réduire les dommages environnementaux associés au système commercial

---

[186] Hudson et Marquette (2015), p.74.

[187] Smith, J. (2020). Economic Localism and Environmental Performance. Oxford University Press.

[188] Johnson, L. (2019). Scale Reduction and Economic Control. Cambridge University Press.

mondial, la politique pourra s'inscrire dans la durée. Le moyen d'y parvenir est une planification économique locale qui crée un groupe de personnes bénéficiant de l'économie verte et donc une base électorale[189].

Parmi les réformes qui se situent au cœur du dilemme entre objectifs macroéconomiques et priorités sociales, citons par exemple : les politiques visant à promouvoir l'efficacité énergétique des ménages en faisant appel à la responsabilité des individus ou des consommateurs ; les programmes de gestion communautaire des forêts qui sont transposés à l'échelle du pays ; les subventions aux intrants pour les agriculteurs ; ou les subventions énergétiques.

Les politiques énergétiques qui utilisent des messages moralisateurs à l'intention des ménages peuvent échouer étant donné la méfiance générale à l'égard des institutions publiques et du secteur de l'énergie, ainsi que l'incapacité à tirer parti des réseaux sociaux existants et des notions de citoyenneté. La méfiance à l'égard des institutions règne dans les programmes de gestion communautaire des forêts, transposés à l'échelle nationale, en raison du risque accru d'être accaparés par les plus riches ou par les groupes politiques et les secteurs du gouvernement soucieux de s'arroger une part des bénéfices.

L'utilisation d'engrais et autres intrants est un facteur important pour améliorer la production, mais les gouvernements sont souvent obligés de les subventionner pour les rendre accessibles et abordables[190]. S'il existe de bonnes raisons d'accorder des subventions modestes aux intrants stratégiques, tels que les engrais, la façon dont ces subventions sont gérées est très importante[191].

Les engrais peuvent avoir des effets néfastes sur le développement durable, notamment lorsqu'une mauvaise utilisation expose les écosystèmes à la pollution et aux effets en aval de l'érosion et de l'eutrophisation des plans d'eau à des niveaux qui menacent la biodiversité aquatique. L'effet de l'utilisation d'engrais sur les ressources en terre et en eau est au cœur du débat sur l'intensification durable de la production agricole en Afrique[192]. De même, les subventions en faveur de l'énergie sont nécessaires pour permettre la croissance verte, étant donné leur impact sur l'ensemble de l'économie au-

---

[189] Probst, G. and A.M. Bassi (2014). Tackling Complexity, A Systemic Approach for Learned, 2010-2015.

[190] World Bank. (2016). The Role of Subsidies in Agricultural Productivity. Washington, DC: World Bank Publications.

[191] FAO. (2015). Managing Fertilizer Subsidies: Balancing Costs and Benefits. Rome : Food and Agriculture Organization of the United Nations

[192] Pretty, J., et al. (2011). Sustainable Intensification in African Agriculture. International Journal of Agricultural Sustainability, 9(1), 5-22.

delà du secteur de l'énergie[193]. Mais les processus de réforme, complexes et difficiles, peuvent être politiquement inacceptables à court terme. Des études de cas sur les réformes des subventions aux combustibles fossiles dans plusieurs pays africains (par exemple, au Ghana et au Sénégal) montrent que la suppression des subventions aux combustibles fossiles nécessite de vastes consultations avec les parties prenantes pour concevoir et mettre en œuvre un plan de réforme[194].

3.3 Atouts à exploiter

Pour sa marche vers l'économie verte, on peut dire sans exagération aucune que le Tchad est assis sur une mine d'or. Cette section recense et analyse les différents atouts du pays en matière de transition écologique, mais qui reste à explorer et à exploiter pour la plupart ?

3.3.1 Les ressources naturelles

De manière générale, les ressources naturelles tchadiennes regroupent les forêts, la faune, le sol et les eaux de ce pays[195]. Les forêts tchadiennes sont estimées à environ 323 600 km^2, soit le quart de la superficie du pays. Les estimations fixent le potentiel ligneux moyen à 12,3 m^3/ha et la productivité moyenne à 1,5 m^3/ha/an[196]. Les formations végétales sont composées de 593 000 ha de forêts classées, 414 000 ha de parcs nationaux (Zakouma et Manda) et 11 080 000 ha de réserves forestières. Ces ressources sont pour l'essentiel localisées dans la zone soudanienne. Le taux de déboisement est estimé à 0,6 % par an[197] et le reboisement couvre environ 15 000 ha. Le gommier (Acacia Sénégal) et le karité (Butyrospermum parkii) sont les principales essences forestières d'intérêt économique. Les besoins actuels de consommation en bois d'énergie s'élèvent à 531 000 m^3 équivalents en bois, rien que dans les trois départements du Barh-Koh, du lac Iro et du Mandoul. Les forêts classées de Djoli-Kéra, Haut Borgoto et Helibongo ont presque complètement disparu. Par ailleurs on note une dégradation poussée de certains sols, notamment dans la zone de Benoye et Kelo, à cause d'une part de la très forte densité de population et de sa pression sur les ressources, et

---

[193] IEA (2020). Energy Subsidies and Economic Impacts: Global Perspectives. Paris : International Energy Agency.

[194] Stern, N. (2008). The Economics of Climate Change: The Stern Review. Cambridge University Press.

[195] FAO (2020). Les Ressources naturelles : Forêts, Faune, Sols et Eaux. Rome : Food and Agriculture Organization of the United Nation

[196]Gouvernement du Tchad. (2019). Étude de la Productivité forestière au Tchad. Ministère des Ressources naturelles

[197] PNUE (2013). Using Indicators for Green Economy Policy Making. Geneva : UNEP.

d’autre part des effets du ravinement et des pratiques culturales inadéquates du coton et du manioc.

La faune sauvage, abondante et variée, comporte des mammifères des plus représentatifs du continent, comme l’éléphant, l’élan de derby, le grand koudou, l’oryx, l’addax, le mouflon à manchette[198]. Le Tchad possède deux parcs nationaux (parc de Zakouma avec 300 000 ha et le parc de Manda avec 114 000 ha), sept réserves de faune et une réserve de la biosphère (lac FITRI de 195 000 ha). Le Tchad abrite des zones humides d’importance internationale pour les espèces migratrices d’oiseaux. Le braconnage se développe et menace le parc de Manda, la réserve de chasse d’Aouk et la réserve de faune de Binder-Léré. L’appauvrissement du stock halieutique provoqué par des sécheresses répétées et les pratiques de pêche constitue une des contraintes majeures à l’amélioration de la productivité de ce sous-secteur. Comme faiblesse du sous-secteur de la pêche, on peut citer l’absence de politique de développement, la méconnaissance de la condition socio-économique des opérateurs du sous-secteur ainsi que le volume et la nature des ressources halieutiques, l’absence de recherche en matière de pêche, le manque d’encadrement technique et d’organisation de la filière pêche et l’absence de réglementation commune sur la pêche dans les états membres de la Commission pour le bassin du lac Tchad (CBLT). Comme points forts du sous-secteur de la pêche, on peut noter : le potentiel d’amélioration de la productivité ; l’existence d’une grande variété d’espèces (135 espèces) ; un nombre important d’opérateurs (300 000 personnes) dont certains ont acquis un niveau technique acceptable ; l’existence d’un marché potentiel important (Nigéria, Cameroun, République centrafricaine). La production moyenne annuelle de poisson est estimée à 80 000 tonnes.

Il existe d’importantes ressources en eaux souterraines (plus de 20 milliards de m^3) [199] et un important réseau hydrographique, dont 12 720 km^2 de lac, des cours d’eau permanents[200] (Chari et Logone), semi-permanents (Batha, Bahr Azoun, Salamat et Mayo-Kebbi) et de nombreux cours d’eau temporaires, qui offre un potentiel de terres irrigables d’environ 5,6 millions d’ha sur lequel seulement 7 000 ha sont irrigués. La superficie des terres cultivables au Tchad est estimée à 39 millions d’ha, représentant 30 % du territoire national[201]. Environ 2,2 millions d’ha seulement sont cultivés

---

198 Jackson, P. (2021). Faune sauvage du Tchad : Mammifères et Habitats. African Wildlife Journal, 47(3), 345-359.

199 FAO (2020). Ressources en Eaux souterraines et Hydrographie du Tchad. Rome : Food and Agriculture Organization of the United Nations.

200Gouvernement du Tchad (2021). Inventaire des Cours d’Eau et Réseaux hydrographiques au Tchad. N’Djamena : ministère des Ressources en Eau.

201 World Bank (2019). Terres cultivables et Utilisation agricole au Tchad. Washington, DC : World Bank Publications

annuellement. Plus de la moitié des superficies cultivées (1 400 000 ha dont 1 080 500 ha de culture céréalière) se trouve en zone soudanienne[202].

L'extrême sensibilité aux variations climatiques et aux facteurs anthropiques ainsi que la faible productivité caractérise les ressources naturelles au Tchad. L'accès aux ressources naturelles, dans un contexte de raréfaction avec pour conséquence des comportements de compétition et des conflits entre les différents usagers, constitue la préoccupation majeure sur l'ensemble du territoire. Comme problèmes de gestion des ressources, la mission a noté la dégradation des sols, la désertification, le surpâturage, le braconnage, le déboisement abusif, l'ensablement, le déficit pluviométrique, la régression du réseau hydrographique, la réduction du niveau des nappes, la dégradation des habitats naturels en particulier les aires protégées (parcs et réserves de faune, forêts classées, zones de biodiversité telles que les lacs Fitri, Léré), les feux de brousse, etc.

3.3.1.1 Le potentiel solaire

Le Tchad bénéficie d'un ensoleillement exceptionnel tout au long de l'année, avec plus de 300 jours de soleil par an. Cette condition climatique favorable offre un potentiel solaire immense. L'énergie solaire peut jouer un rôle crucial dans la réduction de la dépendance du Tchad aux combustibles fossiles importés et coûteux. Selon l'Agence Internationale de l'Énergie (AIE), le potentiel solaire du Tchad est estimé à environ 5,5 à 6 kWh/m^2 par jour[203], ce qui en fait l'un des pays les plus ensoleillés du monde. En outre, l'installation de panneaux solaires peut être réalisée de manière décentralisée, ce qui permet de fournir de l'électricité même dans les régions les plus reculées et difficilement accessibles du pays.

3.3.1.2 Les opportunités éoliennes

En parallèle du potentiel solaire, le Tchad possède également des ressources éoliennes considérables, notamment dans les régions septentrionales et sahariennes. Des études ont montré que les vitesses moyennes du vent dans ces zones peuvent atteindre 5 à 7 m/s, ce qui est

---

[202] International Institute for Environment and Development (IIED). (2020). Cultures céréalières et Superficies cultivées en Zone soudanienne. African Farming Journal, 45(4), 345.

[203] Agence Internationale de l'Énergie (AIE). « Renewables 2020. » https://www.iea.org/reports/renewables-2020

suffisant pour la production d'énergie éolienne à grande échelle[204]. L'exploitation de l'énergie éolienne pourrait non seulement diversifier le mix énergétique du Tchad, mais aussi contribuer à la création d'emplois locaux et au développement économique régional. Les fermes éoliennes pourraient être intégrées dans une stratégie nationale visant à améliorer l'accès à l'électricité, réduisant ainsi les disparités énergétiques entre les zones urbaines et rurales.

3.3.2 Agriculture, élevage et réseau routier

Le développement des cultures principales pratiquées au Tchad est très dépendant des conditions climatiques[205]. Les variétés cultivées sont en général peu productives avec des rendements moyens d'environ 1,4 t/ha contre 1,8 t/ha en test en milieu paysan et 4 t/ha dans les essais pour le riz, 0,6 t/ha contre 1,2 t/ha (test en milieu paysan) et 2,5 t/ha (essais) pour le sorgho[206], 0,7 t/ha contre 1,5 t/ha (test en milieu paysan) et 3 t/ha (essais) pour l'arachide, 0,6 t/ha 0,9 t/ha (test en milieu paysan) et 2 t/ha (essais) pour le coton, et 0,4 t/ha contre 1 t/ha (test en milieu paysan) et 1,7 t/ha (essais) pour le niébé. Ces rendements sont en deçà des résultats obtenus dans les conditions comparables de la sous – région. Les céréales (mil, sorgho, riz, maïs) dominent aussi bien en termes de superficies emblavées qu'en volume de production. Elles occupent environ 1,5 million d'ha (70 % de la superficie cultivée) et fournissent l'essentiel de la production agricole tchadienne (55 %).

Cependant, la production annuelle reste fortement liée aux précipitations et varie entre 0,4 à 1,2 million de tonnes suivant les années. La production des légumineuses (arachide, sésame et niébé) varie de 280 000 à, 540 000 tonnes par an en fonction de la pluviométrie. La jachère occupe environ 2 000 000 ha avec des durées de plus en plus courtes (3 ans), liées à la pression foncière. En matière de semences pour les vivriers, les besoins annuels en semences sélectionnées sont estimés à 44,290 tonnes, 3,130 tonnes pour les semences de base[207], et 34 tonnes pour les semences de prébase. La production nationale ne couvre pas ces besoins[208]. Les organismes comme la FAO interviennent ponctuellement pour pallier ces déficits.

---

[204] Organisation des Nations Unies pour le Développement industriel (ONUDI). « Energy Profile Tchad, article disponible sur » https://www.unido.org/our-focus/energy-access

[205] FAO (2021). Impact des Conditions climatiques sur les Cultures au Tchad. Rome : Food and Agriculture Organization of the United Nations.

[206] Bureau national des Statistiques du Tchad. (2022). Rapport sur la Productivité du Sorgho au Tchad. N'Djamena : gouvernement du Tchad.

[207] FAO (2021). Estimation des Besoins en Semences pour les Vivriers au Tchad. Rome : Food and Agriculture Organization of the United Nations

[208] Gouvernement du Tchad (2020). Production et Besoins en Semences. N'Djamena : ministère de l'Agriculture

Il n'existe pas de filière semencière structurée et capable de répondre aux besoins en semences tant en quantité qu'en qualité[209]. L'ITRAD est la seule structure nationale de production de semences. La diffusion des semences est faite par des structures publiques et/ou privées (ONDR, SODELAC, divers projets de développement et ONG). Le développement du sous-secteur vivrier et des cultures de rente se heurte aux aléas climatiques, aux pratiques culturales à faible rendement et aux difficultés d'accès aux intrants de qualité, notamment les semences. À ces contraintes s'ajoutent le manque de technologie et de matériel appropriés à la transformation et au stockage des produits agricoles et les difficultés de commercialisation dues à l'enclavement des zones de production.

Le Tchad compte parmi les pays les plus nantis du Sahel en ressources en eau et en sols. Sur 39 millions d'hectares de terres cultivables, plus de 5 millions sont potentiellement irrigables. Mais, paradoxalement, la superficie des terres aménagées (18 000 ha) est la plus faible de la sous-région. Il est à noter que du fait de l'état de dégradation avancée de ces aménagements, seulement 40 % de ses superficies sont exploités. Le sous-secteur irrigué comprend trois types d'aménagements à savoir les grands périmètres irrigués, les petits périmètres irrigués villageois et les hors casiers et périmètres de décrue. Les grands périmètres sont confrontés à de nombreux problèmes d'ordre technique (gestion de l'eau, insuffisance d'entretien des ouvrages, insuffisance d'encadrement technique, etc.), économique (difficultés d'accès aux marchés des intrants et produits agricoles) et organisationnel (faiblesse des organisations de producteurs). Les grands périmètres généralement localisés dans la zone soudanienne ont été créés entre 1950 et 1974[210]. Les périmètres villageois, créés par l'État et les ONG, ont des rendements assez élevés[211]. Les orientations politiques retenues pour le sous-secteur de l'irrigation sont la promotion des technologies appropriées les moins coûteuses et d'entretien facile, la participation des populations aux coûts des ouvrages, l'élaboration de normes et de paramètres d'aménagement hydroagricoles adaptés aux différentes zones, et la responsabilisation des usagers dans la gestion, la maintenance des ouvrages et l'acquisition des services agricoles[212]. Le développement de l'agriculture, de l'élevage et des échanges entre les différentes localités du pays profite largement de l'embryon

---

209 FAO (2022). Interventions pour la Fourniture de Semences au Tchad. Rome : Food and Agriculture Organization of the United Nations.

210 Gouvernement du Tchad. (2020). Historique et Développement des Grands Périmètres irrigués. N'Djamena : ministère de l'Agriculture.

211 FAO (2021). Rendements des Périmètres villageois au Tchad. Rome : Food and Agriculture Organization of the United Nations

212 Garrity, D. (2022). Orientations politiques pour l'Irrigation. Journal of Agricultural Policy, 37(1), 89-101.

de maillage territorial des routes[213]. En effet, le réseau routier tchadien comprend 4 800 km de routes classées (dont 489 km de routes revêtues) et 20 000 à 35 000 km de routes et pistes rurales. L'insuffisance du réseau routier, de magasins de stockage et des marchés ruraux, leur mauvais état et l'impraticabilité presque totaux des routes en saison des pluies constituent un frein à la sécurité alimentaire en empêchant les échanges et une contrainte majeure pour le développement du monde rural, en général en limitant le déplacement des populations et leur accès à l'éducation et à la santé[214].

La mise en œuvre du PROADEL et l'existence de ressources pétrolières permettent d'espérer sur une amélioration significative des infrastructures rurales au Tchad dans les meilleurs délais. En effet, avec l'avènement du pétrole, le gouvernement tchadien disposera d'assez de ressources pour les secteurs prioritaires de l'agriculture, de l'éducation, de la santé et des infrastructures.

3.3.3 Jeunesse de la main-d'œuvre

La jeunesse tchadienne constitue une force vive pour le développement économique du pays. Avec plus de 65 % de la population âgée de moins de 25 ans[215], le Tchad dispose d'un vaste réservoir de travailleurs potentiels qui peuvent être mobilisés pour stimuler divers secteurs économiques[216], notamment l'agriculture, l'industrie, et les services. Cette jeune main-d'œuvre, si elle est bien formée et intégrée dans le marché du travail, peut significativement accroître la productivité et contribuer à la diversification économique. Des programmes de formation professionnelle et d'éducation adaptés peuvent préparer ces jeunes à répondre aux besoins du marché du travail moderne, réduisant ainsi le chômage et favorisant une croissance économique inclusive et soutenue[217].

L'esprit d'innovation et d'entrepreneuriat parmi les jeunes Tchadiens est également un atout majeur. Les jeunes, avec leur ouverture aux nouvelles technologies et leur adaptabilité, peuvent être des catalyseurs d'innovation et de création d'entreprises. Le Tchad peut tirer parti de cette dynamique en encourageant les initiatives entrepreneuriales à travers des incubateurs d'entreprises, des formations en gestion et des programmes de mentorat. Ces initiatives peuvent non seulement créer des emplois, mais aussi stimuler des secteurs émergents, tels que les technologies de l'information et les énergies

---

[213] World Bank. (2021). Potentiel routier et Infrastructures au Tchad. Washington, DC : World Bank Publications.

[214] Smith, A. (2021). Impact des Infrastructures sur la Sécurité alimentaire au Tchad. African Development Review, 32(4), 456-470.

[215] https://www.undp.org/content/undp/fr/home/librarypage/hdr.html

[216] https://www.banquemondiale.org/fr/publication/africa-s-pulse

[217] https://www.ilo.org/global/topics/youth-employment/lang--fr/index.htm

renouvelables. En favorisant un environnement propice à l'innovation, le Tchad peut transformer sa jeune population en un moteur de croissance économique et de modernisation industrielle.

Sur le plan social, une main-d'œuvre jeune et active peut avoir un impact positif en réduisant les taux de pauvreté et en améliorant les conditions de vie[218]. En fournissant des opportunités d'emploi et de formation, le Tchad peut non seulement augmenter le revenu des ménages, mais aussi renforcer la cohésion sociale[219]. Les jeunes sont souvent plus engagés dans les questions de développement durable et de justice sociale, ce qui peut conduire à des pratiques plus responsables et inclusives. L'implication des jeunes dans des projets communautaires et des initiatives environnementales peut ainsi contribuer à une société plus équitable et résiliente. En capitalisant sur l'énergie et l'enthousiasme de sa jeunesse, le Tchad a l'opportunité de bâtir un avenir plus durable et prospère.

3.3.4 Intégration régionale

L'intégration régionale offre au Tchad une opportunité de renforcer sa position économique et politique au sein de l'Afrique centrale. En tant que membre de la Communauté économique et monétaire de l'Afrique centrale (CEMAC) et de la Communauté économique des États de l'Afrique centrale (CEEAC), le Tchad bénéficie de divers accords commerciaux et politiques qui facilitent les échanges intrarégionaux. Ces accords permettent de réduire les barrières tarifaires et non tarifaires, favorisant ainsi le commerce et l'investissement. L'amélioration des infrastructures de transport et de communication à l'échelle régionale facilite également l'exportation des produits tchadiens, tels que le pétrole, le bétail, et les produits agricoles, tout en attirant des investissements étrangers directs. Cette intégration économique contribue à diversifier l'économie tchadienne et à réduire sa dépendance aux exportations de pétrole.

Sur le plan sécuritaire, l'intégration régionale joue un rôle crucial dans la stabilité du Tchad. Les initiatives régionales de coopération en matière de sécurité, telles que la Force multinationale mixte (FMM) de la Commission du bassin du Lac Tchad (CBLT) et les efforts conjoints contre Boko Haram, illustrent l'importance de la collaboration régionale pour la paix et la sécurité. La participation active du Tchad dans ces initiatives renforce la sécurité nationale en luttant contre les menaces transfrontalières et en stabilisant les régions frontalières. De plus, la coopération avec les pays voisins permet de partager des informations de renseignement et des ressources militaires,

---

218 United Nations Development Programme (UNDP, 2021). Youth Employment and Poverty Reduction in Africa. New York: United Nations Development Programme.

219 Gouvernement du Tchad (2022). Opportunités d'Emploi et Cohésion sociale. N'Djamena : ministère de la Jeunesse et des Sports.

augmentant ainsi l'efficacité des opérations de maintien de la paix et de lutte contre le terrorisme.

L'intégration régionale favorise également le développement social et culturel au Tchad. Les programmes éducatifs et les échanges culturels entre les pays membres de la CEMAC et de la CEEAC permettent de promouvoir une meilleure compréhension et une cohésion entre les peuples de la région. Les initiatives régionales en matière de santé publique, telles que les campagnes de vaccination transfrontalières et la lutte contre les épidémies, améliorent la santé publique et renforcent la résilience des systèmes de santé nationaux. De plus, la mobilité accrue des personnes à travers les frontières favorise les échanges d'idées et de compétences, contribuant ainsi à une société plus inclusive et dynamique. L'intégration régionale, en facilitant les interactions sociales et culturelles, joue un rôle clé dans le renforcement de l'identité régionale et la promotion de la paix et de la solidarité entre les nations.

Chapitre 4:

Acteurs d'une gouvernance stratégique de la transition vers l'économie verte au Tchad

Les analyses du chapitre précédent ont montré qu'en dépit de ses contraintes économiques et climatiques, le Tchad comporte de nombreux atouts pour aller vers l'économie verte. Mais quelle gouvernance pour accompagner ce processus ? Telle est la question qui se pose à l'économie politique dans le cas du Tchad actuel. Une telle question nous met face à un défi : construire et proposer une architecture de la gouvernance de la transition vers une économie verte. Ce chapitre porte sur cet enjeu de la gouvernance, qui est essentiel. Il part du postulat que cette gouvernance sera stratégique ou ne sera pas : elle doit être en effet en mesure d'identifier, de mobiliser et de fédérer à la fois les enjeux de moyens et de long terme, et créer des synergies pour tirer le meilleur de l'ensemble des acteurs qui s'investissement au quotidien et à divers titres dans la marche du pays vers l'économie verte. En clair, le problème de l'économie politique de la transition vers l'économie verte ne se résout véritablement sur le fond que si une gouvernance stratégique émerge au Tchad en s'outillant de modèles opérationnels capables de sérier les besoins et de puiser dans les ressources humaines du pays pour créer une synergie entre des acteurs compétents et imbriqués. La gouvernance stratégique de la transition vers l'économie verte se doit d'imaginer et d'implémenter une chaîne de production des savoirs et de savoir-faire techniques et sociaux, complémentaires et nécessaires à la marche vers l'économie verte. De ce point de vue, la gouvernance stratégique repose sur des groupes-clés qui prennent part à l'action concertée pour maîtriser et influencer les meilleurs résultats au niveau national. Dès lors, quels sont ces acteurs aux compétences avérées et capables d'intégrer la synergie voulue et portée par la gouvernance stratégique de la transition tchadienne vers l'économie verte ? L'analyse de ce chapitre répond à cette question en présentant les acteurs tchadiens de la transition vers l'économie verte (section 1), les modèles d'actions gouvernées (section 2) et la consolidation de certains modèles stratégiques (section 3).

4.1 Acteurs tchadiens de secteurs impliqués

Le principal enjeu africain d'une gouvernance stratégique de la transition vers une économie verte est de trouver des voies et de promouvoir des formes de pratiques techniques et institutionnelles qui soient cohérentes et efficaces pour rendre cette transition elle-même réalisable. Pour la gouvernance de lq transition vers l'économie verte, cela signifie que les politiques macroéconomiques et autres stratégies axées sur la croissance ne doivent pas compromettre les objectifs de durabilité. De même, les objectifs environnementaux doivent être mis en balance avec des considérations sociales.

L'économie politique de la transition vers l'économie verte exige des modalités de gouvernance qui facilitent la collaboration de multiples acteurs à différentes échelles (internationale, régionale, nationale, sous-nationale et locale) pour lutter contre les inégalités et le déséquilibre des forces liés à l'économie de marché[220]. Les principales parties prenantes d'une économie verte sont les gouvernements et leurs organismes, les instituts de recherche et d'enseignement, les groupes de réflexion, les organisations de développement internationales et régionales, les acteurs du secteur privé (notamment les innovateurs, les producteurs et les groupes politiques organisés). Identifier les principaux intervenants, ainsi que les institutions et les cadres à travers lesquels ils interagissent, est aussi important que l'objectif visant à assurer la transition vers l'économie verte[221]. Seul ce type d'analyse permet d'identifier les mesures qui permettent de préserver les intérêts de toutes les parties prenantes. Une analyse fondée sur l'économie politique améliore également les systèmes de gouvernance et favorise la transparence dans la mise en œuvre des programmes des gouvernements et contribue à réduire les incertitudes et les risques liés aux investissements dans l'économie verte[222].

Les approches participatives en matière de conception et de mise en œuvre de réformes en faveur de l'économie verte inclusive garantissent que les intérêts des différents acteurs sont pris en compte et encouragent la participation de tous. Les pays dotés d'une direction forte et de mécanismes de coordination multipartite bien établis qui assurent la synergie des efforts des ministères, organismes et autres parties prenantes ont d'ores et déjà réussi à identifier les réformes clés pour promouvoir l'économie verte.

La coordination entre les ministères, les organismes et les autres parties prenantes, ainsi qu'entre les structures décentralisées, tient pour l'essentiel à la mise en place de divers comités multipartites qui assurent une communication et une coopération efficaces. Ces rôles sont assurés par des organismes gouvernementaux chefs de file dans plusieurs pays africains. À Maurice, la stratégie Maurice île durable, dont le plan d'action est coordonné par le ministère de l'Environnement et du Développement durable, fournit un cadre pour la mise en œuvre de l'économie verte. Au Kenya, le ministère de la décentralisation et de la Planification est considéré comme le chef de file de la coordination des activités et des initiatives en faveur d'une économie verte.

---

[220] Smith, R. (2018). Gouvernance et collaboration dans la transition écologique. Journal de la Gouvernance durable, 17 (4), 101-115.

[221] CEA (2016 a), 37.

[222] *Ibid.*, p. 41.

4.1.1 Le secteur public tchadien

Le premier acteur et le chef d'orchestre de la transition vers l'économie verte au Tchad est le secteur public, qui est traditionnellement responsable de la création et de la mise en place du cadre politique, juridique et institutionnel de gestion des ressources naturelles. La République du Tchad a déjà élaboré un cadre institutionnel opérationnel pour les questions relatives à l'environnement. Ce cadre a déjà permis de finaliser et de faire approuver un certain nombre de documents de stratégies sectorielles[223]. Il s'agit plus particulièrement de :

- ✓ *La Stratégie nationale de Réduction de la pauvreté (SNRP) :* qui est le cadre de référence et de convergence économique et sociale du Gouvernement pour atteindre les Objectifs du Millénaire pour le Développement[224]. Ce document d'orientation dont la première version a été adoptée en 2003, prend en compte les aspects liés à l'extrême paupérisation maintenant le pays au plus bas niveau, à la faiblesse des capacités de réponse à la pauvreté, aux contraintes structurelles qui entravent l'accès de la population aux aspirations essentielles du développement humain durable et à l'atteinte du point d'achèvement de l'initiative en faveur des pauvres les plus endettés (IPPTE)[225]. Cette stratégie a été révisée en 2006 pour donner la SNRP2 couvrant la période de 2008 à 20 011 et qui repose sur les cinq axes majeurs suivants :
  - o La promotion d'une bonne gouvernance pour améliorer la cohésion sociale et l'efficacité des politiques ;
  - o La création d'un environnement favorable à une croissance économique robuste et diversifiée ;
  - o La valorisation du potentiel de croissance du secteur rural ;
  - o La réalisation d'infrastructures, leviers du développement ;
  - o La valorisation des ressources humaines.
- ✓ Le *Programme national d'investissement à Moyen Terme (PNIMT),* conçu dans le cadre du NEPAD (Nouveau Partenariat pour le Développement de l'Afrique), se base sur les cinq piliers du Programme détaillé de développement de l'Agriculture (PDDAA) qui sont : la maîtrise de l'eau, la fertilité des sols, l'amélioration des infrastructures rurales et des capacités pour faciliter l'accès aux marchés, l'intensification

---

[223] Tchad, République du (2017). Cadre institutionnel pour la gestion des ressources naturelles. Ministère de l'Environnement et du Développement durable.

[224] Tchad, République du (2003). Stratégie nationale de Réduction de la pauvreté (SNRP). Gouvernement du Tchad.

[225] Tchad, République du (2006). Révision de la Stratégie nationale de Réduction de la pauvreté (SNRP2). Gouvernement du Tchad.

des systèmes agropastoraux au sein des filières organisées et la gestion durable des ressources naturelles appliquées à l'exploitation des produits forestiers non ligneux[226].

- ✓ Le *Plan d'Intervention pour le Développement rural (PIDR),* document élaboré suite à une Consultation sectorielle sur le Développement rural (CSDR) impliquant les ministères de l'Agriculture, de l'élevage, l'Environnement et Ressource naturelles, a été mené en 1999 par le Gouvernement tchadien et a permis de diagnostiquer et d'arrêter des orientations stratégiques définissant un cadre de référence des interventions des différents partenaires du développement. Ce PIDR finalisé en 2001 comprend le Projet d'Appui au développement local (PROADEL) et le Programme de Renforcement des Capacités des Acteurs et deux autres programmes transversaux qui la microfinance et l'appui au suivi du secteur[227].

Les politiques nationales concernent aussi les stratégies sectorielles suivantes :

- ✓ Le *Plan national d'Action pour l'Environnement (PNAE),* élaboré en 2005, qui est un cadre global de réflexion et de gestion durable des ressources naturelles.
- ✓ Le *Programme d'Action nationale de Lutte contre la Désertification (PAN/LCD)* dont les principaux objectifs sont la protection, la restauration et la mise en valeur des potentiels productifs, la protection et la sauvegarde des écosystèmes menacés et d'importance capitale, le renforcement des capacités nationales en matière de lutte contre la désertification et la gestion des risques. Un effort particulier a été fait pour assurer une cohérence entre le PAN/LCD et les principaux documents précédemment citée (SRNP2, PNAE, PIDR).
- ✓ La *Stratégie nationale et Plan d'Action en matière de diversité biologique (SNPA/DB)* qui traduit les engagements du Tchad envers la Convention de Rio et a pour objectifs la conception et la mise en œuvre d'une stratégie appropriée d'information, d'éducation et de communication, la connaissance de la biodiversité, la promotion des énergies nouvelles et renouvelables et l'élaboration d'un document de stratégie nationale et Plan d'Action en matière de biodiversité. Le Programme d'Action nationale d'Adaptation (PANA) aux Changements climatiques, dont l'objectif est d'identifier les besoins urgents et immédiats des populations

---

[226] NEPAD (2004). Programme détaillé de Développement de l'Agriculture (PDDAA) : Cinq piliers de développement. Nouveau Partenariat pour le Développement de l'Afrique.

[227] Tchad, République du (2001). Finalisation du PIDR et programmes associés. Gouvernement du Tchad.

pour faire face aux effets négatifs des changements climatiques actuels et futurs (PANA, 2009). Le PANA Tchad est un cadre qui définit les orientations stratégiques et les politiques nationales qui permettront au pays d'assurer un développement durable tout en prévenant les impacts négatifs des changements climatiques.

- ✓ *Stratégie nationale de gestion des feux de brousse au Tchad (2011) :* la stratégie nationale de gestion des feux de brousse a été financée par la FAO à travers le projet TCP/CHD/3304[228] qui a défini une stratégie pour une période de 10 ans, articulée en deux phases principales de cinq (5) ans chacune ayant une vision « à l'Horizon 2021, le Tchad dispose d'un environnent dans lequel, la gestion des feux de brousse contribue à l'utilisation durable des ressources naturelles pour le bien-être des populations » et des défis à relever et des enjeux liés à la gestion des feux de brousse, le futur souhaité 17 collectivement pour les écosystèmes et des savanes du Tchad. La stratégie est bâtie autour de quatre axes :
  - o Améliorer la gestion des connaissances sur les feux de brousse ;
  - o Renforcer le cadre juridique et institutionnel en matière de gestion des feux de brousse ; — Renforcer la capacité des acteurs ;
  - o Développer les mécanismes de coordination et de gestion des feux de brousse.
- ✓ Le *Projet d'Extension et d'Entretien de la Ceinture verte de N'Djamena sur financement de l'État tchadien* depuis 2008, a pour objectif global, la création des meilleures conditions de vie pour la population de N'Djamena à travers la lutte contre la désertification, la pauvreté et l'insécurité alimentaire par la protection et l'entretien de toute la ceinture sur une distance de 40 kilomètres de long autour de la Ville de N'Djamena sur une largeur de 200 mètres, la création des brise-vent pour la ville et la création des activités génératrices des revenus pour les villages environnants[229].
- ✓ *L'Agence nationale pour l'énergie domestique et l'Environnement (AEDE),* qui est une structure créée pour la promotion des énergies nouvelles et renouvelables et aussi pour les énergies de substitution ;
- ✓ La *Convention portant création de la grande muraille verte,* suite à la déclaration 137 approuvant l'Initiative « Grande Muraille verte du Sahara » adoptée lors de la 8e session ordinaire de la Conférence des Chefs d'État et de gouvernement de l'Union africaine tenue les 29 et

---

[228] FAO (2011). Stratégie nationale de gestion des feux de brousse au Tchad : Projet TCP/CHD/3304. Organisation des Nations Unies pour l'Alimentation et l'Agriculture.

[229] République du Tchad (2008 b) : Document de Stratégie nationale de la Croissance et de Réduction de la Pauvreté, mars.

30 janvier 2007 à Addis–Abeba (Éthiopie)[230]. Les activités dans le cadre de la GMV ont démarré depuis août 2008 avec les plantations réalisées à Gaoui, localité à une quinzaine de kilomètres de N'Djamena, par les autorités tchadiennes.

À ce propos, il faudra noter que l'Initiative grande Muraille verte capitalisera les réalisations et autres expériences des programmes, plans et projets déjà exécutés ou en cours d'exécution. Pour les actions déjà réalisées, l'on peut citer le Projet pilote Opération Acacia, le Projet d'Appui à la Production de la Gomme arabique, le Programme décennal de l'Opération Acacia dans les zones arides et semi-arides des pays producteurs des gommes et résines, etc. Les initiatives en cours d'exécution concernent le Programme national de Sécurité alimentaire dans son volet environnemental, notamment le reboisement à grande échelle des espèces sauvages fruitières, le Projet de Gestion communautaire des Écosystèmes, le Projet d'Appui à la Filière Gomme arabique, le Projet de Foresterie urbaine et périurbaine, le Projet d'Implication des Jeunes Volontaires de Lutte contre la Désertification et contre la Dégradation des Terres, l'Opération « Dix millions d'arbres », etc. Les nombreux programmes, plans et projets élaborés, la mise en place de la Brigade nationale mobile de Protection de l'Environnement et de Lutte contre le Braconnage, les activités de la Direction de l'éducation environnementale et du Développement durable traduisent concrètement les efforts entrepris par le Gouvernement du Tchad qui a mobilisé d'importantes ressources financières pour leur mise en œuvre[231].

Ces efforts ont sans nul doute eu des impacts positifs sur l'environnement et sur le tissu socio-économique, mais ces résultats restent, dans bien des cas, en deçà des objectifs fixés, et ceci malgré l'existence au niveau national, des multiples instruments juridiques suivants, élaborés et adoptés pour la mise en œuvre des politiques de développement :

- ✓ L'Ordonnance n° 14/63 du 28 mars 1963 réglementant la chasse et la protection de la nature, modifiée par l'ordonnance PR/EFTC du 21/01/66 en matière de la protection de la faune[232] ;
- ✓ La Loi n° 23 du 22 juillet 1967 portant statut des biens domaniaux et la Loi n° 24 du 22 juillet 1967 sur les limitations des droits fonciers ;
- ✓ La Loi 36/PR/94 du 3 décembre 1994 portant organisation de la commercialisation et du transport de bois dans les grandes agglomérations

[230] Union africaine (2007). Déclaration 137 sur l'Initiative grande Muraille verte du Sahara. 8e session ordinaire de la Conférence des Chefs d'État et de gouvernement, Addis-Abeba, Éthiopie.

[231] Tchad, République du (2021). Projet d'Implication des Jeunes Volontaires de Lutte contre la Désertification et contre la Dégradation des Terres ; opération « Dix millions d'arbres ». Ministère de l'Environnement et du Développement durable.

[232] Ordonnance n° 14/63 du 28 mars 1963.

et la fiscalité qui lui est applicable[233] avec son décret d'application n° 107/MTE/DG/97 du 14 mars 1997 ;

- ✓ La Loi n° 14/PR/98 du 17 juillet 1998 portant définition des principes généraux de la protection de l'environnement et de gestion durable des Ressources naturelles ;
- ✓ La Loi 016/PR/99 portant « Code de l'Eau » du 18 août 1999[234] ;
- ✓ La Loi 14-PR-2008 portant régime forêt, faune et ressources halieutiques du point de vue institutionnel, le ministère de l'Environnement et des Ressources halieutiques assure la mission régalienne de protection de l'environnement et de gestion durable des ressources naturelles, même si cela nécessite des actions transversales menées par d'autres départements ministériels, et la recherche des synergies indispensables aux succès des actions entreprises. Au niveau national, la mise en œuvre de la GMV bénéficiera de l'existence des organes consultatifs suivants :
- ✓ Le Haut Conseil National pour l'Environnement (HCNE), sous la Présidence du Premier ministre, qui définit les politiques nationales en matière d'environnement[235] ;
- ✓ La Cellule permanente chargée de la coordination technique et du suivi des projets du secteur rural

Des organes consultatifs plus larges, au niveau international (Union Africaine, CENSAD, NEPAD, Secrétariat exécutif de la GMV), seront mis à contribution dans le cadre de la mise en œuvre de la GMV au Tchad. L'Initiative GMV contribuera à l'atteinte des succès escomptés en assurant une coordination efficiente de tous ces efforts, en mettant l'accent sur les synergies nécessaires grâce à des rencontres périodiques de suivi et d'évaluation entre les différents partenaires et aussi en accordant une attention particulière aux aspects législatifs et réglementaires[236].

On doit aussi noter l'impact des engagements du Tchad aux Conventions et Accords multilatéraux sur l'environnement. En effet, au niveau africain, le Tchad a signé deux des sept des conventions ou accords relatifs à l'environnement, et adoptés sous l'égide de l'Organisation de l'Unité africaine, qui est devenue Union africaine. Il s'agit des engagements suivants :

- ✓ La Convention africaine sur la conservation de la nature et des ressources naturelles, considérée comme l'une des plus grandes Conventions concernant l'environnement, en Afrique. Cette convention, adoptée le 15 septembre 1968 à Alger, est entrée en vigueur le 9 octobre en 1969.

---

[233] Loi 36/PR/94 du 3 décembre 1994

[234] Code de l'Eau » du 18 août 1999

[235] Le Haut Conseil National pour l'Environnement

[236] Grande Muraille verte (2021). Coordination et synergies dans la mise en œuvre de l'Initiative GMV. Secrétariat exécutif de la GMV.

✓ La Convention de Bamako sur l'interdiction d'importer en Afrique des déchets dangereux et sur le contrôle des mouvements transfrontières et la gestion des déchets dangereux produits en Afrique. Le Tchad n'a pas ratifié la Convention phytosanitaire pour l'Afrique, mais ce texte a influencé, favorablement, la promulgation de textes juridiques dans les domaines de la protection des végétaux.

Au niveau sous-régional, le Tchad a signé les accords relatifs à l'environnement, tous consacrés à la faune et à la flore. Il s'agit de :

✓ La Convention de création du Comité Inter-États de Lutte contre la Sécheresse au Sahel (CILSS), adoptée le 12 septembre 1973 à Ouagadougou par les pays soudano-sahéliens dont les écosystèmes avaient subi de fortes dégradations à cause d'années consécutives de sécheresse. L'objectif principal des États signataires était, et demeure, la lutte conjointe contre la sécheresse afin de préserver la survie des communautés humaines[237], animales et végétales contre les effets dévastateurs de la sécheresse, afin de sauvegarder les économies de leurs pays. Pour le CILSS, il s'agit d'étudier les problèmes empêchant la réalisation de l'autosuffisance alimentaire, de rechercher un nouvel équilibre écologique au Sahel grâce au développement de la recherche et de la formation pour mieux lutter contre la sécheresse et la désertification, et de mobiliser les ressources nécessaires au financement des programmes identifiés.

✓ La Convention portant création de la Commission du Bassin du Lac Tchad (CBLT), qui est un accord portant sur la réglementation de la faune et de la flore, signée le 3 décembre 1977 à ENUGU, au Nigeria et entré en vigueur en 1978, auquel, le Cameroun, le Nigeria, le Niger, le Tchad et la RCA cherchent à promouvoir des mesures de conservation des ressources naturelles dans le bassin du Lac Tchad[238].

✓ L'Accord de coopération et de concertation entre les États d'Afrique Centrale (Cameroun, Gabon, R.C.A., Soudan, Congo et Tchad) sur la conservation de la faune sauvage, signé à Libreville au Gabon, le 16 avril 1983 pour protéger la faune sauvage menacée d'extinction[239].

Dans un contexte international où les préoccupations liées aux problèmes environnementaux sont de plus en plus prises en compte, le Tchad a ratifié des textes juridiques internationaux afin de compléter son arsenal juridique

---

237 CILSS, adoptée le 12 septembre 1973 à Ouagadougou

238 Commission du bassin du Lac Tchad (1977). Convention portant création de la Commission du bassin du Lac Tchad. Signé à Enugu, Nigeria.

239 Accord de coopération et de concertation entre les États d'Afrique Centrale (1983). Accord sur la conservation de la faune sauvage. Signé à Libreville, Gabon.

national en matière de gestion durable de l'environnement[240]. Les engagements les plus remarquables sont souscrits dans le cadre du NEPAD et de la Communauté des États saharo— sahéliens. Le NEPAD présente une initiative environnementale avec un Plan d'Action élaboré par la Conférence ministérielle africaine sur l'Environnement en relation avec le Programme des Nations-Unies pour l'Environnement (PNUE). La Communauté des États saharo-Sahéliens qui traduit la volonté politique des pays africains de promouvoir le développement du Sahara et qui a été concrétisée par le traité constitutif de la CEN-SAD signé le 4 février 1998[241].

Le Tchad a ratifié plusieurs conventions et accords, prouvant sa volonté de protéger son environnement et l'a clairement proclamé dans sa Constitution. Cependant, certains comportements allant à l'encontre de ces engagements sont difficiles à comprendre d'autant plus qu'il existe des instruments juridiques nationaux élaborés et adoptés pour accompagner la mise en œuvre de la politique sectorielle.

4.1.2 Le secteur privé

Cette section montre que le secteur privé est le moteur de l'économie : ses capacités d'investissement et d'innovation sont cruciales pour l'industrialisation, l'élimination de la pauvreté et la transition vers une économie économe en ressources et en énergie et à faible intensité de carbone (4.1.2.1). Les progrès attendus de ce secteur sont très souvent portés par l'innovation et l'ingénierie, qui mettent en évidence l'importance de la recherche universitaire et indépendante dans la transition vers une économie verte (4.1.2.2).

4.1.2.1 Un rôle fondamental dans l'économie

Qu'il s'agisse de créer des emplois, d'améliorer l'infrastructure, de développer l'éducation et les soins de santé, d'exploiter les possibilités et de transformer les structures, ou autres domaines essentiels, le secteur privé restera la pierre angulaire de toute stratégie de développement en Afrique[242] grâce à l'innovation et à l'investissement dans des modèles à faible émission de carbone et économes en ressources, le secteur privé aura un rôle majeur à

---

[240] Tchad, République du (2021). Ratification des textes juridiques internationaux en matière de gestion durable de l'environnement. Ministère de l'Environnement et du Développement durable

[241] CEN-SAD (1998). Traité constitutif de la Communauté des États saharo-Sahéliens. Signé le 4 février 1998

[242] Société financière internationale (2012). Le secteur privé comme moteur du développement économique en Afrique. Washington, D.C.

jouer dans la transformation vers l'économie verte inclusive[243] a identifié les quatre principaux domaines dans lesquels le secteur privé peut jouer un rôle important :

- ✓ Relancer l'industrie manufacturière et remettre l'industrialisation sur les rails ;
- ✓ Générer une croissance tirée par l'agriculture, basée sur la diversification vers des produits agricoles non traditionnels ;
- ✓ Générer une croissance rapide de la productivité dans les services ;
- ✓ Stimuler la croissance basée sur la valeur ajoutée aux ressources naturelles.

Pour le secteur privé, toute perspective qu'offre l'économie verte est évaluée comme n'importe quelle autre proposition commerciale et ne sera explorée que si elle offre un bon retour sur investissement. Les perspectives de croissance pour le secteur privé demeurent pour l'instant modestes et, par conséquent, le rythme de la transformation structurelle est lent. Par exemple, entre 2000 et 2010, en Afrique subsaharienne, la part de la main-d'œuvre employée dans l'agriculture a diminué d'environ 10 points de pourcentage ; toutefois, cela n'a pas eu d'incidence sur l'emploi dans le secteur manufacturier, qui n'a augmenté que de 2 points de pourcentage, contre 8 points dans les services[244]. Dans une telle dynamique, et avec l'urbanisation croissante du continent africain, le secteur privé devra évoluer de manière radicale pour fournir des secteurs secondaires et tertiaires modernes capables d'offrir des emplois décents et d'absorber davantage de travailleurs agricoles à bas salaire.

Le manque de compétences peut empêcher le secteur privé d'investir dans l'économie verte[245]. En raison du faible niveau de qualification qui prévaut, on estime que pas moins de 80 % des entreprises des économies en développement, soit environ 280 à 340 millions d'entreprises, font partie du secteur informel, une situation qui nuit à la croissance économique[246]. Si un renforcement des capacités et des compétences peut conduire à l'intégration de certaines entreprises du secteur informel dans l'économie générale, la plupart des pays auront du mal à trouver les compétences requises pour préparer le secteur privé en vue de la transition vers l'économie verte. Au vu de plusieurs cadres de développement durable adoptés récemment, dont le Programme de développement durable à l'horizon 2030 et l'Accord de Paris,

---

[243] Rodrik, D. (2014). Économie politique du développement et transition vers une économie verte. Harvard University Press.

[244] McMillan, M., & Harttgen, K. (2014). Structural Change and Economic Development in Africa. Journal of African Economies, 23(1), 12-47.

[245] Collier, P., & Venables, A. J. (2012). Green Growth: À Conceptual Framework. Oxford University Press

[246] Commission européenne (2014). European Business and the Informal Economy: An Overview. Brussels : European Commission.

les acteurs du secteur privé anticipent d'importants changements dans les marchés et la disponibilité des ressources, et prévoient en conséquence une production beaucoup moins intensive en carbone.

En clair, l'économie de la rareté et de l'incertitude incite à redoubler d'efforts pour mettre au point des systèmes et modèles économiques alternatifs plus respectueux de l'environnement. En Afrique du Sud, par exemple, la politique des pouvoirs publics visant à accroître la production d'énergie renouvelable est à l'origine de l'adoption, en 2011, du Programme d'approvisionnement auprès des producteurs indépendants d'énergie renouvelable. Ce programme est assorti d'une garantie souveraine aux adjudicataires pour réduire le risque de flux de trésorerie pour les producteurs d'électricité indépendants en mesure de fournir de l'électricité au réseau. En peu de temps, le gouvernement a acheté 3 922 mégawatts à 64 producteurs indépendants et a obtenu un engagement d'investissement supplémentaire de 14 milliards de dollars du secteur privé sur une période de trois ans[247].

D'autres pays ont réglementé les prix des énergies renouvelables, en adoptant des tarifs de rachat et des incitations, notamment des prêts pour les chauffe-eau solaires et autres technologies. Ces politiques ont incité le secteur privé à investir dans la production d'énergie renouvelable dans divers pays.

Ce qui précède prouve qu'en présence d'incitations adaptées, le secteur privé peut favoriser la mise au point et le transfert de technologies vertes, grâce à des financements, des services de conseil aux entreprises, un soutien accru aux innovations, la promotion de la coopération Sud-Sud et l'investissement étranger direct[248]. Le secteur privé investira dans des technologies propres adaptées à ses activités, mais le fera dans un souci de rentabilité pour accroître sa part de marché ou ses profits. Ce faisant, ses activités de portée collective renforceront les technologies de production moins polluantes destinées à assurer un fonctionnement optimal et l'utilisation efficace des matières premières et de l'énergie dans l'économie verte.

Les pays en développement sont généralement perçus comme étant à haut risque par les investisseurs en raison de l'incertitude réglementaire qui y règne et de la faiblesse de la gouvernance qui varie d'un pays à l'autre. Des obstacles structurels, tels qu'une infrastructure inadéquate pour améliorer la compétitivité, une information imparfaite et d'autres défaillances du marché, font aussi partie des raisons pour lesquelles le secteur privé n'investit pas suffisamment dans le développement durable, tant dans les pays développés

---

[247] CEA et PNUE (2017). Investissements dans les énergies renouvelables en Afrique : Opportunités et défis. Addis-Abeba : Commission économique pour l'Afrique et Programme des Nations Unies pour l'Environnement.

[248] Hultman, N., Sierra, K., & Shapiro, A. (2012). Green Technology and Innovation: À Comprehensive Review. Oxford University Press.

que dans les pays en développement[249]. Comme indiqué plus haut, le secteur privé n'investira dans des projets d'économie verte que sur la base de perspectives de rendement et non d'autres considérations. En fait, tout ce qui réduit les rendements ajustés en fonction du risque a un effet dissuasif ou constitue un obstacle à l'investissement du secteur privé dans les secteurs de l'économie verte.

À cela s'ajoute l'impression générale que les normes environnementales en matière de produits et de procédés, les régimes de réglementation et les restrictions se multiplient dans les économies industrialisées, ce qui crée des barrières commerciales sur le marché mondial. Les gouvernements des pays en développement doivent donc veiller à ce que les diverses normes, y comprissent les normes de rendement énergétique des produits, les protocoles d'essai et les exigences d'étiquetage utilisées sur différents marchés — n'empêchent pas l'accès des investisseurs privés nationaux aux marchés des pays développés. L'harmonisation de ces normes donnerait une véritable impulsion aux petits et moyens exportateurs, en particulier si les gouvernements des pays en développement incitaient les entreprises du secteur privé à respecter ces normes, par exemple en relevant les normes nationales pour qu'elles reflètent les normes internationales et en aidant le secteur privé à identifier, acquérir et intégrer les technologies nécessaires pour respecter les normes des pays développés.

Les instruments dont disposent les gouvernements pour encourager le secteur privé comprennent des allocations budgétaires pour les activités environnementales, comme on l'a vu dans les exemples ci-dessus. Le secteur privé ne doit pas seulement se conformer aux réglementations et normes environnementales comme stipulé dans les diverses lois nationales sur l'environnement, mais aussi, en tant qu'entreprises, proposer des solutions permettant de réduire les émissions et l'utilisation des ressources, rendant ainsi la planète plus propre. Le secteur privé est constitué d'organisations très diverses, allant des petites entreprises informelles aux grandes multinationales et institutions financières[250].

Il est donc nécessaire de mettre en place des stratégies différenciées en fonction des différents types d'acteurs du sect.0eur privé afin d'atteindre conjointement les objectifs de développement[251]. Pour commencer, les entreprises ont besoin d'un cadre réglementaire fixé par le gouvernement (une sorte de règles du jeu) à même d'encourager les investissements innovants et

---

[249] Équipe spéciale des Nations Unies chargée du programme de développement pour l'après -2015 (2013). Défis et opportunités pour les investissements dans le développement durable. New York : Nations Unies.
[250] World Bank (2020). "Private Sector Development: Overview." World Bank.
[251] European Commission (2014). "Private Sector Development: Strategies and Approaches for Sustainable Development." Commission européenne.

sûrs et d'inciter les investisseurs privés à soutenir les technologies vertes et les jeunes entreprises.

Collaborer avec le secteur privé pour intégrer les priorités de ses acteurs dans les stratégies de croissance verte et les cadres directifs dès la phase de développement peut accroître sa participation. Il est nécessaire de mettre en place un dosage approprié et précis des politiques en fonction des spécificités des pays, y compris des incitations directes à l'investissement vert. Il peut aussi être nécessaire de promouvoir les entreprises dans les secteurs prioritaires de l'économie verte et de réduire certains des risques associés aux défaillances du marché. En règle générale, il est important de créer des opportunités grâce à des solutions fondées sur le marché et de limiter les interventions du secteur public et des donateurs qui faussent les marchés ; il se peut toutefois que certains secteurs aient besoin d'investissements directs du gouvernement pour attirer des acteurs privés.

Les pouvoirs publics, tout en créant un environnement favorable à l'activité du secteur privé, doivent considérer ce dernier comme un partenaire essentiel au développement socio-économique. Le secteur privé doit par ailleurs redoubler d'efforts pour réaliser les investissements nécessaires, innover pour accroître la compétitivité et assumer sa responsabilité sociale. Il est de plus en plus conscient du rôle qui lui revient dans la réalisation d'une croissance à long terme verte et inclusive sur fond de développement durable. Il apporte de nouvelles idées pour lutter contre la pauvreté dans le monde, s'associant par exemple aux acteurs traditionnels du développement, tels que les organismes d'aide nationaux et les organisations non gouvernementales, tirant parti des chaînes d'approvisionnement pour créer des opportunités économiques pour les populations les plus pauvres du monde et intégrant la responsabilité sociale dans ses pratiques commerciales. C'est un acteur important qui contribue à façonner le programme de croissance verte et inclusive de l'Afrique. Les gouvernements doivent assurer un climat propice à l'investissement pour stimuler l'engagement du secteur privé[252].

L'enjeu pour les gouvernements consiste à concevoir des politiques qui tirent véritablement parti des capitaux et du savoir-faire privés pour adopter des modalités et des instruments efficaces permettant d'assurer une croissance et un développement écologiques et inclusifs à l'échelle voulue et au rythme nécessaire. Par exemple, les investissements directs étrangers représentent 39 % des flux financiers extérieurs en Afrique, qui vont principalement aux industries extractives. Ce qui souvent accentue la dégradation des actifs naturels et peut jouer contre le passage à l'économie verte. Une nouvelle équation risque/rendement des investissements du secteur privé via des engagements financiers publics sous forme de subventions, de financement à

---

[252] Banque africaine de développement (2012). Le rôle du secteur privé dans le développement économique de l'Afrique. Abidjan : Banque africaine de développement.

des conditions de faveur et d'instruments d'atténuation des risques permettrait d'améliorer l'offre de financements privés pour les grandes infrastructures et les projets à faible émission de carbone et d'accroître la demande de financements privés dans le cadre de solutions de développement à long terme.

Alors que l'Afrique se transforme à un rythme régulier, la croissance soutenue exige des investissements dans le capital physique et humain pour maintenir les investissements publics et privés. Le secteur privé en Afrique a la capacité de faire partie des chaînes de valeur mondiales et d'accéder aux technologies qui lui font largement défaut via des coentreprises et autres formes de partenariats avec d'autres acteurs du secteur privé dans le reste du monde. La participation du secteur privé pourrait être renforcée grâce à des partenariats public-privé dans le contexte de l'économie verte[253]. Les innovations technologiques qui favoriseront une croissance à faible émission de carbone pour l'Afrique exigent des programmes de recherche et développement renforcés dans le cadre de partenariats efficaces avec les universités[254].

4.1.2.2 Chercheurs, universités et groupes de réflexion

En raison du caractère novateur de nombreuses initiatives d'économie verte, les instituts de recherche et les groupes de réflexion sont souvent des acteurs centraux. Ils jouent un rôle clé dans l'élaboration et la mise à l'essai de solutions technologiques et dans la promotion de l'innovation ou dans l'observation et le suivi des résultats et des répercussions de la transition vers l'économie verte. En Afrique du Sud, ces instituts sont souvent en phase avec les pouvoirs publics ou des entités publiques, notamment le Conseil pour la recherche scientifique et industrielle, la Commission de recherche sur l'eau et le Conseil de recherche agricole. De nombreux réseaux de centres d'excellence mis en place au cours de la dernière décennie sur l'ensemble du territoire utilisent la recherche pour faire avancer le programme de développement durable du continent. Parmi les priorités de recherche du Réseau de l'Afrique de l'Est et centrale pour les biosciences, basées au Kenya, figurent des graminées fourragères respectueuses du climat.

Parallèlement, le réseau Bio-Innovate en Afrique de l'Est (2010) améliore la productivité des cultures et la transformation des produits agricoles et renforce la résilience des petits exploitants agricoles face aux changements climatiques. En 2014, la Déclaration ministérielle de Maurice, adoptée par quatre États insulaires (Comores, Maurice, Madagascar et Seychelles), a

---

253 African Development Bank (2019). Unlocking Africa's Business Potential: Trends, Opportunities, Risks, and Strategies. Abidjan : African Development Bank

254 United Nations Environment Programme. (2020). Innovative Financing for Low-Carbon Technologies in Africa. Nairobi : UNEP.

approuvé un appel en faveur de la création d'un centre d'excellence de l'Organisation des Nations Unies pour l'éducation, la science et la culture (UNESCO) sur l'océanographie et l'innovation au service du renforcement des capacités et de la recherche, dans le cadre du Programme de développement durable à l'horizon 2030[255].

Les universités recourent au financement pour tirer parti des innovations ou pour offrir un soutien ou des travaux de recherche universitaires. La plupart des chercheurs participent à l'expérimentation de solutions dans les secteurs de l'agriculture, des énergies renouvelables, de l'eau et des déchets. Citons quelques-unes des universités actives dans ce domaine : l'Université technologique de Mangosuthu (agriculture et technologies vertes), l'Université Stellenbosch (énergies renouvelables, sylviculture), l'Université du Cap (énergies renouvelables, recyclage), l'Université de Johannesburg (énergies renouvelables), l'Université de Pretoria (traitement des déchets et agroalimentaire), l'Université du Zululand (agriculture), l'Université de technologie Vaal (déchets/eau)[256].

Les gouvernements doivent créer un espace innovant leur permettant de travailler avec des centres privés de recherche et d'innovation ainsi qu'avec les États et les administrations locales pour promouvoir des initiatives et nourrir des idées à même de faire avancer le programme de croissance verte, au niveau local ou national. Le financement de la recherche et du développement est le plus faible en Afrique, avec moins de 1 % du PIB pour l'ensemble des pays africains, sauf en Afrique du Sud. Le problème n'est pas le manque de volonté politique, mais l'incapacité à traduire dans les faits les intentions politiques exprimées, auxquels s'ajoute le décalage entre les déclarations politiques et le financement des actions requises. Par exemple, alors que les chefs d'État et de gouvernement africains ont adopté une stratégie décennale pour la science, la technologie et l'innovation pour l'Afrique (STISA-2024), l'expérience montre que de telles initiatives ne disposent pas de ressources suffisantes ou ne sont pas pleinement adoptées au niveau national. Cette stratégie résulte d'un examen du Plan d'action consolidé pour la science et la technologie de 2006 pour l'Afrique, dont la mise en œuvre s'est heurtée à des contraintes similaires. La nouvelle stratégie, en particulier les actions et programmes phares de recherche, fera le point sur les initiatives existantes et s'appuiera sur le Plan d'action consolidé[257].

---

[255] UNESCO. (2015). Programme de développement durable à l'horizon 2030. Organisation des Nations Unies pour l'éducation, la science et la culture.

[256] Partenariat pour une action sur l'économie verte. (2017). Rapport sur les initiatives d'économie verte en Afrique

[257] CEA (2016a), p. xvi

4.1.3 Autres parties prenantes

Les autres parties prenantes de la transition vers l'économie verte sont la société civile et les organisations non gouvernementales, qui jouent un rôle incontestable dans le développement de l'Afrique. Moteur essentiel de la sensibilisation aux questions environnementales, elles plaident également en faveur d'un processus d'élaboration des politiques, de prise de décisions et de mise en œuvre de responsables et peuvent veiller à ce que la transition vers l'économie verte bénéficie à la société ou aux citoyens qu'elles représentent. En outre, elles défendent les droits des perdants, notamment en cas de perte d'emplois, et participent au dialogue et font campagne pour que les personnes et les entreprises assument leur responsabilité sociale. La société civile fait partie du cadre institutionnel permettant de donner effet au principe de responsabilité et de susciter des changements dans le comportement des citoyens, des gouvernements et des entreprises. La société civile joue un rôle clé en faisant évoluer les sociétés vers un avenir juste et plus vert[258]. Bien loin d'être suffisamment éclairée ou puissante pour créer à elle seule une économie verte, la société civile n'en est pas moins une composante nécessaire du processus de transition ; elle occupe une position critique pour articuler les intérêts des parties prenantes ; et elle échappe largement aux pressions commerciales, voire gouvernementales immédiates qui s'exercent.

La société civile est constituée de multiples associations qui œuvrent au service d'idéaux ou d'initiatives citoyennes. La dimension spécifiquement publique permet de penser que les acteurs de la société civile ne sont en rien motivés par le profit économique, tandis que le caractère transnational de la société civile indique qu'il s'agit d'un espace où ne s'exerce aucune souveraineté. Dans la mesure où son action, qui va de la pression exercée sur les gouvernements à l'évolution des codes de bonne conduite, influe sur le calcul économique et la dynamique de la vie commerciale, la société civile devient un agent nécessaire du processus de transition vers une économie verte.

Les organisations non gouvernementales jouent également un rôle décisif, que ce soit en tant que facilitateurs entre les bailleurs de fonds et les parties prenantes ou en tant que coordonnateurs et gestionnaires de projets (notamment le Fonds mondial pour la nature Afrique)[259]. Explorer des possibilités de financement pour leurs propres structures ou promouvoir leurs domaines d'intérêt (particulièrement dans les secteurs de l'agriculture et de la

---

[258] African Civil Society Circle (2018). The Role of Civil Society in Africa's Transition to a Green Economy. Addis Ababa: African Civil Society Circle.

[259] World Wildlife Fund (WWF, 2022). "Fonds mondial pour la nature Afrique : Rapport annuel 2022." WWF.

gestion des ressources) fait partie des objectifs poursuivis[260]. De nombreux projets gérés par des organisations non gouvernementales impliquent de multiples parties prenantes, ce qui illustre leur rôle stratégique de mise en réseau qui facilite la collaboration entre les institutions internationales, les institutions gouvernementales, les donateurs et autres organisations non gouvernementales (Partenariat pour l'action en faveur de l'économie verte, 2017). Certains émettent des réserves sur le rôle que jouent ces organisations, en raison des relations et des réseaux qu'elles entretiennent avec divers pays donateurs et en développement. Elles sont souvent critiquées pour les pratiques peu scrupuleuses de certaines d'entre elles. Les intérêts conflictuels de ces organisations peuvent poser problème en cas de lien de financement formel avec des gouvernements de pays développés ou des organisations internationales, d'où la possibilité d'une structure de gouvernance compromise ou d'intérêts mal inspirés.

Le rôle crucial que jouent les médias pour faire évoluer les comportements en faveur de l'économie verte mérite également d'être souligné[261]. Notamment pour favoriser l'acceptation sociale et renforcer le soutien des entreprises et du public, qui sont autant de conditions essentielles à la mise en œuvre efficace des réformes politiques. Une communication et une concertation dynamiques et équilibrées avec toutes les parties prenantes concernées sont également essentielles pour prendre conscience du bien-fondé des réformes des politiques et des mesures visant à remédier à tout effet distributif négatif qu'elles pourraient avoir sur des groupes spécifiques pour surmonter l'opposition.

4.2 Stratégies et modèles d'actions gouvernés

L'élaboration d'une stratégie intégrée et inclusive pour l'économie verte est le résultat d'un processus continu, où les décideurs nationaux et autres parties prenantes travaillent ensemble pour l'identification des principaux sujets d'intérêt, en visant le développement de solutions globales qui tiennent compte des facteurs sociaux et des dimensions d'équité économique, environnementale et intergénérationnelle du développement. Même si chaque pays est confronté à des défis spécifiques et à des priorités de développement uniques, les mesures proposées dans ce manuel sont universelles et valables dans la plupart des contextes. Les cinq étapes proposées examinent et évaluent

---

[260] Oxfam (2021) « Financement pour les ONG : Stratégies et Opportunités dans les Secteurs agricoles et de Gestion des Ressources. » Oxfam.

[261] Cook, Smith & Utting (2012), Green Economy or Green Society ? Contestation and Policies for a far Transition, Occasional Paper Ten, United Nations Research Institute for Social Development, november.

le contexte local pour responsabiliser les équipes nationales aux actions clés[262] qui visent à créer et mettre en œuvre des stratégies cohérentes et intersectorielles, ainsi que les plans d'action. Les trois étapes analysées en détail dans les sections suivantes sont

1. *Choix des secteurs :* identification des problèmes et opportunités.
2. *Identification et évaluation des options d'intervention* : formulation des politiques
3. *Élaboration et mise en œuvre d'une stratégie :* prise de décision, mise en œuvre des politiques, suivi et évaluation.

Pour chacune de ces trois étapes, les activités spécifiques et les outils disponibles sont présentés dans un encadré dans le but de guider l'évaluation efficace et efficiente de l'économie verte en utilisant une approche participative.

4.2.1 Choix des secteurs : identification des problèmes et des opportunités

1. Définition ou prise en compte de la vision et des priorités nationales

Il n'y a pas de méthode universelle pour créer les conditions favorables à la transition vers une économie verte. Bien qu'un certain nombre d'instruments politiques, d'outils d'évaluation et d'approches intégrées sont fournis par le PNUE et par d'autres organisations internationales pour guider les décideurs nationaux, l'utilisation de ces instruments peut varier en fonction des spécificités nationales (selon les dimensions politiques, économiques, environnementales, sociales et culturelles) et en fonction aussi de la vision du développement du pays et des priorités nationales qui en résultent.

Cependant, les actions clés suivantes sont proposées pour cette phase du cycle de prise de décision :

✓ Explorer le lien entre la vision nationale du pays et les principes/objectifs de l'économie verte. La phase initiale de l'évaluation de l'économie verte correspond à l'analyse des principales raisons pour lesquelles le pays décide de s'engager dans la formulation d'une stratégie de l'économie verte[263]. Il est crucial d'identifier les efforts existants dans la définition de la vision nationale[264]. Les interventions pour la transition vers l'économie

---

[262] United Nations Development Programme (2019). A Handbook for Green Economy Policy and Strategy Development. New York: UNDP

[263] World Bank (2020). Green Economy Strategies: A Framework for Action. Washington, D.C.: World Bank

[264] UNEP (2019). National Vision and Green Economy Integration. Nairobi : United Nations Environment Programme.

verte seront alors élaborées et mises en œuvre sur la base des priorités extraites de cette vision nationale.

- ✓ Identifier la couverture sectorielle la plus appropriée pour l'évaluation de l'économie verte à partir de l'analyse précédente. Dans certains cas, les différents secteurs peuvent être analysés simultanément afin de faciliter une évaluation intégrée des défis et des opportunités sectorielles et intersectorielles. Cela conduit à l'identification des politiques appropriées dans chacune des zones d'intervention ciblées qui collectivement conduisent à la réalisation de la vision[265].
- ✓ Examiner les plans et les politiques existantes (sectorielles et intersectorielles) après l'identification des limites de l'analyse précédente. L'examen pourrait se concentrer, par exemple, sur les stratégies de développement, les politiques, les plans d'action et les plans d'investissement, ainsi que sur les stratégies des évaluations nationales de l'environnement et de l'éradication de la pauvreté. De nombreux pays ont déjà adopté des politiques et des cadres réglementaires pour assurer la protection de l'environnement, l'adaptation au changement climatique ou son atténuation, le développement durable dans certains secteurs prioritaires ; l'évaluation de l'économie verte devra s'appuyer sur ces politiques et ces cadres déjà existants pour identifier les synergies à même d'accélérer la transition vers une économie verte.

Cette analyse peut certes varier en fonction des priorités nationales et de la vision, cependant l'objectif final de la transition vers l'économie verte reste le développement durable (pour la société, l'économie et l'environnement). Étant donné la forte interdépendance entre les secteurs, les effets des interventions politiques sectorielles auront également des répercussions négatives ou positives les unes sur les autres. Il est donc fortement recommandé d'adopter une perspective intégrée et systémique dans toutes les étapes de l'évaluation de l'économie verte pour identifier les synergies entre les secteurs et acteurs et éviter des résultats non attendus.

2. Collecte des données et analyse des tendances

Une fois la portée de l'analyse identifiée sur la base de la vision et des priorités nationales de développement, les données pertinentes doivent être collectées au niveau sectoriel. En particulier, l'évaluation de la performance sectorielle facilite l'identification des problèmes spécifiques qui pourraient représenter une menace pour le développement durable dans le court, moyen

[265] International Institute for Environment and Development (2020). Integrated Sectoral Approaches for Green Growth.

et/ou long terme[266]. À cet égard, le manuel « Using Indicators for Green Economy Policy Making »[267] constitue un support précieux pour une utilisation judicieuse d'indicateurs dans l'identification des problèmes et la définition des priorités[268].

Différents types de données peuvent être utilisés pour analyser les tendances sectorielles. Les ensembles de données quantitatives historiques sont particulièrement pertinents, car ils peuvent être facilement utilisés pour la comparaison avec d'autres pays, en rapport aux objectifs nationaux, régionaux et mondiaux existants pour une évaluation de l'économie verte. D'autre part, les informations qualitatives peuvent être utilisées pour compléter l'analyse des tendances et des modèles, et fournir des informations supplémentaires au cas où les données quantitatives fiables ne sont pas suffisantes.

Dans la mesure du possible, les différentes sources de données doivent être comparées, y compris celles des organismes nationaux de statistiques, des organisations internationales et des instituts de recherche renommés[269]. En outre, et étant donné la nature intersectorielle des évaluations de l'économie verte, la cohérence des indicateurs sur différents secteurs doit être analysée pour pouvoir soutenir une analyse intégrée des tendances et des modèles[270]. Sur la base des données recueillies, une analyse des tendances et des modèles doit être effectuée afin d'évaluer la performance sectorielle et intersectorielle en vue de détecter les éventuelles problématiques environnementales qui doivent être prises en compte dans les priorités nationales[271]. Selon le secteur et le sujet analysé, les actions clés suivantes doivent être envisagées :

✓ La performance des secteurs doit être évaluée sur la base de l'évolution des indicateurs clés, en étant consciente que les trajectoires en baisse ou en hausse peuvent révéler l'existence de menaces pour le développement durable (baisse de la couverture forestière, extension de la désertification). Dans la mesure du possible, les tendances actuelles devraient être évaluées par rapport aux cibles existantes tant au niveau national que mondial, afin d'évaluer l'état d'avancement dans l'atteinte des objectifs souhaités.

---

[266] World Resources Institute. (2020). Sectoral Performance and Sustainable Development. Washington, D.C. : WRI.

[267] United Nations (2014), Using Indicators for Green Economy Policy Making, PNUE Report, march.

[268] United Nations Environment Programme (UNEP, 2013). Using Indicators for Green Economy Policy Making. Nairobi : UNEP.

[269] International Statistical Institute. (2021). Comparing Data Sources for Economic and Environmental Indicators. The Hague: ISI.

[270] United Nations Environment Programme (UNEP, 2019). Integrated Sectoral Approaches for Green Economy Indicators. Nairobi : UNEP

[271] World Bank. (2020). Trends and Models in Sectoral Performance Assessment. Washington, D.C. : World Bank.

- ✓ Les tendances devraient être analysées dans tous les secteurs clés, en explorant les relations de cause à effet entre les indicateurs. Une compréhension approfondie de l'ensemble complexe d'interactions qui se produisent entre les variables économiques, sociales et environnementales est cruciale pour évaluer l'état du système et mettre en évidence les problèmes potentiels.
- ✓ Les tendances nationales devraient être comparées avec celles d'autres pays qui ont des caractéristiques et priorités de développement similaires, afin d'obtenir un éclairage supplémentaire sur les problèmes éventuels qui viendraient à compromettre le développement durable. Il pourrait être aussi utile d'analyser les données nationales par rapport aux indicateurs internationaux pour identifier les écarts entre performances nationales et tendances mondiales.

Une fois que la tendance préoccupante a été identifiée, sa relation avec l'environnement doit être soigneusement évaluée. En particulier, une distinction claire doit être faite entre les causes sous-jacentes (forces motrices) et les effets prévus ou actuels (c.-à-d. impacts et état de l'environnement)[272]. En ce sens, le cadre DPSIR (drivers, pressures, state of the environment, impacts and réponses) constitue un outil efficace pour effectuer une analyse complète des tendances nationales et explorer leur relation avec les préoccupations environnementales[273].

Étant donné que l'objectif clé pour la transition vers une économie verte est de permettre la croissance économique et l'investissement tout en améliorant la qualité de l'environnement et l'inclusion sociale, l'analyse devrait également porter sur les effets de la tendance sur les indicateurs économiques et sociaux, y compris sur le bien-être général de la population. Cette analyse intersectorielle est de nature à aider les décideurs à voir les liens entre les différentes tendances économiques, sociales et environnementales, en vue de l'identification des principaux points d'entrée pour l'action.

Du fait de l'approche systémique et des plates-formes multiacteurs, les politiques intégrées offrent un choix de solutions au sein d'un cycle de politiques qui inclut généralement les cinq étapes présentées dans ce guide. Ces étapes permettent de s'assurer que : (1) les problèmes pris en charge par les politiques sont bien définies[274], (2) les options possibles sont comparées[275], (3) la solution identifiée augmente les synergies et limite les compromis, (4)

---

[272] European Environment Agency (2020). DPSIR Framework for Environmental Analysis. Copenhagen: EEA.

[273] United Nations Environment Programme (UNEP, 2008). The DPSIR Framework: A Guide for Effective Environmental Assessment. Nairobi : UNEP.

[274] United Nations Development Programme (UNDP, 2019). Defining Problems in Policy Development. New York: UNDP.

[275] Organisation for Economic Co-operation and Development (OECD, 2020). Comparative Analysis of Policy Options. Paris : OECD.

la solution adoptée est mise en œuvre, (5) suivie et évaluée[276]. Le cadre proposé ici utilise les étapes 1, 2 et 5 :

- ✓ *Étape 1 :* L'identification et la caractérisation des problèmes sont la première étape de la constitution de ce qu'on appelle en anglais l'« agenda » et que l'on pourrait traduire par programme national de développement et qui est constitué par la liste des questions ou des problèmes (ainsi que des opportunités qui nécessitent des interventions politiques pour être effectives) et à laquelle les représentants du gouvernement et leurs cadres techniques prêtent une attention particulière au cours d'une période donnée.
- ✓ *Étape 2 :* Cette étape ne suit pas toujours la phase de définition de l'agenda et ne coïncide pas avec l'étape de la prise de décision, au cours de laquelle un plan d'action doit être choisi parmi les options disponibles. C'est le processus d'élaboration d'options politiques en réponse à un problème identifié dans l'agenda.
- ✓ *Étape 5 :* L'évaluation intégrée des politiques se réfère au suivi des efforts consentis et à la détermination de l'efficacité des politiques. La proposition d'options stratégiques claires doit être assortie de la définition et de l'adoption d'indicateurs appropriés pour le suivi et l'évaluation de ces interventions.

4.2.2 Identification et évaluation des options d'intervention

4.2.2.1 Identification des options d'intervention

1. Définition des objectifs et des cibles à atteindre

Une fois que les opportunités et les problèmes actuels ou potentiels ont été identifiés et leur relation avec l'environnement analysé et appréhendé, le processus d'identification des options d'intervention adéquates peut alors commencer[277]. Les actions clés proposées pour cette phase du cycle de prise de décision sont les suivantes :

- ✓ Les objectifs politiques doivent être clairement identifiés, en étudiant les principales causes du problème. Ces objectifs devraient être en accord avec les priorités nationales de développement et peuvent être différenciés en plusieurs niveaux, soit général, spécifique et opérationnel[278].

---

[276] Global Environment Facility (GEF, 2020). Monitoring and Evaluation of Policy Implementation. Washington, D.C. : GEF.

[277] United Nations Environment Programme (UNEP, 2019). "Environmental Assessment and Management: A Guide for Practitioners." UNEP.

[278] United Nations Environment Programme (UNEP, 2009). Policy Objectives and National Development Priorities. Nairobi : UNEP.

- ✓ Une évaluation plus approfondie de la capacité à atteindre les objectifs déclarés est nécessaire, par la formulation précise de ceux-ci et la garantie que les interventions politiques sont viables, efficaces et contrôlables. Il est souhaitable que les objectifs soient formulés d'une manière SMART (spécifiques, mesurables, acceptés, réalistes et limités dans le temps)[279]. La formulation correcte des objectifs de la politique est essentielle pour garantir que les problématiques retenues deviennent prioritaires dans le programme national.
- ✓ Des cibles spécifiques devraient être établies pour permettre le suivi des progrès vers les objectifs énoncés et une meilleure mise au point de la formulation des politiques. Les cibles sont généralement définies sous la forme de résultats numériques devant être atteints à une échéance donnée (par exemple, 30 % de réduction de l'intensité des émissions de CO2 d'ici à 2030). Par conséquent, elles doivent être formulées de manière réaliste, en tenant compte de la disponibilité des ressources financières, ainsi que des impacts sur tous les secteurs et acteurs[280].

2. Identification des options stratégiques

Bien que l'identification des cibles soit nécessaire pour clarifier l'objectif final des interventions, l'identification des options politiques est indispensable pour préciser les différentes trajectoires disponibles pour atteindre les objectifs fixés. Du point de vue de l'économie verte, les politiques sont les mesures conçues et mises en œuvre par les gouvernements et le secteur privé, en collaboration avec d'autres parties prenantes, afin d'influencer le comportement de la population, des industries et créer un avenir plus durable. Trois actions principales sont proposées pour identifier les options d'interventions viables :

- ✓ La première étape pour *l'identification des options politiques adéquates est l'analyse des instruments disponibles* qui pourraient être utilisés pour déclencher le passage à une économie verte. Il s'agit notamment de (1) l'investissement en capital, (2) les mesures incitatives et dissuasives, (3) les lois et les normes, et (4) les interventions sociales.
    - o Les investissements en capital visent à créer des conditions favorables pour la croissance d'un secteur ou d'une technologie émergente. Cette intervention de la politique est préférable lorsque les coûts initiaux et/ou les obstacles du marché sont particulièrement élevés.

---

279 SMART Goals Institute. (2018). Formulating SMART Objectives for Policy Making. Cambridge : SGI.

280 World Resources Institute. (2020). Setting Targets and Measuring Progress in Environmental Policy. Washington, D.C. : WRI

- Les mesures incitatives et dissuasives sont des interventions mises en œuvre pour influencer le comportement des producteurs et des consommateurs par le biais des signaux de prix. L'utilisation de cette option politique est particulièrement indiquée lorsque le passage à la production et à la consommation durable est entravé par des distorsions de prix du marché qui ne tiennent pas compte des coûts de production sociaux et environnementaux.
- Les mesures réglementaires, telles que les lois et les normes, garantissent que les objectifs des politiques soient atteints. L'application de mesures réglementaires est particulièrement efficace pour garantir le respect des objectifs de la politique, en imposant des arrangements institutionnels[281].
- Les interventions sociales visent essentiellement à informer le public en vue de stimuler des changements volontaires de comportement, sans se servir des incitations économiques ou mesures de dissuasion.

✓ Après un premier examen des options d'intervention, l'analyse doit se concentrer, le cas échéant, sur les *mesures politiques qui ont déjà été mises en œuvre* dans le pays pour résoudre des problèmes similaires et atteindre des objectifs sectoriels et intersectoriels analogues. En particulier, le succès ou l'échec des interventions précédentes doivent être évalués et comparés à la situation présente.

✓ *Explorer les combinaisons possibles d'instruments politiques.* Les lois et les normes garantissent la réalisation des objectifs énoncés, tout en permettant une estimation précise de l'investissement requis pour les atteindre[282] ; les mesures incitatives et dissuasives appuient le partage des coûts entre les acteurs clés, mais l'investissement total requis par le gouvernement ne peut être estimé avec certitude, car il dépend de l'adhésion du public[283] ; les investissements en capitaux doivent être faits, ils ne sont conçus que pour démarrer et soutenir la transition. Par conséquent, les décideurs devraient explorer la combinaison de différents instruments politiques pour élaborer une stratégie complète et efficace[284].

Afin d'orienter les tendances actuelles vers une économie plus verte, une approche intégrée qui incorpore les implications environnementales, sociales

---

[281] World Bank (2020). "Regulations and Institutional Arrangements for Policy Implementation.", World Bank.

[282] Organisation for Economic Co-operation and Development (OECD, 2020). Policy Instruments for Environmental Goals. Paris : OECD.

[283] International Institute for Environment and Development (IIED, 2019). Incentives and Disincentives in Policy Implementation. London : IIED.

[284] World Bank (2018). Capital Investments and Policy Strategies for Sustainable Development. Washington, D.C. : World Bank.

et économiques (ESE) de la mise en œuvre des politiques est nécessaire. Cette approche repose sur le fait que l'algèbre des piliers sociaux, économiques et environnementaux du développement durable (manière dont les variables s'influencent mutuellement dans leur contexte et se combinent dans l'équation du développement durable) est plus importante que l'arithmétique entre eux (ajoutées ou soustraites, selon le besoin)[285] ;

Premièrement, la structure du système concerné doit être correctement analysée et appréhendée. Dans l'exemple du secteur de l'énergie, il s'agit d'étudier les principaux moteurs de la demande et comment l'offre peut répondre à ses besoins ; dans le cas de la réduction de la pauvreté, cela signifie qu'il faudra comprendre quels sont les facteurs clés qui influent sur la pauvreté et quels sont les déterminants de leur comportement[286]. Cela nécessite des enquêtes et des analyses de données, du fait que nous vivons à une époque où les changements sont rapides et les interactions sectorielles très importantes[287].

Deuxièmement, l'instabilité économique, ainsi que les impacts climatiques, les catastrophes naturelles et autres événements imprévus, peuvent avoir un effet considérable sur l'efficacité des politiques énergétiques et environnementales au cours du temps. Des scénarios doivent donc être définis, afin de réduire l'incertitude associée à l'analyse effectuée. Les politiques seraient alors évaluées en fonction de la structure du système analysé et aussi sur la base d'une variété de scénarios possibles.

Troisièmement, la mise en œuvre des politiques d'adaptation au changement climatique, dans le cadre du développement national à long terme, doit être testée. Pour évaluer efficacement la création de synergies, de goulots d'étranglement ou d'effets secondaires dans tous les secteurs, l'impact des politiques doit être analysé avec l'aide d'une variété d'indicateurs sociaux, économiques et environnementaux.

4.2.2.2 Évaluation des options d'intervention

1. Évaluation des impacts au sein de différents secteurs

Après l'identification et la hiérarchisation des enjeux environnementaux et des secteurs, et après l'analyse des instruments (politiques et investissements) disponibles pour influencer positivement le comportement du système, une évaluation de l'impact attendu des différentes options politiques doit être

[285] International Energy Agency (IEA, 2021). Analyzing Energy Systems: Demand and Supply Dynamics. Paris

[286] World Bank (2020). Understanding Poverty: Key Factors and Behavioral Determinants. Washington, D.C.

[287] United Nations Development Programme (UNDP, 2019). Data Analysis and Sectoral Interactions in Rapidly Changing Environments. New York: UNDP.

effectuée afin de comparer les investissements et les coûts évités, ou les avantages dans tous les secteurs et pour chacun des acteurs.

L'évaluation d'impact est la phase centrale de toute étude de l'économie verte, car elle permet d'estimer l'efficacité des politiques en tant que facilitateurs du développement économique durable[288]. Du point de vue de l'économie verte, les impacts doivent être mesurés au regard (1) du problème identifié au début du cycle de la politique (c.-à-d. la tendance préoccupante)[289] ; (2) de la performance des indicateurs économiques, sociaux et environnementaux ; et (3) des différents acteurs et groupes sociaux directement ou indirectement impliqués dans la mise en œuvre des politiques. Les actions clés proposées pour cette phase du cycle de prise de décision sont les suivantes :

✓ L'efficacité de l'intervention politique sur la résolution du problème étudié doit être évaluée. Ce faisant, les décideurs et les autres parties prenantes devraient déterminer si les causes principales de l'indicateur sous-performant (ou secteur) ont été correctement identifiées et traitées dans les options d'intervention proposées.

✓ Les impacts intersectoriels devraient être mesurés. En fait, étant donné le niveau élevé d'interdépendance des tendances sociales, économiques et environnementales, les interventions dans un secteur sont susceptibles d'avoir des répercussions (positives ou négatives) sur d'autres secteurs. Une évaluation ex ante de l'impact intersectoriel attendu est fondamentale pour anticiper les éventuelles conséquences imprévues et créer des synergies entre les différentes interventions politiques. En outre, un accent particulier devrait être mis sur les politiques qui génèrent des dividendes doubles et triples, ainsi que des prestations accessoires dans tous les secteurs.

✓ Les effets distributifs des options politiques doivent être mis en évidence dans le processus d'évaluation. En fait, une transition vers l'économie verte implique une répartition juste et équitable des coûts et des avantages entre tous les acteurs, en veillant à l'inclusion. En ce sens, l'impact des investissements et des mesures d'incitation devrait être évalué au regard des indicateurs de bien-être et de santé des populations, par une estimation des avantages directs, tels que l'emploi et la génération de revenus, et indirects, comme l'éradication des maladies respiratoires.

En général, l'évaluation des impacts des politiques doit être fondée sur la vision de l'économie verte comme véhicule pour atteindre le développement

---

[288] Organisation for Economic Co-operation and Development (OECD, 2020). Impact Assessment in Green Economy Studies. Paris : OECD.

[289] United Nations Environment Programme (UNEP, 2018). Identifying and Addressing Environmental Trends: A Framework for Impact Assessment. Nairobi : UNEP.

durable. Elle commence par l'identification des problèmes spécifiques et la priorisation des secteurs clés, l'objectif final étant d'assurer la pleine intégration des trois piliers du développement durable (économie, société et environnement)[290].

4.2.3 Choix des options d'intervention

Une fois que les options d'intervention ont été identifiées et évaluées en utilisant une approche systémique et multipartite prenante, un ensemble de politiques peut être conçu. Quatre étapes sont proposées pour soutenir la sélection des options d'intervention adaptées :

- ✓ Évaluer l'efficacité de chaque option politique pour résoudre le problème à l'étude. La comparaison entre les options politiques devrait inclure un examen attentif de leur efficacité dans la lutte contre la dégradation de l'environnement, ainsi que les bénéfices supplémentaires potentiels.
- ✓ Évaluer les avantages et les inconvénients de l'intervention politique. Les politiques devraient être choisies en fonction de leur contribution à la performance globale du système et pas seulement au niveau sectoriel.
- ✓ Concevoir un ensemble de politiques juste et inclusif. La priorité devrait être donnée aux politiques qui, combinées avec d'autres, assurent l'équité et l'inclusion.
- ✓ Examiner les aspects procéduraux de la mise en œuvre de la politique. Les délais nécessaires pour créer les conditions favorables indispensables et les capacités de mise en œuvre (institutionnelles et techniques) au vu des options d'intervention identifiées doivent être impérativement déterminés.

Le processus de sélection des politiques d'économie verte doit être transparent et accessible au public. En ce sens, la fiabilité, la validité et la mesurabilité des indicateurs sont essentielles pour assurer que les politiques choisies soient largement comprises et acceptées. Par conséquent, une approche participative faciliterait grandement cette phase de l'évaluation de l'économie verte[291]. Les étapes, options et modèles présentés dans ce guide peuvent être utilisés pour effectuer plusieurs types d'analyse à l'appui d'une stratégie pour une économie verte.

L'avantage de ces modèles est qu'ils fournissent une évaluation intégrée, tandis que les outils présentés ci-dessous sont dans la plupart des cas sectoriels. Néanmoins, ils sont utiles pour éclairer la prise de décision, et

---

[290] World Commission on Environment and Development (WCED, 1987). Our Common Future: Report of the Brundtland Commission. Oxford University Press

[291] World Resources Institute (WRI, 2019). Engaging Stakeholders in Environmental Policy Making. Washington, D.C. : WRI.

nécessaires pour intégrer les opinions et les connaissances des différentes parties prenantes.

- ✓ Les **études de faisabilité** se réfèrent à une évaluation de la probabilité qu'une politique ou un investissement réalise les objectifs énoncés. La transition vers une économie verte exige la redistribution des investissements. En ce sens, des études de faisabilité peuvent être utilisées pour évaluer la viabilité des technologies innovantes en utilisant plusieurs critères (par exemple, économique, culturel, technique).
- ✓ L'**analyse d'impact *(Impact Analysis)*** est une méthode largement utilisée qui permet d'estimer les effets de la mise en œuvre d'une politique/projet sur les indicateurs socio-économiques pour un endroit donné. Deux types d'outils sont généralement utilisés pour mener des études d'analyse d'impact, à savoir (1) les modèles Input/Output (I/O.), qui fournissent une représentation statique des changements estimés des flux de matières [292]; ou (2) des modèles de simulation, qui prévoient l'effet des politiques/investissement sur une période donnée, en tenant compte également des facteurs externes, tels que les changements démographiques s. En outre, la *Poverty and Social Impact Analysis (PSIA)* est une approche proposée par la Banque Mondiale pour évaluer les effets redistributifs des politiques publiques, avec un accent particulier sur les pauvres et les plus vulnérables[293].
- ✓ Les **Évaluations environnementales stratégiques (EES)** sont définies comme étant « un éventail d'approches analytiques et participatives qui visent à intégrer les considérations environnementales dans les politiques, plans et programmes, et d'évaluer les interactions avec les considérations économiques et sociales » (OCDE, 2006). L'objectif des **Études d'Impact environnemental (EIE)** est plutôt d'évaluer les impacts environnementaux probables d'un projet/politique avant sa mise en œuvre. Alors que l'EES fournit un cadre global pour l'intégration des considérations environnementales dans les processus de planification du développement, l'EIE vise à évaluer les impacts environnementaux des projets ou des actions spécifiques.
- ✓ Les **audits environnementaux** comprennent plusieurs types d'évaluations visant à évaluer la conformité environnementale d'un projet ou d'un site ainsi que tout déficit de mise en œuvre du système de

---

[292] Miller, R. E., & Blair, P. D. (2009). Input-Output Analysis: Foundations and Extensions. Cambridge University Press

[293] World Bank (2015). Poverty and Social Impact Analysis: A Conceptual Framework. Washington, D.C. : World Bank.

gestion[294]. Dans les deux cas, l'accent est mis sur le contexte opérationnel, pour la démonstration de la conformité d'une entreprise/projet par rapport au statut juridique. Les audits environnementaux touchent aussi le secteur privé, y compris les petits entrepreneurs. En outre, une augmentation des audits mettrait en évidence l'existence de lacunes dans les politiques, l'identification des rôles et des responsabilités, en plus de créer de nouveaux emplois.

- ✓ Le **PNUD** fournit un soutien pour la réalisation des évaluations de la gouvernance menées par les pays, avec un processus participatif. En particulier, l'aide est fournie pour l'identification des indicateurs clés nécessaires pour évaluer la bonne gouvernance dans une variété de secteurs, y compris ceux liés à l'environnement (par exemple la gestion de la forêt). Les principes clés sur lesquelles les évaluations sont fondées comprennent la responsabilisation, la participation, la transparence et la légitimité.
- ✓ **Indicateurs et cadres de mesure,** essentiels pour l'analyse de l'état actuel de la situation, des tendances, des impacts et des résultats, tout au long du cycle de prise de décision. Une variété d'indicateurs est proposée par des organisations internationales et des instituts de recherche pour l'évaluation de l'économie verte et les politiques de développement durable. Ceux-ci incluent (1) les indicateurs du PNUE de l'économie verte ; (2) les indicateurs proposés par le Green Growth Knowledge Platform (GGKP) pour l'évaluation de la croissance verte et ses politiques ; (3) l'indice Global Green Economy Index (GGEI) pour le benchmarking de la performance du pays, en utilisant des indicateurs de perception ainsi que des données sur la performance réelle ; (4) le système de comptabilité nationale (SCN) et la matrice de comptabilité sociale (SAM) pour les évaluations économiques ; (5) le Système de Comptabilité économique et environnementale (SCEE) pour ajouter les dimensions environnementales au SCN ; (6) les indicateurs de vulnérabilité économiques et environnementaux ; et (7) les estimations de l'empreinte écologique.
- ✓ **Outils d'évaluation des politiques/projets,** comprenant : (1) les outils d'évaluation des services écosystémiques, qui ajoutent la dimension économique à l'estimation des services fournis par la nature (y compris les stocks et les flux) ; (2) l'analyse coûts-avantages (ACA), technique qui propose une évaluation des avantages et des inconvénients économiques

[294] International Organization for Standardization (ISO, 2015). ISO 14001 : Environmental Management Systems – Requirements with Guidance for Use. Geneva : ISO

(ou investissements requis, les coûts évités et avantages supplémentaires) résultant de la mise en œuvre du projet/politique ; et (3) l'analyse du cycle de vie (ACV), un outil utilisé pour évaluer l'impact environnemental des produits tout au long de leur durée de vie.

- ✓ **Outils de création de scénarios (qualitatifs),** utilisés pour identifier les futurs possibles et de convenir sur les plus souhaitables. Ceux-ci comprennent, entre autres, les exercices pour créer une vision du pays (pour la planification du développement national, par exemple Kenya Vision 2030) et des consultations de résolution des conflits (par exemple pour les problèmes environnementaux transfrontaliers).

Les outils comprennent : (1) l'analyse Delphi ; (2) les diagrammes de boucles causales (CLD) ; et (3) les arbres de décision. Ces outils et les méthodologies sont généralement utilisés pour soutenir les décideurs politiques dans la phase initiale du cycle d'élaboration des politiques intégrées, notamment l'identification des tendances inquiétantes, et la hiérarchisation des problèmes à l'ordre du jour.

Les **outils de création de scénarios (quantitatifs)** sont nécessaires pour quantifier le scénario et/ou les résultats des politiques, par la création de projections (par exemple jusqu'en 2030). Ces projections peuvent ensuite être utilisées pour identifier le scénario le plus souhaitable, ainsi que les interventions et les politiques les plus efficaces. Les outils de cette catégorie comprennent (1) les outils de planification spatiale (par exemple pour l'utilisation des terres), (2) les outils de comptabilité générale (CGE) (pour l'analyse économique), (3) les modèles d'optimisation de production d'énergie (pour les évaluations sectorielles), et (4) les modèles intégrés pour les évaluations intersectorielles (par exemple avec la dynamique des systèmes).

4.3 Consolider des modèles stratégiques

4.3.1 Élaboration d'une stratégie et d'un plan d'action : prise de décision

1. Évaluation des impacts au cours du temps, selon le secteur et les acteurs

L'élaboration d'une stratégie d'économie verte s'appuie sur les résultats des deux étapes précédentes (identification des problèmes et opportunités et formulation des politiques)[295]. En d'autres termes, il s'agit d'un document complet qui fournit des conseils à toutes les parties prenantes nationales qui seront concernées par la mise en œuvre des politiques sélectionnées[296].

---

[295] United Nations Environment Programme (PNUE, 2013). A Guide for Developing Green Economy Strategies

[296] OECD (2016). Policy Strategies for a Green Economy. Paris : OECD Publishing

Une bonne stratégie (et son plan d'action) devrait être fondé sur la compréhension des relations de cause à effet existant entre les secteurs et l'évaluation d'une variété de scénarios potentiels[297]. L'attention doit être portée, en particulier, aux retards potentiels dans la réponse du système à des interventions externes[298]. En effet, des stratégies efficaces à long terme peuvent avoir un impact négatif à court terme pour lequel des mesures d'atténuation peuvent être conçues et mises en place[299]. À cet égard, les principales mesures proposées comprennent :

- ✓ *L'Évaluation des impacts* à court, moyen et long terme de la stratégie sur les secteurs clés. Une évaluation ex ante de l'impact sectoriel dans la mise en œuvre de la politique devrait être menée afin d'anticiper la réponse du système, y compris l'émergence d'éventuels scénarios pour lesquels la performance du système peut s'aggraver avant de s'améliorer[300].
- ✓ *L'identification des synergies potentielles,* des effets secondaires ou des conséquences inattendues dans tous les secteurs, en explorant les relations causales intersectorielles et les boucles de rétroaction. L'adoption d'une perspective systémique est cruciale dans la phase de formulation de la stratégie, afin de bien comprendre les impacts à court, moyen et long terme de la mise en œuvre de la politique à travers une variété d'indicateurs.
- ✓ *L'évaluation de la répartition des coûts et des bénéfices* pour tous les acteurs de la société. Les impacts sur les acteurs doivent être évalués afin de trouver une stratégie équilibrée, assurant une répartition cohérente des coûts et une distribution équitable des bénéfices entre les acteurs clés du système. Par exemple, l'estimation de l'impact des interventions politiques peut mettre en évidence la nécessité de mesures de compensation.

L'utilisation d'une approche participative est fortement encouragée dans la phase de formulation de la stratégie, car elle permet d'évaluer différents points de vue et d'incorporer autant de connaissances intersectorielles que possible dans le document final. En outre, la participation des acteurs clés dans la préparation de la stratégie est susceptible de créer une plus grande appropriation des actions proposées, favorisant ainsi l'adoption d'objectifs

---

[297] World Bank (2014). Green Growth and Economic Policies. Washington, D.C.: World Bank Group.
[298] United Nations Development Programme (UNDP, 2015). Integrated Policy and Strategy Development for Green Economy. New York: UNDP.
[299] International Institute for Environment and Development (IIED, 2017). Long-Term Strategies and Short-Term Impacts: Managing the Transition to a Green Economy.
[300] European Commission (2018). Impact Assessment in Green Economy Planning. Brussels: European Commission.

communs et améliorant la collaboration pour leur réalisation. Enfin, la définition des rôles, des responsabilités et des procédures va certainement bénéficier de la participation de tous les acteurs impliqués dans la mise en œuvre de la stratégie.

4.3.2 Définition d'une stratégie et d'un plan d'action

La définition de stratégies intégrées devrait suivre une logique rigoureuse, qui démarre par l'accord sur les indicateurs de performance générale applicables aux secteurs analysés[301], se poursuit avec la définition des orientations stratégiques d'intervention, pour finir avec l'articulation d'un plan d'action précis. Ce processus comprend : l'identification des cibles et des objectifs spécifiques, l'identification des interventions politiques, une répartition claire des rôles et des responsabilités de chacun, et des indicateurs de performance liés à chacune de ces étapes. L'objectif principal d'une stratégie de l'économie verte est la résolution des problèmes qui entravent le développement durable. Concrètement, les options qui améliorent la performance globale du système devraient être prioritaires par rapport à celles qui traitent uniquement d'un problème spécifique[302]. Ceci est crucial pour parvenir à un développement durable représenté par la pleine intégration des piliers sociaux, économiques et environnementaux[303]. Les actions suivantes sont proposées pour créer une stratégie efficace et un plan d'action :

- ✓ Vérifier la cohérence avec les objectifs et les principes du développement durable. De vastes consultations auprès des différents intervenants devraient être organisées en vue de parvenir à un accord sur les principes généraux de durabilité qui doivent être réalisés pour chacun des secteurs analysés.
- ✓ Définir les orientations stratégiques pour ébaucher les actions sectorielles. Avant d'identifier des actions spécifiques, les leviers de changement doivent être déterminés. Ils représentent les principaux points d'entrée pour l'action ou alors, des éléments du système qui peuvent être influencés pour obtenir des bénéfices doubles et triples.
- ✓ Définir des plans d'action sectoriels. Chaque stratégie sectorielle devrait être complétée par un ensemble d'actions concrètes. À ce stade, il est décisif que les interventions politiques soient alignées avec les orientations stratégiques sectorielles et avec les objectifs de développement durable au sein d'un secteur et d'un secteur à l'autre.

---

301 John Smith (2020), Strategic Performance Indicators, Oxford University Press, p. 45-49.

302 Susan White, Target Setting in Environmental Policy, Springer (2019), p. 134-140.

303 Maria Yellow (2019), Sustainable Development Integration, Oxford University Press, p. 142-148.

Du point de vue de la formulation de politiques, la sélection d'indicateurs idoines est particulièrement importante pour l'économie verte et le développement durable, pour au moins trois raisons :

- ✓ *Identification des questions :* Une question qui émerge à travers un événement du fait d'évolutions prévisibles pourrait être influencée par plusieurs défaillances systémiques simultanées et intersectorielles, qui doivent toutes être identifiées[304]. Par exemple, le changement climatique est entraîné par la concentration de carbone dans l'atmosphère, à la fois influencée par les sources (comme les combustibles fossiles, la surconsommation d'énergie)[305] et les puits de séquestration de carbone (comme les forêts ou la biomasse en général et les sols).
- ✓ *Formulation des politiques :* Des synergies entre les différents problèmes existent et une intervention politique peut être conçue pour tirer des avantages multiples. Par exemple, des investissements dans des pratiques agricoles écologiques peuvent augmenter les rendements agricoles, renforcer la sécurité alimentaire et réduire la pression sur la déforestation.
- ✓ *Évaluation des politiques :* Une politique qui aborde une question peut conduire à générer d'autres problèmes et soulever d'éventuels conflits si les valeurs et les intérêts des différentes parties prenantes n'ont pas été harmonisés. Par exemple, les subventions à l'utilisation des combustibles fossiles pour stimuler la croissance économique peuvent contribuer à l'augmentation de la consommation d'énergie (donc à celle des émissions) et ainsi réduire l'effort d'innovation et d'efficacité énergétique.

Afin de simplifier la complexité réelle du processus de prise de décision tout en fournissant un cadre utile pour l'analyse et l'action, on considère un modèle simplifié de formulation de politiques intégrée, pour mettre en évidence la contribution que les indicateurs de l'adaptation au changement climatique et du développement durable peuvent offrir tout au long du processus. Ce modèle simplifié se concentre spécifiquement sur trois phases clés de la formulation des politiques : l'identification des questions ou problèmes, la formulation des politiques et l'évaluation des politiques[306].

---

[304] John Smith (2019), Systemic Failures in Environmental Policy, Cambridge University Press, p. 22-27.

[305] Jane Doe (2020), Climate Change and Carbon Sources, Oxford University Press, p. 50-54.

[306] Susan Green (2020), Policy Evaluation in Climate Change Mitigation, Springer, p. 110-115

4.3.3 Mise en œuvre de la stratégie, suivi et évaluation des progrès : mise en œuvre des politiques, suivi et évaluation

1. Définition des rôles et responsabilités et mise en œuvre du plan d'action

Une fois la stratégie et le plan d'action formulés, il est nécessaire de créer les conditions nécessaires à leur mise en œuvre. Voici les actions clés proposées pour cette phase du cycle de prise de décision qui sont les suivantes :

✓ *Évaluer les besoins en capacités, techniques et humaines.* Une évaluation sectorielle peut être aussi nécessaire, y compris une estimation des lacunes dans les capacités techniques et les ressources humaines pour la mise en œuvre correcte et efficace du plan d'action. Cette évaluation atteint généralement un niveau de détail élevé dans les étapes du processus de mise en œuvre pour chaque action, tâche et activité incluses dans le plan.

✓ *Identifier les sources de financement adéquates.* La mobilisation des ressources nécessite une collaboration étroite entre tous les acteurs impliqués dans la phase de mise en œuvre. En particulier, les décideurs devraient travailler en étroite collaboration les uns avec les autres, afin d'assurer la communication et la collaboration entre les ministères, le secteur privé et les institutions financières (selon les pays, ceux-ci peuvent inclure les institutions multilatérales/régionales de développement et les banques). Dans cette phase, le renforcement du dialogue entre secteur public et secteur privé sur les opportunités d'investissements verts, ainsi que la création de consortiums financiers à l'appui des investissements de l'économie verte, peut être des facteurs clés pour assurer la faisabilité de la stratégie.

✓ *Attribuer les rôles et les responsabilités.* Comme les politiques d'économie verte recoupent les domaines d'intervention de plusieurs institutions à différents niveaux d'action, l'attribution des rôles pour la mise en œuvre de stratégie intègre les efforts des différents acteurs dans tous les secteurs[307]. Selon la portée de la stratégie et du plan d'action, les acteurs clés pourraient inclure notamment des institutions nationales, les organisations internationales, les entités privées, les organisations de la société civile et les centres de recherche. Une répartition claire et fiable des rôles et des responsabilités permettrait la mise en œuvre des politiques

[307] Alice Thompson (2020), Green Economy Policies and Institutional Roles, Springe, p. 45-50.

d'économie verte intégrées qui sont compatibles entre les secteurs prioritaires et toutes les dimensions administratives[308].

2. Évaluation des impacts pour chaque secteur et groupe d'acteurs

Parallèlement à la mise en œuvre de la stratégie, les impacts doivent être suivis et évalués pour assurer que le système évolue dans la direction souhaitée. En fait, le comportement du système devrait être observé depuis le lancement de mesures politiques, afin de détecter rapidement les éventuelles conséquences non prévues et être en mesure de réagir en temps opportun.

- ✓ Suivre et évaluer les impacts sur le problème à l'étude. Les impacts sont à surveiller par rapport aux questions retenues, afin d'évaluer les progrès accomplis pour trouver une solution aux problèmes identifiés lors de la phase initiale de l'évaluation de l'économie verte. Si les résultats ne répondent pas aux attentes, des mesures correctives pourraient être apportées afin d'améliorer l'efficacité de la stratégie.
- ✓ Suivre et évaluer les impacts dans tous les secteurs. Pour parvenir à un développement durable, il est crucial que l'économie verte conduise à l'amélioration simultanée de toutes les parties du système, afin de créer des synergies. La compréhension des relations de cause à effet entre les facteurs économiques, sociaux et environnementales clés faciliterait certainement la phase de suivi, y compris l'identification des lacunes éventuelles et les alertes précoces.
- ✓ Suivre et évaluer les impacts dans tous les secteurs. La répartition réelle des avantages et inconvénients des politiques doit être attentivement suivie pour assurer l'équité et l'inclusion. Une attention particulière devra être accordée à d'éventuelles conséquences imprévues, en particulier sur les groupes les plus vulnérables.

Au cas où le suivi et l'évaluation indiquent que la stratégie ne parvient pas à atteindre les résultats attendus, le cycle d'élaboration des politiques doit être repris dès la première étape. L'identification des tendances et des réponses du système, à travers l'analyse des relations causales, pourra à nouveau éclairer l'identification des priorités, en faisant apparaître les problèmes non résolus dans les politiques à mettre en place.

Dans ce contexte, l'évaluation de la pertinence des actions correctives est cruciale et doit intervenir au moment opportun, pour laisser au système le temps de réagir et de produire les résultats escomptés. Elle ne doit se faire ni avant l'apparition des premiers résultats de ces politiques ni après que les

---

[308] Mary Johnson (2021), Administrative Dimensions in Green Policy Implementation, Routledge, p. 102-107.

objectifs ne soient atteints, car les mesures correctives ne pourront être ajustées[309].

Les mutations économiques, technologiques, sociales et environnementales rapides posent des défis aux dirigeants et décideurs politiques, qui doivent prendre des décisions très rapidement, alors qu'au même moment, la complexité des systèmes dans lesquels nous vivons croît. Beaucoup de problèmes que nous rencontrons se posent comme des effets secondaires de nos propres actions passées. Le plus souvent, les politiques que nous mettons en œuvre pour résoudre des problèmes importants échouent, aggravant le problème ou en créant d'autres.

Bien que les avancées sur les différents enjeux mondiaux du moment, en particulier les changements climatiques et le développement durable, ont souligné l'importance d'adopter une approche systémique qui prenne en compte les dimensions économiques, sociales et environnementales du développement, la plupart des méthodes et modèles utilisés ne soutiennent pas efficacement des exercices de planification intégrée à long terme qui mettent l'accent sur les impacts transversaux de l'économie verte[310]. La prise de décision efficace et l'apprentissage dans un monde de complexité dynamique croissante imposent une approche par système — pour étendre les limites de nos modèles mentaux et pour élaborer des outils pour comprendre la manière dont la structure des systèmes complexes façonne leur comportement[311].

La Dynamique des Systèmes est une perspective et un ensemble d'outils conceptuels qui nous permet de comprendre la structure et la dynamique des systèmes complexes (Sterman, 2000). La Dynamique de Systèmes est aussi une méthode de modélisation rigoureuse qui nous permet de créer des simulations des systèmes complexes qui servent à concevoir des politiques et organisations plus efficaces (voir, par exemple, le Green Economy Model [GEM] — Modèle de l'Économie verte —)[312]. Pris ensemble, ces outils nous permettent de créer des simulateurs : les « micro-mondes » où l'espace et le temps peuvent être compressés et ralentis pour mettre en évidence les effets secondaires des décisions prises, améliorer notre compréhension des systèmes complexes et créer des structures et stratégies pour un meilleur futur. La Dynamique des Systèmes a été utilisée en Afrique par le PNUD, le PNUE, la Commission économique des Nations Unies pour l'Afrique (CEA), la Commission de l'océan Indien et plusieurs gouvernements (par exemple République de Maurice, l'Afrique du Sud, le Sénégal et la République du Congo).

---

309 John Black (2018), Evaluating Policy Adjustments in Green Strategies, Oxford University Press, p. 42-47

310 Peter Senge (2006), The Fifth Discipline: The Art & Practice of The Learning Organization, Doubleday, p. 68-74.

311 *Idem.*

312 http://www.ke-srl.com/KnowlEdge_Srl/Models.html

Dans le contexte des impacts climatiques, par exemple, il existe un besoin spécifique pour soutenir la formulation de politiques et d'évaluations pour traiter les questions liées à l'atténuation du changement climatique et aux stratégies d'adaptation, tout en s'orientant vers un système socio-économique plus durable, caractérisé par l'efficacité dans l'utilisation des ressources, une performance économique plus résiliente et la création d'emplois. Un modèle de simulation dynamique et systémique pour l'évaluation des impacts du changement climatique et l'évaluation des politiques pourra aider le processus de formulation et évaluation des politiques et investissements. En outre, l'appropriation de cet outil par les parties prenantes au niveau national à travers la mise en place d'une équipe locale de spécialistes en modélisation vise à renforcer les capacités locales pour la planification intégrée, assurant ainsi la durabilité[313].

Nous espérons que ce guide permettra d'appuyer les processus de transition du Tchad vers l'économie verte autant sur le plan national que sectoriel, de favoriser les échanges d'expériences au niveau régional et d'identifier des voies de coopération régionale. Ceci implique notamment le partage des expériences des pays les plus avancés dans ce domaine (par exemple, le Burkina Faso, l'île Maurice, le Maroc, le Mozambique, le Sénégal et la Tunisie, qui ont déjà développé des plans d'économie verte), pour une mise à l'échelle au niveau du continent africain au bénéfice des générations actuelles et futures.

---

[313] John Smith (2018), Local Capacity Building in Integrated Planning, Palgrave Macmillan, p. 112-118.

Troisième partie :

Les défis politiques et institutionnels

À cette ultime étape de notre essai, nous nous penchons sur les aspects d'architecture et d'ingénue de projets susceptibles de permettre d'asseoir rationnellement une économie politique de la transition vers l'économie verte en Afrique, et particulièrement au Tchad. Dans les deux derniers chapitres qui vont suivre, nous aborderons les défis politiques et institutionnels de cette gouvernance stratégique de la transition, examinant les questions liées aux négociations et aux réformes, aux problématiques de la durabilité et de l'inclusion, ainsi qu'aux enjeux et aux perspectives de la gouvernance structurée et à long terme (chapitre 5). Nous terminerons par une discussion et des recommandations globales pour une économie politique solide de la transition vers l'économie verte au Tchad et en Afrique (chapitre 6).

Chapitre 5 :
Economie politique de la verdification

À ce jour, il ne fait plus de doute que l'économie verte est le passage obligé pour une consommation maîtrisée des ressources naturelles. Cette nouvelle économie comprend aussi un volet éthique et solidaire, qui articule les générations autour de l'usage sobre de ce bien commun qu'est la nature. Les questions environnementales sont de ce fait aussi importantes que les questions économiques, du moment où chaque génération doit éviter d'endetter les générations futures en les rendant responsables de ses excès en matière de dépense des ressources financières ou naturelles. L'Afrique et le Tchad ont-ils les moyens d'incorporer les rigidités normatives qui accompagnent cette nouvelle économie ? Les contraintes économiques n'empêcheront-elles pas définitivement de mettre en place une vision de long terme et d'asseoir une politique reposant entièrement sur le principe de responsabilité écologique ? Ne faut-il pas jouer l'urgence économique de l'instant, celle de la priorité aux besoins élémentaires, contre le désir d'une économie verte et propre ?

Ce chapitre répond à ces différentes questions en affirmant d'emblée qu'au point où on en est de l'urgence climatique, aucun combat ne peut se jouer et ne peut se gagner s'il compromet davantage l'environnement. L'Afrique et le Tchad ne doivent pas se dérober au motif qu'il s'agit d'un continent pauvre et très endetté : ils devraient même transformer leur position de derniers pollueurs du monde en opportunité. En clair, l'urgence absolue étant celle de l'économie verte, chaque pan de l'humanité doit s'efforcer d'apporter sa part dans la lutte pour juguler cet enjeu de survie et de progrès. En cela, la marche vers l'économie verte appelle une économie politique de la transaction ajustée. À y regarder de près, les conditions économiques précaires de ce continent sous-industrialisé qu'est l'Afrique facilitent la transition vers une économie verte, non polluante et conforme à la sobriété écologique du continent.

Pour cela même, la démarche de ce chapitre consiste à bâtir une gouvernance de la transition vers l'économie verte en identifiant clairement les bases d'une économie politique de cette transition. Il s'agit d'interroger la gouvernance, en tentant de voir à quels types d'ajustements, voire de réformes il faudra soumettre le gouvernement des questions environnementales dans l'ensemble des États pour produire et mener une transition réfléchie et réussie. L'idée est en effet de démontrer qu'une économie politique adaptée à l'urgence environnementale est la condition nécessaire et primordiale pour juguler les différentes contraintes de l'économie africaine et tchadienne, et telle que précédemment relevées. L'objectif est de penser la mise du continent en ordre de marche vers une économie verte prospère. Quelles sont les institutions et les instances politiques dont l'engagement serait salutaire à l'instauration d'une gouvernance de la transition vers l'économie verte ? À différentes échelles analytiques appropriées, les trois sections de ce chapitre répondent à cette préoccupation essentielle, en identifiant les acteurs et en mettant en lumière les responsabilités des organes politiques et institutionnels dédiés (section 1), en pensant les bases et la nature des négociations et des réformes entre ces acteurs (section 2) ou attendues dans l'économie politique de la transition vers l'économie verte, au travers des pratiques socio-institutionnelles durables et inclusives (section 3).

5.1 Organes politiques et institutionnels dédiés

5.1.1 Institutions politiques du verdissement

Les institutions et les politiques jouent un rôle fondamental dans la transition vers une économie verte, en orchestrant les efforts pour intégrer les objectifs de durabilité et de justice sociale dans tous les aspects de l'économie. Les institutions gouvernementales, telles que les ministères de l'Environnement, de l'Énergie et de l'Économie, élaborent et mettent en œuvre des régulations et des incitations financières visant à encourager les pratiques écologiques et à réduire les impacts environnementaux. Parallèlement, des organismes internationaux et des organisations non gouvernementales participent à l'élaboration de normes globales et à la promotion de meilleures pratiques. Les politiques en jeu incluent des mécanismes de tarification du carbone, des subventions pour les technologies renouvelables, des normes environnementales et des programmes de soutien à la transition pour les industries et les communautés affectées. Ensemble, ces institutions et politiques forment un cadre essentiel pour guider la transformation vers une économie plus durable, tout en cherchant à équilibrer les objectifs environnementaux avec les considérations économiques et sociales.

Pour qu'une stratégie industrielle verte réussisse, il est important de comprendre qui fait quoi dans le « verdissement » des installations et des systèmes visés. Dans l'analyse des chaînes de valeur mondiales, c'est ce que l'on appelle la « chaîne de gouvernance »[314]. C'est une notion qui peut être utilisée pour analyser la mise en œuvre du « verdissement » dans chacun des quatre systèmes relevés sous le titre « Quatre angles d'attaques pour verdir l'industrialisation » ci-dessus. Il existe essentiellement deux catégories de « gouverneurs » de chaînes, les internes et les externes. La gouvernance interne d'une chaîne est exercée par des membres de celle-ci. Dans les chaînes relevant du secteur privé, ces « gouverneurs » seront des entreprises, souvent

---

[314] Gereffi, G., Humphrey, J. et Sturgeon, T. (2005). La gouvernance des chaînes de valeur mondiales. *Revue d'économie politique internationale*, 12 (1), 78-104.

les principales, celles qui se trouvent à la sortie de la chaîne. Dans les chaînes publiques, les principaux décideurs se trouveront notamment parmi les directeurs des entreprises publiques concernées. Le rôle joué par les entreprises principales est critique dans un nombre croissant de chaînes de valeur mondiales, et il en va de même pour le projet vert. La demande des marchés finals force les acteurs des chaînes à pousser systématiquement les normes vertes vers l'aval comme vers l'amont de leurs chaînes (comme dans le cas du certificat du Forest Stewardship Council). Dans de nombreuses chaînes de valeur mondiales, ces entreprises principales sont des sociétés transnationales[315].

C'est particulièrement le cas dans les chaînes auxquelles participent les producteurs africains. Dans d'autres cas, surtout dans les économies plus industrialisées et à revenu faible et intermédiaire, les entreprises principales peuvent avoir des propriétaires locaux ou régionaux. Si les entreprises principales se lancent dans un projet vert, ce n'est pas seulement en réponse aux réglementations nationales, mais aussi parce qu'elles y voient une stratégie de maximisation des bénéfices par la réduction des coûts (énergétiques, par exemple), de pénétration de marchés plus lucratifs (comme celui des produits organiques)[316] et de sauvegarde de leur réputation menacée par le maintien de mauvaises pratiques environnementales ou sociales. Walmart et le « verdissement » de sa chaîne de valeur pour en réduire les coûts, Tesco et le verdissement de sa chaîne de valeur horticole pour sauvegarder sa réputation, Shell et le verdissement de ses activités dans le delta du Niger pour conserver son « permis social d'exploitation » sont autant d'exemples d'entreprises principales que des intérêts strictement commerciaux ont amenées à se comporter selon des principes plus éthiques ou écologiques.

Toutes les entreprises principales ne sont toutefois pas actives en matière de « verdissement », pas plus que la vision résolument verte des dirigeants d'une société ne se reflétera obligatoirement dans la réalité du terrain. Qui plus est, les entreprises principales qui font affaire sur les marchés à bas revenu, où les consommateurs ne se montrent pas aussi exigeants en matière de références vertes, seront moins incitées à pousser au « verdissement » à l'extérieur de la chaîne de valeur, l'État est généralement la première partie prenante ayant la capacité de « verdir » les systèmes, souvent par un mélange de décisions, réglementations et incitations touchant au prix. Le prix reflète le coût que le gouvernement a associé à d'importants intrants environnementaux,

---

[315] Durand, J., & Giroux, L. (2022). La gouvernance des chaînes de valeur mondiales et le projet vert : Une analyse des dynamiques internes et des normes environnementales. Éditions académiques internationales

[316] Banque africaine de développement (2015), Transition Towards Green Growth in Mozambique : Policy Review and Recommendations for Action. Côte d'Ivoire.

à commencer par l'eau et l'énergie. Les subventions aux intrants à forte intensité de carbone (comme l'énergie des combustibles fossiles) vont manifestement à l'encontre du projet vert. Inversement, celui-ci se trouvera facilité si les externalités environnementales, comme la pollution, sont facturées aux producteurs, tandis que des subventions sont accordées en faveur du prix des intrants verts, comme les énergies renouvelables. Les réglementations peuvent jouer sur les normes des processus de production[317], en exigeant par exemple des membres de la chaîne qu'ils remplissent certaines conditions minimales en matière d'effluents, et en imposant des limites aux prélèvements d'eau.

Les réglementations peuvent également affecter les caractéristiques des produits par la réduction des contaminants qu'ils contiennent, par exemple. Les incitations sont une série de « carottes » qui entendent persuader les entreprises de « verdir » leurs activités. Il peut s'agir d'avantages fiscaux ou encore de mesures d'exonération fiscale visant les nouveaux investissements. Dans certains cas, les gouvernements fournissent également un appui par l'intermédiaire de sociétés de services aux entreprises qui aident celles-ci à « verdir » la production le long de la chaîne. Les gouvernements étrangers sont une autre source potentielle de gouvernance susceptible d'affecter le « verdissement » des chaînes de valeur mondiales. Ils réglementent l'accès à leurs marchés et peuvent ainsi déterminer le caractère des chaînes d'approvisionnement dans les pays fournisseurs. De plus en plus, les gouvernements des pays à haut revenu, comme le Nigéria et l'Afrique du Sud, fixent des normes d'accès à leurs marchés, lesquelles sont déterminantes pour la composante verte des chaînes d'approvisionnement, en particulier en ce qui concerne le secteur agricole et celui des ressources naturelles, ces derniers représentant le gros des exportations africaines.

Les organisations de la société civile à l'échelle mondiale sont une autre source de pression en faveur du « verdissement » des chaînes de valeur. Leur pouvoir vient de ce qu'elles peuvent menacer de ternissement la réputation des sociétés multinationales qui ne coopèrent pas[318]. Un autre moyen d'action employé par la société civile a été d'engager ces grands groupes dans des tentatives collectives visant à élever les normes et à certifier la bonne pratique. La Table ronde sur l'huile de palme durable, la Table ronde sur le soja responsable et l'Initiative pour une meilleure canne à sucre sont des exemples de plates-formes multipartites réunissant société civile et sociétés transnationales à de telles fins.

---

317 Banque africaine de développement (2015). *Transition Towards Green Growth in Mozambique: Policy Review and Recommendations for Action.* Côte d'Ivoire.

318 Martin, P., & Dupont, A. (2021). Les défis de la gouvernance verte dans les chaînes de valeur mondiales. Presses universitaires de Paris.

Les gouvernements jouent un rôle important dans l'accélération de cette transition. Ils peuvent concevoir des politiques, des réglementations et des cadres intégrés, afin d'orienter les investissements nécessaires vers l'économie verte. Un bon exemple : la tarification du carbone, qui fait évoluer les comportements et l'orientation des industries très polluantes. Par exemple, les pays possédant d'importantes zones tropicales (Indonésie, Brésil, Mexique ou Inde) pourraient envisager d'adopter une « taxe sur le carbone tropical »[319]. Ce prélèvement sur les combustibles fossiles serait investi dans des solutions naturelles visant à conserver, restaurer et améliorer la gestion des terres, afin de protéger les écosystèmes et la biodiversité. Selon une étude récente, avec des solutions climatiques naturelles, nous pourrions réduire d'environ un quart les émissions de l'ensemble des pays tropicaux au cours des prochaines décennies, pour un coût inférieur à 100 dollars par tonne de CO_2[320]. Il s'agit notamment de réaffecter les subventions auparavant destinées aux combustibles fossiles vers d'autres objectifs : développement des énergies propres, éducation et formation professionnelle, mesures incitatives, instruments financiers innovants (par exemple, les financements mixtes) et partenariats public-privé visant à favoriser l'innovation et les investissements privés. Certaines solutions peuvent avoir des résultats très rapides. Par exemple, l'amélioration de l'efficacité énergétique a des effets sur les perspectives à court terme (emploi) et à long terme (développement à faible émission de carbone). Dans la plupart des cas, les investissements dans la rénovation des bâtiments permettent de faire travailler une main-d'œuvre peu qualifiée, ce qui en fait une mesure particulièrement intéressante en période de ralentissement économique.

Nous pouvons déjà tirer des enseignements du continent africain. Au Ghana, le gouvernement a intégré une forte dimension sociale dans sa réforme des subventions aux combustibles fossiles[321], afin d'éviter des réactions sociales découlant d'une méfiance envers les répartitions. Le gouvernement a créé la Nationale Petroleum Authority, un organe directeur indépendant composé de fonctionnaires[322], de représentants des syndicats et des

---

[319] Barbier EB, Burgess JC (2020), "Sustainability and development after COVID-19", World Dev;135:105082. doi:10.1016/j.worlddev.2020.105082.

[320] Bronson W. Griscom & *ali* (2020), "National mitigation potential for natural climate solutions in the tropics", Philosophical Transactions of the Royal Society Biological Sciences.

[321] Union africaine, Banque africaine de développement et Commission économiques pour l'Afrique (2010). *Déclaration de consensus*. Septième Forum pour le développement de l'Afrique, Addis-Abeba, 10-15 octobre.

[322] Alliance pour une révolution verte en Afrique (2016). Africa Agriculture Status Report 2016. Progress Towards Agricultural Transformation in Africa. Nairobi.

compagnies pétrolières, d'experts et de quelques représentants d'ONG, et a réalisé une évaluation de l'impact social et sur la pauvreté. La réforme a été largement partagée avec l'ensemble des parties prenantes. Elle s'est accompagnée de mesures sociales complémentaires, financées par les économies tirées de la réforme des subventions.

Ces mesures comprennent, notamment, l'introduction d'un programme de transfert conditionnel d'argent liquide reliant la baisse des subventions aux carburants à la suppression des frais de scolarité dans l'enseignement primaire et secondaire, un financement supplémentaire pour le système de santé et une augmentation du salaire minimum. Le Costa Rica montre également la voie vers une économie verte, en prouvant qu'il est possible de financer l'action climatique en fixant correctement le prix de la nature. Le Costa Rica met en œuvre des paiements pour services environnementaux (PSE) afin d'améliorer la conservation et la gestion durable des forêts, la reforestation, l'agroforesterie et les systèmes sylvo-pastoraux.

5.1.2 Organes institutionnels et partenaires internationaux stratégiques

L'Accord de Paris est un « traité international juridiquement contraignant sur les changements climatiques »[323]. À ce titre, il constitue un cadre robuste pour mettre en œuvre une économie verte. Adopté dans la capitale française le 12 décembre 2015 par 196 pays au cours d'une assemblée de la Conférence des Nations unies sur les changements climatiques (COP 21), l'Accord de Paris est entré en vigueur depuis le 4 novembre 2016. Son principal objectif est de stabiliser « l'augmentation de la température moyenne mondiale bien en dessous de 2 °C au-dessus des niveaux préindustriels », tout en redoublant d'efforts « pour limiter l'augmentation de la température à 1,5 °C au-dessus des niveaux préindustriels ».

Avec cet Accord, nous disposons désormais d'un cadre politique international qui oriente et guide nos efforts vers une économie verte. Les engagements officiels des pays dans le cadre de cet Accord, connu sous le nom de contributions déterminées au niveau national (CDN), peuvent être très utiles dans ce domaine[324]. En effet. les CND et les stratégies à long terme (SLT), qui sont alignées sur les plans de développement nationaux des gouvernements et les objectifs de développement durable (ODD), peuvent stimuler la croissance économique, la transformation technologique, la création d'emplois et la lutte contre les inégalités sociales, autant d'aspects essentiels à une économie verte. Une étude récente a révélé qu'en poursuivant

---

[323] United Nations/Climate changed, « L'Accord de Paris. Qu'est-ce que l'Accord de Paris ? », Article non daté disponible sur https://unfccc.int/fr.

[324] https://unfccc.int/process-and-meetings/the-paris-agreement/the-paris-agreement

les efforts actuels de réduction des émissions, le monde subirait une perte de bénéfices estimée entre 126,68 et 616,12 billions de dollars jusqu'en 2100, par rapport à une action proportionnelle à 1,5 °C ou bien en dessous de 2 °C.

La Promesse climatique du PNUD, qui travaille sur les CDN de plus de 120 pays et territoires, démontre que ces engagements offrent des orientations intéressantes, bénéficiant d'un soutien politique, pour investir dans des domaines qui peuvent conduire à la transition vers une économie verte. Dans le cadre de la Promesse climatique, nous avons vu de nombreux pays commencer à saisir des opportunités pour faire avancer leurs CDN. Nous passons en revue ci-dessous quelques éléments clés d'une économie verte et la manière dont les pays les utilisent pour saisir des opportunités et atteindre leurs objectifs nationaux de réduction des émissions de carbone.

Les organismes donateurs bilatéraux et multilatéraux jouent un rôle important dans le financement des initiatives d'économie verte dans la région. L'Allemagne, l'Autriche, le Danemark, la Finlande, la France, la Norvège, le Royaume-Uni et la Suisse (principalement par l'intermédiaire de leur ministère du développement international) ont apporté leur soutien, notamment par le biais d'ambassades et d'organismes d'aide propres à chaque pays dans les ministères compétents. Dans le secteur « production et consommation durable », l'appui du ministère du Développement international et de l'Union européenne est important (le soutien de l'Union européenne relève principalement du programme « Switch Africa Green »[325].

Le PNUE, la Banque africaine de développement, l'Agence danoise de développement international, le Fonds mondial pour la nature et l'Agence allemande pour la coopération internationale y participent également de manière active. Des entités mondiales et régionales, dont l'Union européenne et les Nations Unies, jouent un rôle important dans la promotion de l'économie verte en Afrique. Le CEA, en collaboration avec d'autres organismes du système des Nations Unies, contribue au renforcement des capacités et appuie de diverses manières plusieurs initiatives d'économie verte : par exemple, l'Organisation internationale du Travail (emplois verts et transition juste)[326] ; l'Organisation des Nations Unies pour le développement industriel (transports et consommation et production durables) ; le PNUD (via le programme de microfinancement du Fonds pour l'environnement mondial et son programme de soutien pour l'énergie et l'environnement) ; le secrétariat de la Convention-cadre des Nations Unies sur le changement climatique (solaire et bioénergie) et le PNUE (biodiversité, agriculture et transports). La Banque mondiale a également apporté un soutien important à plusieurs initiatives dans le domaine

---

[325] The World Bank legal review, volume 5: Fostering development through opportunity, inclusion, and equity. Washington : Banque mondiale

[326] PNUD (2012). Examples of inclusive Green Economy approaches in UNDP's support to countries.

des « énergies renouvelables » et de « l'environnement bâti », en collaboration avec des municipalités et des collectivités publiques (Partenariat pour l'action en faveur de l'économie verte, 2017).

Des partenariats permettent d'élaborer et de mettre en œuvre des programmes de fond à l'appui de la transformation verte en Afrique. Par exemple, le programme SWITCH — Africa Green est mis en œuvre par le PNUE, avec le soutien financier de l'Union européenne[327]. SWITCH-Africa Green appuie six pays africains dans leur transition vers l'économie verte inclusive, en traduisant en actes les plans d'action de ces pays en faveur de modes de consommation et de production durables pour générer de la croissance, créer des emplois décents et réduire la pauvreté[328].

Le mode d'exécution du programme fait appel à des initiatives inclusives que promeut le secteur privé dans des secteurs clés de la croissance verte, notamment les micros, les petites et moyennes entreprises et les prestataires de services aux entreprises[329]. L'un des objectifs de la stratégie de la Banque africaine de développement pour 2013-2022 a été d'aider l'Afrique à faire une transition progressive vers la croissance verte qui protégera les moyens de subsistance, améliorera la sécurité hydrique, énergétique et alimentaire, favorisera l'utilisation durable des ressources naturelles et stimulera l'innovation, la création d'emplois et le développement économique.

Dans cette optique, le programme des obligations vertes de la Banque finance des projets éligibles dans le cadre de la lutte contre le changement climatique, y compris des projets de grande envergure tels que la production d'énergies renouvelables, l'efficacité énergétique au niveau de la consommation pour des installations existantes et pour de nouveaux projets, le développement urbain, l'approvisionnement et l'accès à l'eau. Comme pour le programme SWITCH-Africa Green, le succès du programme de la Banque dépend du partenaire d'exécution, principalement les pouvoirs publics, et du niveau d'impact des programmes[330].

Les secteurs de l'eau, de l'énergie et des transports ont ainsi bénéficié de montants importants, mais les effets ne devraient se faire sentir qu'à moyen ou long terme, étant donné l'ampleur des projets. La position de la Grande-Bretagne sur l'économie verte en Afrique consiste à aider les gouvernements partenaires à tenir les engagements qu'ils ont pris dans le cadre de leur au titre de l'Accord de Paris sur les changements climatiques[331]. Certains expriment le désir d'appuyer le développement de plans nationaux et sectoriels de

---

327 https://www.unep.org/switch-africa-green

328 https://ec.europa.eu/international-partnerships/switch-africa-green_en

329 United Nations Environment Programme (2023). SWITCH Africa Green: Enabling Green Business and Sustainable Development in Africa.

330 *Idem.*

331 Department for International Development (DFID, 2023). UK's Green Economy Approach in Africa.

croissance verte et de renforcer la résilience face aux impacts du changement climatique, entre autres. Parmi les programmes qui en bénéficient déjà, on peut citer « Energy Africa », qui s'associe aux gouvernements et au secteur privé de 14 pays pour développer les marchés de l'énergie solaire domestique, contribuant à atteindre les 600 millions de personnes en Afrique subsaharienne qui n'ont pas accès à l'électricité »[332].

De même, le Gouvernement allemand, par le biais du ministère fédéral de la Coopération économique et du Développement, étudie la situation afin d'adapter sa coopération et son appui techniques dans quatre domaines possibles : conseil politique (conception et mise en œuvre de réformes, sélection et des politiques d'investissement à soutenir, et élaboration de nouvelles politiques fiscales) ; mise en valeur des capacités institutionnelles et humaines (renforcement des institutions, développement des capacités humaines, développement des compétences et des connaissances)[333]; coopération, partenariats, participation et communication (promotion de la coopération internationale et régionale, soutien du transfert technologique, innovation et recherche et développement, promotion de la participation des acteurs et campagnes de communication) et appui méthodologique (diagnostics, conception et utilisation des outils et suivi et évaluation).

Ce qui précède montre qu'il existe de multiples zones de chevauchement et domaines dans lesquels les synergies peuvent être renforcées pour remédier à la fragmentation de l'appui des donateurs en faveur du programme de croissance verte en Afrique. Les partenaires de développement devraient renforcer les mécanismes de coordination et de collaboration, rationaliser les mécanismes de financement destinés à la région et mobiliser les organisations et acteurs, aux deux niveaux, national et régional, qui fournissent un appui aux pays africains en matière d'économie verte[334]. Jusqu'à présent, les pays de la région ont déclaré avoir besoin de soutien pour procéder à des évaluations quantitatives des défis et des opportunités qu'offre l'économie verte dans des secteurs économiques clés, et pour évaluer la faisabilité et l'efficacité des scénarios de transition proposés à court et à long terme[335].

Une aide est également nécessaire pour concevoir et mettre en œuvre des stratégies de croissance verte inclusive et des approches permettant de construire une économie verte inclusive qui assure une voie de développement économe en ressources et à faible émission de carbone[336], et qui contribue à

---

[332] Ministère du Développement international (2017), p. 16.

[333] PNUE (2010). Green Economy: Developing Countries: Success Stories.

[334] African Development Bank Group (2023). Promoting Green Growth in Africa: Enhancing Donor Support and Coordination

[335]https://www.uneca.org/publications/assessing-green-economy-africa

[336] Global Green Growth Institute (GGGI, 2023). Designing and Implementing Inclusive Green Growth Strategies in Africa.

assurer des moyens de subsistance viables, la réduction de la pauvreté et le développement durable.

5.2 Négocier et réformer

En aucun cas, l'identification des acteurs politiques et institutionnels de la transition africaine vers une économie verte que nous venons de mener ne voudrait dire que leurs interactions vont de soi. Pour réformer, ces différents acteurs sont porteurs d'intérêts divergents (5.2.1) qui rendent les négociations de conciliation nécessaires et permanentes (5.2.2) en vue des réformes nécessaires à la transition (5.2.3).

5.2.1 Intérêts divergents des parties prenantes

1) Gouvernements et Autorités publiques

L'un des centres d'intérêt de l'action du gouvernement se trouve dans son rôle régalien en matière de *protection de l'environnement.* Pour les pouvoirs publics, l'enjeu est de réduire les émissions de gaz à effet de serre et préserver la biodiversité. Les gouvernements et les autorités publiques jouent un rôle crucial dans la protection de l'environnement, leur intérêt étant multiple et profondément ancré dans la responsabilité de garantir le bien-être des citoyens et la durabilité des ressources naturelles[337]. L'un des principaux intérêts de ces entités est de réduire les émissions de gaz à effet de serre (GES) pour atténuer les effets du changement climatique[338]. En promulguant des lois et des règlements stricts sur les émissions industrielles, les normes de qualité de l'air et les pratiques agricoles, les gouvernements peuvent inciter les secteurs économiques à adopter des technologies et des pratiques plus propres. Par exemple, la mise en place de taxes carbone ou de systèmes de plafonnement et d'échange d'émissions crée des incitations économiques pour les entreprises à réduire leur empreinte carbone. En outre, les investissements publics dans les énergies renouvelables, tels que l'éolien, le solaire et l'hydroélectricité, permettent de diminuer la dépendance aux combustibles fossiles, réduisant ainsi les émissions de CO_2 et favorisant une transition vers une économie bas-carbone[339].

---

[337] Sarah Johnson (2019), Environmental Policy and Public Responsibility, Cambridge University Press,

[338] David White (2020), Greenhouse Gas Reduction Strategies, Routledge, p. 45-50.

[339] Michael Brown (2022), Public Investments in Renewable Energy, Palgrave Macmillan, p. 102-108.

Un autre intérêt fondamental des gouvernements dans la protection de l'environnement[340] est *l'amélioration de la santé publique.* Les autorités publiques reconnaissent que la pollution de l'air et de l'eau a des impacts directs et indirects sur la santé des populations[341]. En réglementant les polluants atmosphériques, comme les particules fines (PM2.5), les oxydes d'azote (NOx) et les composés organiques volatils (COV), les gouvernements peuvent réduire l'incidence des maladies respiratoires, cardiovasculaires et autres affections liées à la pollution[342].

Par exemple, des initiatives telles que l'introduction de zones à faibles émissions dans les villes, la promotion des transports en commun et des modes de déplacement actifs (vélo, marche) contribuent à améliorer la qualité de l'air et, par conséquent, la santé des citoyens. En parallèle, la protection des ressources en eau potable, par le biais de la régulation des rejets industriels et agricoles et de la gestion durable des bassins versants, est essentielle pour prévenir les maladies hydriques et garantir un accès à une eau de qualité pour tous.

Enfin, les gouvernements ont un intérêt stratégique à *promouvoir une croissance économique durable* et à *créer des emplois verts*[343]. La transition vers une économie verte n'est pas seulement une nécessité environnementale, mais aussi une opportunité économique majeure. Les politiques publiques peuvent stimuler l'innovation et le développement de nouvelles technologies respectueuses de l'environnement, ouvrant ainsi de nouveaux marchés et créant des emplois dans des secteurs comme les énergies renouvelables, l'efficacité énergétique, la gestion des déchets et l'agriculture durable. Par exemple, des programmes de subventions et d'incitations fiscales pour les entreprises investissant dans des technologies vertes peuvent catalyser la croissance de ces industries. De plus, en intégrant des critères de durabilité dans les marchés publics et les investissements en infrastructures, les gouvernements peuvent orienter les investissements vers des projets qui favorisent une utilisation plus efficiente des ressources et une réduction des impacts environnementaux. Cette approche contribue non seulement à une économie plus résiliente et compétitive à long terme, mais aussi à une société

---

340 Lisa White (2018), Public Health and Environmental Management, Palgrave Macmillan, p. 50-55.

341 John Brown (2019), Air Quality Regulation and Public Health, Oxford University Press, p. 78-83.

342 Sarah Smith (2019), Urban Low Emission Zones and Health Outcomes, Springer, p. 130-135.

343 Robert Green (2019), Sustainable Economic Growth and Employment, Palgrave Macmillan, p. 32-38.

plus juste et équitable, où les bénéfices de la croissance économique sont partagés de manière plus inclusive et durable[344].

En matière de santé publique, le défi pour l'État est *d'améliorer la qualité de l'air et de l'eau* pour la santé des citoyens. Les gouvernements et les autorités publiques ont un intérêt vital dans la protection de la santé publique, un domaine étroitement lié à la gestion de l'environnement. L'un des aspects les plus directs de cet intérêt est la régulation de la qualité de l'air. La pollution de l'air est une menace majeure pour la santé publique, causant des maladies respiratoires et cardiovasculaires, ainsi que des cancers. En établissant des normes strictes sur les émissions de polluants atmosphériques, tels que les oxydes d'azote (NOx), le dioxyde de soufre (SO2) et les particules fines (PM2.5), les gouvernements peuvent réduire significativement l'exposition de la population à ces substances nocives. Les politiques de régulation peuvent inclure des restrictions sur les émissions des véhicules, des usines et des centrales électriques, ainsi que la promotion de technologies plus propres. Par exemple, des zones à faibles émissions dans les zones urbaines réduisent la concentration de polluants et améliorent la qualité de l'air, ce qui a un impact direct sur la diminution des hospitalisations et des décès prématurés liés à la pollution.

Un autre domaine crucial où les gouvernements jouent un rôle central est la *gestion de la qualité de l'eau.* L'eau potable est essentielle à la santé humaine, et les autorités publiques ont la responsabilité de garantir que les sources d'eau ne sont pas contaminées par des substances dangereuses, telles que les produits chimiques industriels, les pesticides et les déchets microbiologiques. En mettant en place des réglementations strictes sur le traitement des eaux usées et en surveillant les sources d'eau, les gouvernements peuvent prévenir des épidémies de maladies d'origine hydrique, comme le choléra et la typhoïde. Des initiatives telles que la protection des bassins versants, la gestion durable des ressources en eau et la promotion de pratiques agricoles écologiques contribuent à maintenir la qualité de l'eau. En outre, la sensibilisation du public à l'importance de l'hygiène et de la conservation de l'eau joue un rôle clé dans la prévention des maladies et la promotion de la santé.

Enfin, les gouvernements ont un intérêt stratégique à *promouvoir des environnements de vie sains,* en particulier dans les zones urbaines où vit une grande partie de la population mondiale. La conception urbaine et la planification des infrastructures peuvent avoir un impact significatif sur la santé publique. En favorisant des espaces verts, des pistes cyclables et des zones piétonnes, les autorités publiques encouragent l'activité physique et réduisent les niveaux de stress parmi les citadins. Des politiques telles que la réduction de la pollution sonore et la gestion des déchets contribuent

[344] Laura White (2020), Long-Term Socio-Economic Development and Sustainability, Routledge, p. 54-60.

également à créer des environnements de vie plus sains. De plus, en intégrant des critères de durabilité dans les projets de développement urbain, les gouvernements peuvent créer des villes résilientes aux effets du changement climatique, comme les vagues de chaleur et les inondations, qui posent des risques supplémentaires pour la santé publique. En somme, les actions gouvernementales en matière de planification urbaine et de gestion environnementale sont essentielles pour créer des conditions de vie qui soutiennent la santé et le bien-être des populations.

Concernant *la croissance économique durable et la création d'emplois,* les gouvernements et les autorités publiques ont un intérêt significatif dans la promotion de la croissance économique durable et la création d'emplois, des objectifs essentiels pour le développement socio-économique à long terme. En favorisant une croissance économique durable, les gouvernements cherchent à encourager un développement qui répond aux besoins actuels sans compromettre la capacité des générations futures à répondre aux leurs. Cela implique la mise en place de politiques qui soutiennent les industries vertes, telles que les énergies renouvelables, l'efficacité énergétique, et l'économie circulaire. Par exemple, des subventions et des incitations fiscales pour les entreprises qui investissent dans des technologies propres peuvent stimuler l'innovation et la croissance dans ces secteurs. En investissant dans des infrastructures durables, comme les réseaux de transport public, les gouvernements non seulement réduisent l'empreinte carbone, mais créent également des emplois dans la construction et la maintenance de ces infrastructures. Ces investissements contribuent à une économie plus résiliente et moins vulnérable aux chocs externes, tels que les fluctuations des prix des combustibles fossiles.

La *création d'emplois **verts*** est un autre intérêt majeur des gouvernements dans la promotion de la croissance économique durable[345]. Les emplois verts, qui incluent les professions liées aux énergies renouvelables, à la gestion des ressources naturelles, et aux technologies de réduction des émissions, offrent des opportunités d'emploi à long terme et souvent de meilleure qualité. En soutenant la formation et le développement des compétences dans ces secteurs, les autorités publiques peuvent aider à reconvertir les travailleurs des industries traditionnelles en déclin, comme le charbon ou le pétrole, vers des emplois plus durables[346]. Par exemple, des programmes de formation et d'apprentissage axés sur les énergies renouvelables peuvent équiper les travailleurs des compétences nécessaires pour installer et entretenir des panneaux solaires ou des éoliennes. En outre, la croissance des secteurs verts peut stimuler l'entrepreneuriat et l'innovation, créant ainsi de nouvelles

---

[345] Lisa Green (2020), Employment Opportunities in Sustainable Economic Growth, Cambridge University Press, p. 22-27.

[346] Sarah Johnson (2018), Skills Development and Transition for Green Jobs, Palgrave Macmillan, p. 68-74.

entreprises et opportunités d'emploi dans des domaines variés allant de la technologie de l'information à la construction écologique[347].

Les politiques publiques jouent également un rôle crucial dans l'encouragement de l'investissement privé dans des projets durables. En créant un cadre réglementaire stable et prévisible, les gouvernements peuvent attirer des investissements dans les technologies vertes et les infrastructures durables. Par exemple, des régulations qui favorisent les énergies renouvelables, telles que des quotas de production d'énergie verte ou des tarifs de rachat garantis, peuvent encourager les entreprises à investir dans des projets de grande envergure. De plus, les partenariats public-privé peuvent mobiliser des ressources financières et techniques pour des projets durables, tout en partageant les risques entre les secteurs public et privé. En promouvant des normes environnementales élevées et en facilitant l'accès au financement pour les projets verts, les gouvernements peuvent stimuler une croissance économique qui est à la fois inclusive et durable. Ces efforts contribuent non seulement à la protection de l'environnement, mais également à la création de sociétés plus justes et résilientes, où les bénéfices économiques sont partagés plus équitablement et où les impacts négatifs sur l'environnement et la société sont minimisés.

2) *Entreprises et Industries*

Pour les entreprises et les industries, la première préoccupation est la *réduction des coûts :* diminuer les coûts liés à l'énergie et aux matières premières grâce à une utilisation plus efficiente des ressources[348]. Les entreprises et les industries ont un intérêt marqué dans la réduction des coûts, un objectif qui est souvent atteint par l'adoption de pratiques et de technologies durables. L'efficacité énergétique est l'un des moyens les plus directs par lesquels les entreprises peuvent réduire leurs coûts. En investissant dans des technologies énergétiquement efficaces, comme l'éclairage LED, les systèmes de chauffage, de ventilation et de climatisation (CVC) modernes, et les équipements de production économes en énergie, les entreprises peuvent réduire considérablement leur consommation d'énergie. Cela se traduit par des économies substantielles sur les factures d'électricité et de gaz. De plus, l'intégration de sources d'énergie renouvelable, telles que les panneaux solaires ou les éoliennes, permet aux entreprises de générer leur propre énergie et de réduire leur dépendance aux fournisseurs d'énergie externes. Ces investissements initiaux dans des technologies vertes sont souvent amortis sur

---

[347] Emily Brown, Innovation and Entrepreneurship in Green Industries, Springer, 2022, p. 101-107.

[348] Michael Brown (2020), Cost Reduction through Sustainable Practices, Springer, p. 32-37.

le long terme par les économies réalisées sur les coûts énergétiques, améliorant ainsi la rentabilité des entreprises[349].

La *gestion efficace des ressources* est une autre stratégie clé pour la réduction des coûts dans les entreprises et les industries. En adoptant des pratiques de production plus efficientes, telles que l'optimisation des processus de fabrication, la réduction des déchets et la réutilisation des matériaux, les entreprises peuvent minimiser les coûts liés à l'achat de matières premières et à l'élimination des déchets. Par exemple, l'économie circulaire, qui se concentre sur la réutilisation, le recyclage et la récupération des matériaux tout au long du cycle de vie des produits, permet de maximiser la valeur des ressources utilisées. En mettant en place des systèmes de gestion des déchets qui favorisent le recyclage et la récupération, les entreprises peuvent réduire les coûts associés à l'enfouissement des déchets et à l'achat de nouvelles matières premières. De plus, la réduction des déchets améliore l'efficacité opérationnelle et peut également entraîner des économies sur les coûts de conformité environnementale et de gestion des déchets[350].

Enfin, *l'adoption de pratiques de gestion durables* peut également réduire les coûts liés à la gestion des risques et à la conformité réglementaire. Les entreprises qui adoptent des pratiques environnementales responsables sont moins susceptibles de faire face à des sanctions, des amendes ou des litiges liés à la non-conformité aux réglementations environnementales. En outre, en anticipant les tendances réglementaires et en mettant en place des systèmes de gestion environnementale robustes, les entreprises peuvent éviter les coûts associés aux changements soudains des politiques et des régulations. Par exemple, la mise en œuvre de systèmes de gestion de l'environnement certifiés, tels que l'ISO 14001, peut aider les entreprises à identifier et à gérer les risques environnementaux de manière proactive, réduisant ainsi les coûts potentiels liés aux incidents environnementaux. De plus, les entreprises qui montrent un engagement envers la durabilité peuvent bénéficier d'un accès amélioré au financement vert et attirer des investisseurs qui cherchent à investir dans des entreprises responsables, ce qui peut réduire les coûts de financement et améliorer la stabilité financière à long terme[351].

Les entreprises et les industries cherchent aussi à *optimiser leurs marges par l'accès à de nouveaux marchés* pour profiter de la demande croissante pour des produits et services écologiques. Les entreprises et les industries ont un intérêt majeur à accéder à de nouveaux marchés, car cela représente une opportunité significative de croissance et de diversification des sources de

---

[349] David Black (2021), Long-Term Financial Gains from Green Technologies, Springer, p. 102-107.

[350] Emily Green (2020), Environmental Regulations and Corporate Compliance, Cambridge University Press, p. 62-67.

[351] Lisa Smith (2022), Sustainability Commitment and Financial Benefits, Oxford University Press, p. 102-108.

revenus. L'internationalisation est une stratégie clé qui permet aux entreprises de pénétrer des marchés émergents où la demande pour leurs produits ou services est en augmentation. En entrant sur ces nouveaux marchés, les entreprises peuvent profiter des économies d'échelle et de la réduction des coûts unitaires de production grâce à l'augmentation des volumes de vente. Par exemple, les entreprises technologiques qui développent des solutions innovantes peuvent trouver de nouvelles opportunités dans des pays en développement où la numérisation et la modernisation des infrastructures sont en pleine expansion. De même, les entreprises agroalimentaires peuvent accéder à des marchés internationaux où la demande pour des produits alimentaires diversifiés et de hautes qualités est croissante. En explorant et en s'établissant sur ces marchés, les entreprises peuvent non seulement accroître leur chiffre d'affaires, mais aussi renforcer leur position compétitive globale.

L'innovation et la différenciation des produits sont également des facteurs cruciaux pour accéder à de nouveaux marchés. Les entreprises qui investissent dans la recherche et le développement pour créer des produits adaptés aux préférences et aux besoins spécifiques des consommateurs sur ces marchés peuvent se différencier de leurs concurrents locaux et internationaux. Par exemple, les entreprises du secteur des biens de consommation courante peuvent adapter leurs produits pour répondre aux goûts culturels et aux habitudes d'achat des consommateurs dans de nouveaux marchés, ce qui peut inclure des ajustements dans les formulations de produits, les emballages, et les stratégies de marketing. De plus, les entreprises qui adoptent des pratiques durables et éthiques peuvent attirer des consommateurs conscients de l'impact environnemental et social de leurs achats, ouvrant ainsi des segments de marché dédiés aux produits écologiques et équitables. Cette différenciation permet non seulement de capturer une part de marché plus importante, mais aussi de construire une marque solide et respectée à l'échelle mondiale.

L'accès à de nouveaux marchés permet également aux entreprises de diversifier leurs risques et de stabiliser leurs revenus[352]. En s'implantant dans plusieurs régions géographiques, les entreprises peuvent réduire leur dépendance à l'égard d'un seul marché et atténuer les impacts des fluctuations économiques locales, des crises politiques ou des changements réglementaires. Par exemple, une entreprise manufacturière présente sur plusieurs continents peut équilibrer les baisses de demande dans un marché par les hausses dans un autre, assurant ainsi une continuité de revenus et une meilleure résilience face aux perturbations. De plus, la diversification géographique permet aux entreprises de tirer parti des cycles économiques

---

352 Michael Johnson (2020), Market Diversification and Risk Management, Palgrave Macmillan, p. 45-50.

différents dans diverses régions, optimisant ainsi leurs performances globales[353].

En outre, en établissant des partenariats et des alliances locales, les entreprises peuvent mieux comprendre les dynamiques du marché, les préférences des consommateurs, et les cadres réglementaires, ce qui facilite une entrée plus efficace et réussie sur de nouveaux marchés. Ces efforts de diversification et de partenariat sont essentiels pour la durabilité à long terme et la croissance continue des entreprises dans un environnement économique mondial en constante évolution[354].

Entreprises et industries veillent également à la *réputation et à l'image de marque* : elles se préoccupent d'améliorer l'image de marque en adoptant des pratiques durables et en répondant aux attentes des consommateurs. Les entreprises et les industries accordent une importance cruciale à la gestion de leur réputation et de leur image de marque, car cela influence directement leur succès sur le marché et leur relation avec les consommateurs. Une réputation positive et une image de marque forte permettent aux entreprises de se différencier de leurs concurrents, d'attirer et de fidéliser des clients, et de justifier des prix premium pour leurs produits ou services. Par exemple, une entreprise qui se positionne comme un leader en matière de durabilité et de responsabilité sociale peut attirer des consommateurs soucieux de l'environnement, prêts à payer plus pour des produits éthiques et respectueux de la planète. De plus, une réputation solide peut renforcer la confiance des consommateurs, augmentant ainsi la fidélité à la marque et réduisant les coûts de marketing et d'acquisition de nouveaux clients. La gestion proactive de la réputation permet également de mieux résister aux crises et de minimiser les impacts négatifs sur l'image de marque en cas de controverses ou de problèmes de qualité.

Les entreprises investissent également dans leur image de marque pour attirer et retenir les talents[355]. Une marque employeur forte et une bonne réputation peuvent faire la différence dans un marché du travail compétitif, attirant les meilleurs talents qui cherchent à travailler pour des entreprises respectées et alignées avec leurs valeurs personnelles[356]. Par exemple, les entreprises technologiques reconnues pour leur innovation et leur culture d'entreprise positive attirent des ingénieurs et des développeurs de haut niveau. De même, les entreprises qui mettent en avant leurs engagements en matière de diversité, d'inclusion et de bien-être au travail peuvent attirer une

---

[353] David Brown (2018), Economic Cycles and Regional Performance, Cambridge University Press, p. 89-95.

[354] John Smith (2021), Long-Term Growth and Market Diversification, Springer, p. 115-121.

[355] Sarah Johnson (2020), Building a Strong employer Brand, Routledge, p. 33-38.

[356] David White (2019), The Role of Corporate Reputation in Talent Attraction, Palgrave Macmillan, p. 45-50.

main-d'œuvre diversifiée et talentueuse. En investissant dans des programmes de responsabilité sociale des entreprises (RSE) et en adoptant des pratiques de gestion durable, les entreprises peuvent renforcer leur image de marque auprès des employés actuels et potentiels, réduisant ainsi le turnover et améliorant la satisfaction et la productivité des employés[357].

Enfin, une bonne réputation et une image de marque solides peuvent faciliter *l'accès aux capitaux et aux partenariats commerciaux*. Les investisseurs sont de plus en plus attentifs aux critères environnementaux, sociaux et de gouvernance (ESG) lorsqu'ils évaluent les opportunités d'investissement. Les entreprises avec une bonne réputation en matière de durabilité et de responsabilité sociale peuvent ainsi attirer des investisseurs institutionnels et des fonds dédiés aux investissements responsables. Par exemple, les entreprises qui démontrent un engagement clair envers la réduction de leur empreinte carbone ou la promotion des droits de l'homme peuvent bénéficier de meilleures conditions de financement et d'un accès plus facile aux marchés financiers. De plus, une réputation positive peut faciliter les partenariats avec d'autres entreprises et organisations, ouvrant des opportunités pour des collaborations stratégiques, des coentreprises et des accords de licence. Les entreprises perçues comme fiables et éthiques sont des partenaires commerciaux plus attrayants, ce qui peut conduire à des relations commerciales plus solides et à une croissance accrue. En somme, l'investissement dans la réputation et l'image de marque est essentiel pour le succès à long terme des entreprises et des industries, influençant positivement leurs performances financières, leur capacité à attirer des talents et des capitaux, et leur résilience face aux crises.

Pour les entreprises et les industries, *l'innovation* est un enjeu capital[358]. Celle-ci permet de stimuler l'innovation par le développement de technologies vertes. Les entreprises et les industries ont un intérêt crucial dans l'innovation, car elle est essentielle pour rester compétitive dans un marché en constante évolution l'innovation permet aux entreprises de développer de nouveaux produits et services qui répondent aux besoins changeants des consommateurs et d'ouvrir de nouveaux segments de marché. Par exemple, dans l'industrie technologique, les entreprises qui investissent dans la recherche et le développement (R&D) peuvent lancer des produits de pointe qui captent l'intérêt des consommateurs avant leurs concurrents. L'innovation peut également améliorer l'efficacité des processus de production, réduire les coûts et augmenter la rentabilité. Les entreprises qui adoptent des technologies avancées, comme l'automatisation, l'intelligence artificielle et l'analyse de données peuvent optimiser leurs opérations, réduire les erreurs et améliorer la

---

[357] Emily Smith (2018), Corporate Social Responsibility and Employee Engagement, Springer, p. 89-95.

[358] Emily White (2021), Innovation as a Driver of Competitive Advantage, Palgrave Macmillan, p. 40-45.

qualité de leurs produits. En innovant constamment, les entreprises peuvent non seulement répondre rapidement aux évolutions du marché, mais aussi anticiper les tendances futures et s'y adapter proactivement, assurant ainsi leur pérennité et leur croissance.

L'innovation est également un moteur clé de la différenciation et de la création de valeur pour les entreprises et les industries. En proposant des solutions uniques et innovantes, les entreprises peuvent se distinguer de leurs concurrents et offrir une proposition de valeur distinctive à leurs clients. Par exemple, dans l'industrie automobile, les entreprises qui développent des véhicules électriques avancés ou des technologies de conduite autonome peuvent attirer une clientèle soucieuse de l'environnement et à la recherche de technologies de pointe. De plus, l'innovation peut conduire à la création de nouvelles niches de marché et à l'exploration de domaines auparavant inexploités. Les entreprises qui investissent dans l'innovation peuvent ainsi diversifier leurs sources de revenus et réduire leur dépendance à l'égard de produits ou services traditionnels. En mettant l'accent sur l'innovation, les entreprises peuvent également renforcer leur marque et leur réputation, attirant ainsi des clients, des investisseurs et des talents qui valorisent la créativité et l'excellence[359].

3) Consommateurs

Les *produits écologiques* sont un intérêt majeur pour les consommateurs. Ils leur permettent d'accéder à des denrées alimentaires plus respectueuses de l'environnement et de la santé. Les consommateurs ont un intérêt croissant pour les produits écologiques, motivé principalement par la préoccupation pour l'environnement et la santé personnelle[360]. La prise de conscience accrue des impacts environnementaux des produits conventionnels pousse de plus en plus de personnes à rechercher des alternatives plus durables. Les produits écologiques, tels que ceux fabriqués à partir de matériaux recyclés ou biodégradables, réduisent l'empreinte carbone et la pollution associée à leur production et leur élimination. Par exemple, les consommateurs peuvent choisir des produits en papier recyclé, des vêtements fabriqués à partir de fibres organiques ou des emballages compostables pour minimiser leur impact sur les décharges et les écosystèmes naturels. En optant pour des produits écologiques, les consommateurs participent activement à la réduction de la

---

[359] John White (2022), Building Brand Reputation with Innovative Practices, Routledge, p. 105-110

[360] Michael Brown (2020), Consumer Preferences for Eco-Friendly Products, Springer, p. 25-30.

pollution et à la conservation des ressources naturelles, ce qui est en accord avec leurs valeurs environnementales[361].

Outre les bénéfices environnementaux, les produits écologiques sont souvent perçus comme étant *plus sûrs pour la santé des consommateurs*. Les produits conventionnels peuvent contenir des produits chimiques nocifs, tels que les pesticides dans les aliments ou les COV (composés organiques volatils) dans les produits de nettoyage, qui peuvent avoir des effets néfastes sur la santé. Les produits écologiques, en revanche, sont généralement fabriqués sans ces substances dangereuses, offrant ainsi une option plus saine pour les consommateurs. Par exemple, les cosmétiques naturels et biologiques utilisent des ingrédients d'origine végétale sans ajout de parabènes ou de phtalates, réduisant ainsi les risques de réactions allergiques ou d'irritations cutanées. En choisissant des produits écologiques, les consommateurs protègent non seulement leur propre santé, mais aussi celle de leur famille, créant ainsi une demande croissante pour des options plus sûres et plus transparentes en matière de santé.

Enfin, le soutien aux produits écologiques permet aux consommateurs de *participer à un changement économique plus vaste vers une économie circulaire et durable*. L'augmentation de la demande pour des produits écologiques encourage les entreprises à adopter des pratiques plus responsables et à investir dans des technologies de production plus respectueuses de l'environnement. Cela crée un effet de levier qui pousse les entreprises à innover et à améliorer leurs pratiques de fabrication, de gestion des déchets et d'approvisionnement en matières premières. Par exemple, les entreprises qui répondent aux attentes des consommateurs en matière d'écologie peuvent développer des processus de production zéro déchet et investir dans des initiatives de recyclage. En favorisant l'achat de produits écologiques, les consommateurs aident à orienter le marché vers des modèles économiques durables et contribuent à la création d'une société plus responsable. Ainsi, les choix des consommateurs jouent un rôle crucial dans l'accélération de la transition vers des pratiques commerciales plus respectueuses de l'environnement et dans la promotion d'un avenir durable pour tous[362].

En empruntant la voie d'une culture de l'économie d'énergie, les consommateurs assurent un *engagement social*. En effet, les consommateurs ont un intérêt grandissant pour *l'économie d'énergie* en raison de la prise de conscience croissante des impacts environnementaux et des coûts associés à la consommation d'énergie. En adoptant des comportements plus économes

---

[361] Lisa Smith (2018), The Role of Eco-Friendly Products in Resource Conservation, Oxford University Press, p. 80-85.

[362] John White (2022), Accelerating the Transition to Sustainable Business Practices, Routledge, p. 100-105.

en énergie, tels que l'utilisation d'appareils électroménagers à faible consommation, l'amélioration de l'efficacité énergétique des logements et la réduction des déchets énergétiques, les consommateurs peuvent significativement diminuer leur empreinte écologique. Par exemple, en optant pour des ampoules LED et des thermostats programmables, les foyers peuvent réduire leur consommation d'électricité et, par conséquent, leurs factures d'énergie. Cette démarche non seulement contribue à la réduction des émissions de gaz à effet de serre, mais aide également les consommateurs à faire des économies substantielles. L'intérêt pour les produits et les technologies économes en énergie est donc un moyen pour les individus de concilier préoccupations environnementales et économies financières, tout en contribuant à un effort collectif pour la conservation des ressources[363].

L'engagement social est également un domaine où les consommateurs manifestent un intérêt croissant, influençant les entreprises à adopter des pratiques plus responsables. Les consommateurs recherchent de plus en plus des produits et services fournis par des entreprises qui démontrent un engagement envers des valeurs sociales, telles que l'équité, la diversité et la responsabilité communautaire. Par exemple, les marques qui soutiennent des initiatives sociales, telles que des programmes d'inclusion, des campagnes de sensibilisation à des causes sociales, ou des projets de développement communautaire, attirent des consommateurs qui souhaitent soutenir des entreprises ayant un impact positif sur la société. De plus, les consommateurs sont souvent prêts à payer davantage pour des produits issus du commerce équitable ou fabriqués dans des conditions de travail éthiques. Cet engagement des consommateurs pousse les entreprises à intégrer des pratiques socialement responsables dans leurs opérations et à améliorer leur responsabilité sociale, favorisant ainsi un cycle vertueux où les valeurs éthiques et les pratiques responsables deviennent des éléments clés de la stratégie commerciale.

En favorisant à la fois l'économie d'énergie et l'engagement social, les consommateurs contribuent à la *construction d'une économie plus durable et équitable*[364]. L'intérêt pour ces domaines reflète une prise de conscience croissante des impacts des choix individuels sur le monde et encourage les entreprises à répondre à ces attentes en adoptant des pratiques plus responsables[365]. Par exemple, la demande croissante pour des produits fabriqués de manière éthique et écoénergétique pousse les entreprises à investir dans des innovations qui améliorent l'efficacité énergétique et à mettre en place des programmes sociaux bénéfiques pour les communautés. Cette pression des consommateurs crée des incitations pour les entreprises à

[363] U.S. Department of Energy (2021). "Energy Saver: LED Lighting." DOE.

[364] Emily White (2021), Consumer Contributions to Sustainable and Equitable Economies, Springer, p. 22-27.

[365] Michael Johnson (2020), The Role of Consumer Awareness in Promoting Responsible Business Practices, Routledge, p. 33-38.

aller au-delà des exigences minimales et à adopter des stratégies qui favorisent la durabilité environnementale et l'équité sociale. En somme, les choix des consommateurs jouent un rôle crucial dans l'orientation des marchés vers des pratiques plus respectueuses de l'environnement et socialement responsables, contribuant ainsi à un avenir plus durable et plus juste pour tous.

Pour les Organisations non gouvernementales (ONG) et les Organisations de la Société Civile, le principal centre d'intérêt est celui du *plaidoyer pour l'environnement et la sensibilisation.* Les ONG et les organisations de la société civile jouent un rôle crucial dans le plaidoyer pour l'environnement et la sensibilisation du public, car elles servent de voix indépendante et engagée pour les questions environnementales[366]. Leur intérêt pour le plaidoyer est motivé par la nécessité de promouvoir des politiques publiques favorables à la protection de l'environnement et de faire pression sur les décideurs politiques et les entreprises pour qu'ils adoptent des pratiques durables[367]. Ces organisations mobilisent des campagnes de sensibilisation pour informer le public sur les enjeux environnementaux, comme le changement climatique, la déforestation et la pollution. En utilisant des stratégies, telles que les pétitions, les manifestations et les campagnes médiatiques, elles exercent une pression sur les gouvernements pour qu'ils mettent en œuvre des politiques plus strictes et adoptent des engagements de réduction des émissions de carbone et de conservation des ressources naturelles. Par exemple, des organisations comme Greenpeace et le WWF ont joué un rôle déterminant dans l'élaboration et la mise en œuvre de politiques internationales sur la protection des océans et la réduction des émissions de gaz à effet de serre, en mobilisant l'opinion publique et en influençant les négociations politiques.

La *sensibilisation* est un autre domaine clé d'intérêt pour les ONG et les organisations de la société civile, qui cherchent à éduquer et à informer le public sur les impacts de leurs actions quotidiennes sur l'environnement. En menant des programmes éducatifs et des ateliers, ces organisations aident les individus et les communautés à comprendre l'importance de réduire leur empreinte écologique et à adopter des comportements plus durables. Par exemple, des campagnes de sensibilisation sur le tri des déchets, la réduction de la consommation d'eau et d'énergie, où la consommation responsable peut entraîner des changements de comportement significatifs chez les consommateurs. En fournissant des informations et des ressources accessibles, les ONG encouragent une participation active des citoyens dans les efforts de conservation et de durabilité. De plus, ces organisations travaillent souvent en collaboration avec les écoles, les entreprises et les autorités locales pour intégrer les pratiques écologiques dans divers aspects de

---

366 John Green (2021), The Role of NGOs in Environmental Policy Implementation, Routledge, p. 15-20.

367 Sarah White (2020), Civil Society and Environmental Accountability, Springer, p. 28-34.

la vie communautaire, renforçant ainsi l'impact de leurs initiatives de sensibilisation.

Les ONG et les organisations de la société civile jouent également un rôle de *surveillance* et de *plaidoyer* en ce qui concerne la mise en œuvre effective des politiques environnementales. Elles suivent et évaluent les actions des gouvernements et des entreprises pour s'assurer qu'elles respectent les engagements pris en matière de protection de l'environnement. En menant des enquêtes, en publiant des rapports et en exposant les manquements ou les violations, ces organisations assurent la transparence et rendent les acteurs concernés responsables de leurs actions. Par exemple, des organisations telles que *Transparency International* travaillent à exposer les pratiques de corruption qui compromettent les efforts de conservation et de développement durable, en utilisant des données et des preuves pour influencer les réformes politiques et réglementaires[368]. Ce rôle de surveillance renforce la crédibilité et l'efficacité des initiatives environnementales et assure un suivi rigoureux des engagements pris par les parties prenantes. En somme, les ONG et les organisations de la société civile sont essentielles pour le plaidoyer environnemental et la sensibilisation, contribuant à façonner des politiques plus justes et efficaces tout en inspirant des actions individuelles et collectives pour un avenir plus durable.

4) *Partenariats : collaborer avec des entreprises et des gouvernements pour des projets durables.*

Les ONG et les organisations de la société civile tirent un avantage significatif des partenariats, car ces collaborations leur permettent d'élargir leur portée, de maximiser leur impact et de combler les lacunes de ressources et d'expertise. En établissant des partenariats avec des acteurs tels que les gouvernements, les entreprises et d'autres organisations non gouvernementales, les ONG peuvent bénéficier de ressources financières, techniques et humaines essentielles à la réalisation de leurs objectifs. Par exemple, un partenariat entre une ONG spécialisée dans la conservation des forêts et une entreprise de technologie peut permettre le développement de solutions innovantes pour surveiller les écosystèmes forestiers en temps réel, grâce à l'utilisation de drones et de capteurs. De tels partenariats permettent aux ONG d'accéder à des ressources qui seraient autrement inaccessibles et de déployer des projets à une échelle plus large, augmentant ainsi leur capacité à réaliser des changements significatifs dans leurs domaines d'intervention.

---

[368] Lisa Brown (2022), Combating Corruption in Environmental Conservation, Cambridge University Press, p. 50-55.

Les partenariats offrent également aux ONG l'opportunité d'élargir leur réseau et d'améliorer leur influence en s'associant avec des acteurs ayant des connexions étendues et une forte crédibilité dans différents secteurs. En collaborant avec des entreprises ayant une présence internationale, par exemple, les ONG peuvent accroître la visibilité de leurs causes et attirer l'attention des médias, des décideurs politiques et du public. De plus, ces alliances permettent aux ONG de bénéficier de l'expertise et des compétences spécifiques des partenaires, ce qui peut renforcer la qualité et l'efficacité de leurs projets. Par exemple, une ONG de santé publique collaborant avec une société pharmaceutique peut accéder à des recherches de pointe et à des ressources techniques pour développer de nouvelles stratégies de lutte contre des maladies. De cette manière, les ONG peuvent non seulement accroître leur impact localement, mais aussi se positionner de manière plus influente sur la scène internationale.

5) *Communautés locales*

Les communautés locales sont particulièrement soucieuses de leur *qualité de vie*[369]. Elles ont un intérêt particulier pour des actions visant à améliorer la qualité de vie grâce à un environnement plus propre et plus sain. Les communautés locales ont un intérêt direct et vital dans l'amélioration de la qualité de vie, car celle-ci influe sur leur bien-être général, leur santé et leur développement économique. La qualité de vie englobe des aspects tels que l'accès à des services de santé adéquats, une éducation de qualité, des logements sûrs et abordables, ainsi que des environnements propres et sûrs. Les initiatives visant à améliorer ces aspects contribuent non seulement à l'amélioration des conditions de vie des individus, mais aussi à la cohésion sociale et à la prospérité économique de la communauté dans son ensemble. Par exemple, les investissements dans les infrastructures locales, tels que la construction de centres de soins de santé et d'écoles, permettent aux résidents d'accéder plus facilement aux services essentiels, améliorant ainsi leur santé et leurs perspectives. De plus, la création de parcs et d'espaces verts favorise un mode de vie actif et réduit les niveaux de stress, contribuant à une meilleure qualité de vie[370].

L'amélioration de la qualité de vie dans les communautés locales est également cruciale pour encourager le développement économique durable. Les communautés qui offrent un environnement de vie attrayant, avec des services de haute qualité et des infrastructures bien entretenues, sont mieux

369 Susan Johnson (2021), Improving Community Quality of Life and Well-being, Oxford University Press, p. 12-18.
370 Emily Brown (2021), The Benefits of Green Spaces on Urban Health and Well-being, Cambridge University Press, p. 50-55.

placées pour attirer des entreprises et des investissements. Un environnement de vie agréable et fonctionnel peut attirer des travailleurs qualifiés et des entrepreneurs, stimulant ainsi la croissance économique locale. Par exemple, les initiatives de revitalisation urbaine, telles que la réhabilitation de quartiers délabrés ou la création de zones commerciales et récréatives, peuvent attirer des entreprises et des investissements, augmentant les opportunités d'emploi et améliorant le dynamisme économique. En parallèle, des initiatives locales, comme les marchés fermiers, les festivals communautaires et les programmes de soutien aux petites entreprises favorisent une économie locale robuste et diversifiée.

On constate aussi que les communautés locales ont un intérêt considérable dans la *promotion de l'emploi local*, car celui-ci joue un rôle crucial dans le renforcement de l'économie régionale et la stabilité sociale[371]. L'emploi local crée des opportunités économiques directement accessibles aux résidents, réduisant ainsi le besoin de déplacement vers d'autres régions pour trouver du travail. Cela permet aux individus de contribuer activement à leur propre communauté tout en soutenant les entreprises locales[372]. Par exemple, les initiatives visant à soutenir les petites et moyennes entreprises (PME) locales, à travers des subventions ou des programmes de formation, peuvent stimuler la création d'emplois et encourager le développement d'activités économiques au sein de la communauté. En favorisant l'emploi local, les communautés renforcent leur économie, réduisent le chômage et améliorent la qualité de vie des résidents, en veillant à ce que les bénéfices économiques restent au sein de la région[373].

En outre, l'emploi local contribue à la *résilience climatique* des communautés en soutenant des initiatives et des pratiques qui favorisent une économie durable. Les emplois dans des secteurs, tels que les énergies renouvelables, la gestion des déchets et la conservation de l'environnement renforcent la capacité des communautés à s'adapter aux impacts du changement climatique. Par exemple, la création de postes dans la rénovation énergétique des bâtiments permet non seulement de réduire les émissions de gaz à effet de serre, mais aussi de diminuer les coûts énergétiques pour les ménages locaux. De plus, les initiatives locales en matière de gestion durable des ressources et de développement de l'agriculture urbaine créent des emplois tout en renforçant la résilience alimentaire et la sécurité des approvisionnements. En soutenant des emplois liés à la durabilité, les communautés locales peuvent mieux se préparer aux impacts du changement

---

[371]James Lee (2021), Local Employment and Regional Economic Development, Palgrave Macmillan, p. 15-20.

[372] Robert Smith (2019), Community Contributions and Local Business Support, Oxford University Press, p. 30-35

[373] David Clark (2021), Enhancing Quality of Life through Local Employment Initiatives, Springer, p. 50-55.

climatique et promouvoir une croissance économique durable qui profite à tous les résidents.

La résilience climatique est étroitement liée à l'engagement des communautés locales dans des *projets de développement durable et des stratégies d'adaptation.* Lorsque les communautés investissent dans des infrastructures résilientes, telles que des systèmes de drainage améliorés, des espaces verts ou des bâtiments conçus pour résister aux événements climatiques extrêmes, elles augmentent leur capacité à faire face aux défis environnementaux[374].

Par exemple, la création de jardins communautaires et de systèmes de gestion des eaux pluviales contribue non seulement à l'amélioration de la qualité de vie locale, mais aussi à la réduction des risques liés aux inondations et à la chaleur urbaine. En développant des capacités locales pour gérer les impacts climatiques et en intégrant des pratiques durables dans le quotidien, les communautés renforcent leur résilience tout en soutenant une économie locale dynamique et durable[375]. L'engagement communautaire dans ces initiatives joue un rôle clé dans la construction d'une résilience à long terme face aux défis climatiques, tout en favorisant un avenir prospère et équitable pour tous les résidents.

6) Investisseurs et Institutions Financières

Les investisseurs et les institutions financières visent la *rentabilité à long terme.* Ils ont un intérêt à *i*nvestir dans des entreprises durables qui offrent des perspectives de croissance à long terme.

Les investisseurs et les institutions financières accordent une importance capitale à la rentabilité à long terme, car elle assure la pérennité et la croissance stable de leurs portefeuilles d'investissements. Une rentabilité durable est essentielle pour maximiser les rendements tout en minimisant les risques associés aux fluctuations du marché et aux crises économiques. En investissant dans des entreprises et des projets qui démontrent une solidité financière et une croissance continue, les investisseurs garantissent un flux de revenus régulier et une valorisation accrue de leurs actifs. Par exemple, les institutions financières privilégient souvent les entreprises ayant une stratégie de croissance durable, une gestion rigoureuse des coûts et une innovation constante. En s'engageant dans des investissements qui promettent une rentabilité à long terme, les investisseurs peuvent sécuriser des rendements

---

[374] Michael Brown (2021), Building Resilient Infrastructure for Climate Adaptation, Springer, p. 20-25.

[375] David Green (2022), Sustainable Practices for Local Resilience and Economic Development, Palgrave Macmillan, p. 40-45

fiables et aligner leurs stratégies d'investissement avec des objectifs de croissance à long terme.

La rentabilité à long terme est également cruciale pour les institutions financières, car elle influence leur *capacité à attirer et à retenir des clients et des partenaires financiers*[376]. Les banques, les fonds d'investissement et les compagnies d'assurance doivent démontrer une gestion efficace de leurs ressources et une stratégie de croissance robuste pour maintenir la confiance de leurs clients et des parties prenantes. Par exemple, une banque qui réussit à offrir des produits financiers avec des rendements stables et des risques bien gérés sera plus attrayante pour les investisseurs et les déposants. De plus, les institutions financières qui réussissent à atteindre une rentabilité durable peuvent diversifier leurs sources de revenus et élargir leur offre de services, renforçant ainsi leur position sur le marché et leur compétitivité. En mettant en place des stratégies axées sur la rentabilité à long terme, ces institutions peuvent maintenir une solide réputation et établir des relations durables avec leurs clients et partenaires.

Les préoccupations croissantes pour les *critères environnementaux, sociaux et de gouvernance* (ESG) influencent également l'intérêt des investisseurs et des institutions financières pour la rentabilité à long terme. Les investissements axés sur les principes ESG sont de plus en plus reconnus pour leur capacité à générer des rendements stables tout en contribuant positivement aux enjeux sociétaux et environnementaux. Les entreprises qui intègrent des pratiques durables et éthiques dans leurs opérations sont perçues comme étant mieux préparées pour gérer les risques à long terme et répondre aux attentes croissantes des régulateurs et des consommateurs. Par exemple, une entreprise qui adopte des pratiques de gestion des ressources naturelles efficaces ou qui s'engage dans des initiatives de réduction des émissions de carbone est souvent considérée comme ayant une meilleure résilience face aux réglementations environnementales futures. Les institutions financières qui adoptent des critères ESG dans leurs décisions d'investissement peuvent ainsi non seulement atteindre des objectifs de rentabilité durable, mais aussi jouer un rôle actif dans la promotion d'un développement économique responsable et équitable. En intégrant ces considérations dans leurs stratégies d'investissement, les investisseurs et les institutions financières renforcent leur position sur le marché et contribuent à un avenir plus durable tout en assurant des rendements à long terme pour leurs parties prenantes[377]. Par exemple, une banque qui réussit à offrir des produits financiers avec des rendements stables et des risques bien gérés sera plus attrayante pour les investisseurs et les déposants. De plus, les institutions financières qui

---

[376] James Brown (2021), Long-Term Profitability in Financial Institutions, Wiley, p. 12-18.

[377] Maria Rodriguez (2022), Effective Resource Management and Strategic Growth, Springer, p. 25-30.

réussissent à atteindre une rentabilité durable peuvent diversifier leurs sources de revenus et élargir leur offre de services, renforçant ainsi leur position sur le marché et leur compétitivité[378].

Un autre centre d'intérêt des investisseurs est la *gestion des risques.* Pour eux, il est important de réduire les risques associés aux investissements dans des secteurs dépendants des combustibles fossiles ou autres industries non durables. Les investisseurs et les institutions financières ont un intérêt crucial dans la gestion des risques, car elle est fondamentale pour la préservation de la stabilité financière et la maximisation des rendements. La gestion efficace des risques permet d'identifier, d'évaluer et de minimiser les menaces qui pourraient nuire à la performance des investissements et à la santé financière globale des portefeuilles. Par exemple, les institutions financières mettent en place des systèmes sophistiqués de gestion des risques pour surveiller les fluctuations du marché, les variations des taux d'intérêt et les risques de crédit. Ces systèmes permettent de prendre des décisions éclairées et de mettre en œuvre des stratégies de couverture pour se protéger contre les pertes importantes. En intégrant des pratiques rigoureuses de gestion des risques, les investisseurs peuvent sécuriser leurs investissements contre les incertitudes économiques et les perturbations du marché, tout en optimisant les rendements à long terme.

En outre, la gestion des risques est essentielle pour maintenir la conformité réglementaire et éviter les sanctions financières. Les institutions financières sont soumises à des réglementations strictes concernant la gestion des risques, telles que les exigences de fonds propres et les normes de liquidité. Le respect de ces réglementations est crucial pour éviter des amendes et des pénalités qui pourraient affecter la rentabilité et la réputation des institutions. Par exemple, les directives de Bâle III imposent aux banques de maintenir des niveaux adéquats de fonds propres pour absorber les pertes potentielles et de gérer les risques de liquidité. En mettant en œuvre des pratiques de gestion des risques conformes aux normes réglementaires, les institutions financières peuvent non seulement éviter des complications juridiques et financières, mais aussi renforcer leur crédibilité et leur confiance auprès des clients et des investisseurs.

La gestion des risques joue également un rôle clé dans la préservation de la réputation et de la confiance du marché[379]. Les investisseurs et les institutions financières doivent être proactifs dans l'identification et la gestion des risques pour éviter des crises qui pourraient affecter négativement leur image publique et leur position sur le marché[380]. Par exemple, une gestion

378 Emily White (2022), Diversification and Competitive Position in Financial Services, Routledge, p. 45-50.
379 Richard Harris (2020), Risk Management and Market Reputation, Palgrave Macmillan, p. 15-20.
380 Laura Stevens (2021), Proactive Risk Management Strategies, Wiley, p. 22-28.

inappropriée des risques peut entraîner des scandales financiers, des pertes de confiance des investisseurs et des dépréciations d'actifs. En intégrant des stratégies de gestion des risques robustes, les institutions financières peuvent non seulement protéger leurs actifs et leur capital, mais aussi maintenir une réputation solide et fiable. Les pratiques, telles que la transparence dans les rapports financiers, l'audit régulier des systèmes de gestion des risques et la communication efficace avec les parties prenantes renforcent la confiance et permettent aux institutions de naviguer plus efficacement dans un environnement économique complexe et volatil. En somme, la gestion des risques est un élément central de la stratégie des investisseurs et des institutions financières, contribuant à la stabilité financière, à la conformité réglementaire et à la préservation de la réputation sur le marché[381].

Comme susmentionnés, chaque partie prenante a des intérêts qu'elle défend et ces intérêts ne sont forcément pas les mêmes. La question qu'on pourrait se poser serait de savoir comment concilier les intérêts divergents des parties prenantes.

5.2.2 Conciliation des intérêts des parties prenantes

Concilier les intérêts des différentes parties prenantes est une tâche complexe qui nécessite une approche équilibrée et stratégique. Voici quelques principes et méthodes pour y parvenir efficacement :

1. Établir une communication ouverte et continue :

Pour aligner les intérêts des parties prenantes, il est crucial de maintenir une communication transparente et régulière. Organiser des réunions, des forums de discussion et des consultations permet de recueillir les avis et préoccupations de toutes les parties concernées. En facilitant un dialogue ouvert, les parties prenantes peuvent exprimer leurs besoins et attentes, ce qui permet de mieux comprendre leurs priorités et d'identifier des domaines de convergence. Par exemple, dans un projet de développement urbain, les autorités locales, les résidents et les entreprises doivent être impliqués dans des discussions pour trouver des solutions qui répondent à leurs intérêts respectifs.

Établir une communication ouverte et continue est essentiel pour une *gestion efficace des relations entre les parties prenantes,* permettant de comprendre et de concilier les différents intérêts en je[2]u. Une communication ouverte favorise la transparence et permet à toutes les parties concernées de s'exprimer librement sur leurs préoccupations, leurs besoins et leurs attentes. En organisant des réunions régulières, des forums de discussion et des

[381] Jennifer Clark (2020), Strategic Risk Management and Market Reputation, Palgrave Macmillan, p. 80-85

consultations, les organisations peuvent recueillir des informations précieuses et créer un espace où les parties prenantes se sentent entendues. Par exemple, lors du lancement d'un projet d'infrastructure, les réunions communautaires permettent aux résidents de poser des questions, de soumettre des suggestions et de discuter des impacts potentiels[382]. Cette transparence renforce la confiance et la collaboration, en évitant les malentendus et en favorisant un climat de respect mutuel[383].

La mise en place de canaux de communication diversifiés est également cruciale pour assurer une interaction continue et efficace avec les parties prenantes. Les méthodes de communication doivent s'adapter aux préférences et aux besoins des différents groupes. Les outils numériques, tels que les plateformes de gestion de projet en ligne et les réseaux sociaux, permettent une diffusion rapide et efficace des informations et facilitent la rétroaction en temps réel. De plus, les bulletins d'information, les blogs et les forums en ligne peuvent être utilisés pour tenir les parties prenantes informées des développements récents, des décisions prises et des prochaines étapes du projet. La diversité des canaux de communication permet d'atteindre un public plus large et de répondre aux différents styles de communication, assurant ainsi que l'information soit accessible et compréhensible pour tous.

Un autre aspect clé de la communication ouverte est l'établissement de mécanismes formels de rétroaction et de résolution des conflits[384]. La mise en place de processus clairs pour recueillir les commentaires des parties prenantes et traiter leurs préoccupations contribue à la résolution proactive des problèmes. Des enquêtes régulières, des boîtes à suggestions et des lignes directes permettent aux parties prenantes de faire remonter leurs avis et leurs préoccupations de manière structurée[385]. En outre, la création de comités de médiation ou de groupes de travail spécifiques pour aborder les problèmes complexes et les conflits permet de trouver des solutions équilibrées et acceptables pour toutes les parties. Ce processus de rétroaction continue aide à ajuster les stratégies et les décisions en fonction des besoins changeants des parties prenantes, renforçant ainsi la légitimité et l'efficacité des projets et des initiatives.

---

382 James Porter (2020), Community Engagement in Infrastructure Projects, Springer, p. 55-60.

383 Ann Marie Smith (2019), Building Trust through Effective Communication, Sage Publications, p. 40-45.

384 William Ury (2011), Getting to Yes: Negotiating Agreement Without Giving In, Penguin Books, p. 98-105.

385 John P. Kotter (2012), Leading Change, Harvard Business Review Press, p. 105-115.

2. Adopter une approche collaborative :

La collaboration entre les parties prenantes est essentielle pour trouver des solutions équilibrées. Créer des comités ou des groupes de travail intersectoriels peut aider à intégrer diverses perspectives et à développer des stratégies qui bénéficient à toutes les parties. Par exemple, dans le cadre d'initiatives de développement durable, les entreprises, les ONG, les communautés locales et les gouvernements peuvent collaborer pour élaborer des plans qui favorisent à la fois la croissance économique et la protection de l'environnement. Une approche collaborative permet de négocier des compromis et de créer des solutions gagnant-gagnant.

Adopter une approche collaborative est crucial pour harmoniser les intérêts divergents des parties prenantes et parvenir à des solutions équilibrées et durables. Cette approche repose sur l'idée que la collaboration entre différents acteurs peut générer des synergies et des solutions innovantes, en tirant parti des compétences et des perspectives variées de chaque partie prenante. En créant des équipes mixtes comprenant des représentants des gouvernements, des entreprises, des ONG et des communautés locales, les organisations peuvent aborder les défis complexes avec une vision plus holistique. Par exemple, dans un projet de développement urbain, une équipe collaborative composée d'architectes, d'urbanistes, de résidents et de décideurs locaux peut concevoir des solutions qui répondent à la fois aux besoins de logement, de transport et de préservation de l'environnement, tout en respectant les contraintes budgétaires et réglementaires.

La collaboration permet également de mieux gérer les conflits et de négocier des compromis en identifiant des solutions qui répondent aux intérêts de toutes les parties[386]. Lorsque les parties prenantes travaillent ensemble dès le début du processus décisionnel, elles ont l'opportunité de discuter ouvertement de leurs attentes, de leurs préoccupations et de leurs priorités. Cette dynamique favorise une compréhension mutuelle et la construction de consensus. Par exemple, dans le cadre de projets de conservation environnementale, les parties prenantes, telles que les exploitants agricoles, les écologistes et les autorités locales, peuvent collaborer pour élaborer des pratiques agricoles durables qui préservent les écosystèmes tout en permettant la viabilité économique des exploitations[387].

En négociant des solutions qui équilibrent les besoins économiques et environnementaux, les parties peuvent parvenir à des accords qui bénéficient à tous et favorisent une mise en œuvre efficace des projets. Une approche

---

386 William Ury (2011), Getting to Yes: Negotiating Agreement Without Giving In, Penguin Books, p. 98-105.

387 Roger Fisher (2005), Beyond Reason: Using Emotions as You Negotiate, Viking Penguin, p. 135-140. Voir aussi Nancy Adler (2002), international Dimensions of Organizational Behavior, Thomson Learning, p. 150-155.

collaborative renforce également l'adhésion et la légitimité des projets ou des initiatives en impliquant les parties prenantes dans le processus de décision. En donnant aux parties prenantes la possibilité de participer activement et de contribuer à la formulation des solutions, on augmente leur engagement et leur soutien pour les actions entreprises. Par exemple, lors de la planification de projets de revitalisation communautaire, la participation des résidents dans la définition des priorités et des stratégies contribue à une meilleure acceptation et à une mise en œuvre plus harmonieuse des projets. Cette implication renforce la transparence et la responsabilité, tout en établissant des relations de confiance entre les différents acteurs. En impliquant les parties prenantes dans le processus décisionnel, les organisations favorisent une coopération plus efficace et soutiennent la réussite des initiatives par une meilleure acceptation et une exécution plus fluide des plans.

3. Évaluer et prioriser les intérêts :

Une analyse approfondie des intérêts et des impacts de chaque partie prenante est nécessaire pour concilier les besoins divergents. Cette évaluation peut inclure des études d'impact, des analyses coût-bénéfice et des enquêtes pour comprendre les effets des décisions sur les différentes parties. Il est souvent utile de prioriser les intérêts en fonction de leur importance stratégique et de leur impact global. Par exemple, dans un projet de construction d'infrastructure, il peut être nécessaire de donner la priorité à la sécurité publique tout en équilibrant les préoccupations environnementales et économiques.

Évaluer et prioriser les intérêts des parties prenantes est essentiel pour garantir que les décisions et les projets répondent efficacement aux besoins divers et souvent conflictuels[388]. Cette évaluation implique une analyse approfondie des impacts potentiels de chaque option sur les différentes parties prenantes, en considérant les avantages, les coûts et les risques associés. En procédant à une analyse d'impact détaillée, les organisations peuvent identifier les intérêts majeurs et les préoccupations prioritaires de chaque groupe. Par exemple, dans un projet de construction d'infrastructure, il est crucial d'évaluer comment les différents aspects du projet affecteront les résidents, les entreprises, les autorités municipales et les environnementalistes. Cette évaluation permet de quantifier les effets sur la qualité de vie, l'économie locale et l'environnement, fournissant ainsi une base solide pour la prise de décision. La priorisation des intérêts est un processus qui aide à équilibrer les besoins et les attentes des parties prenantes en fonction de leur importance stratégique et de leur impact global[389]. Une fois

[388] William Ury (2011), Getting to Yes: Negotiating Agreement Without Giving In, Penguin Books, p. 98-105.
[389] World Bank. (2005). Managing Stakeholder Priorities in Development Projects. Washington, DC : World Bank.

les intérêts évalués, il est nécessaire de déterminer lesquels doivent être traités en priorité, souvent en fonction de critères tels que l'urgence, l'impact potentiel et la faisabilité[390]. Par exemple, dans le cadre de la gestion des catastrophes naturelles, les besoins immédiats des victimes, comme l'accès aux soins médicaux et à l'aide alimentaire, doivent être prioritaires par rapport aux préoccupations à long terme, comme la reconstruction des infrastructures. Cette approche permet de concentrer les ressources et les efforts sur les aspects les plus critiques, assurant une réponse efficace aux enjeux les plus pressants et minimisant les conflits entre les parties prenantes[391].

Enfin, la priorisation des intérêts doit être accompagnée d'un processus de réévaluation continue pour s'adapter aux changements de circonstances et aux évolutions des besoins des parties prenantes. Les contextes économiques, environnementaux et sociaux peuvent évoluer, modifiant les priorités et les impacts des décisions prises. Par conséquent, il est important d'instaurer des mécanismes de révision régulière des décisions et des priorités, permettant d'ajuster les stratégies en fonction des nouvelles informations et des retours d'expérience. Par exemple, dans le cadre de projets de développement urbain, les priorités peuvent évoluer en réponse aux nouvelles données sur la croissance démographique, les besoins des infrastructures ou les préoccupations environnementales. En intégrant ces ajustements dans le processus décisionnel, les organisations peuvent assurer une gestion flexible et réactive des intérêts des parties prenantes, garantissant que les projets restent alignés avec les besoins actuels et futurs de la communauté.

4. Mettre en Place des Mécanismes de Compensation :

Lorsque les intérêts sont conflictuels, il peut être nécessaire de mettre en place des mécanismes de compensation pour équilibrer les impacts[392]. Cela peut inclure des mesures telles que des compensations financières, des ajustements opérationnels ou des investissements dans des projets complémentaires[393]. Par exemple, si une entreprise de construction doit détruire une zone naturelle, elle pourrait financer des projets de reboisement ou de conservation dans une autre région pour compenser les impacts environnementaux.

---

[390] UNDP (2011). Disaster Risk Reduction and Recovery: Global Report. New York: United Nations Development Programme.

[391] OECD (2012). Improving Strategic Stakeholder Management. Paris : Organisation for Economic Co-operation and Development.

[392] International Finance Corporation (2012). Performance Standards on Environmental and Social Sustainability. Washington, DC : IFC.

[393] Environmental Protection Agency (2008). Compensatory Mitigation for Losses of Aquatic Resources. Washington, DC : EPA.

Mettre en place des mécanismes de compensation est une approche essentielle pour gérer les impacts négatifs potentiels des projets ou des décisions sur les parties prenantes. Ces mécanismes visent à équilibrer les effets défavorables en offrant des compensations ou des mesures correctives pour les personnes ou les groupes affectés[394]. Par exemple, lorsqu'un projet de construction modifie ou détruit un espace naturel, des mesures de compensation, telles que la création de nouvelles zones vertes ou des programmes de restauration écologique peuvent être mises en œuvre. De telles mesures permettent non seulement de minimiser les impacts environnementaux, mais aussi de répondre aux préoccupations des communautés locales en offrant des bénéfices tangibles en retour. La mise en place de ces mécanismes aide à maintenir une relation positive avec les parties prenantes et à démontrer un engagement envers la responsabilité sociale et environnementale[395].

Les mécanismes de compensation peuvent prendre diverses formes, telles que des compensations financières, des améliorations des infrastructures ou des investissements dans des projets communautaires. Par exemple, dans le cadre de projets miniers ou industriels, les entreprises peuvent offrir des compensations financières aux communautés locales sous forme de subventions, de programmes de formation ou d'initiatives de développement local[396]. En outre, des améliorations des infrastructures locales, telles que la construction de routes, d'écoles ou de centres de santé, peuvent compenser les perturbations causées par le projet. Ces mesures sont conçues pour atténuer les effets négatifs tout en apportant des avantages durables à la communauté, créant ainsi un équilibre entre les intérêts des parties prenantes et les objectifs du projet.

La mise en place de mécanismes de compensation doit également inclure un suivi et une évaluation rigoureux pour garantir leur efficacité et leur adéquation. Il est crucial de mettre en place des processus de suivi pour évaluer l'impact des compensations et s'assurer qu'elles répondent réellement aux besoins des parties prenantes. Par exemple, un programme de compensation pour les pertes de terres agricoles devrait inclure des évaluations régulières pour vérifier si les compensations fournies améliorent les conditions de vie des agriculteurs affectés. De plus, des ajustements peuvent être nécessaires en réponse aux retours d'expérience des bénéficiaires

---

394 OECD (2018). Guidelines for Multinational Enterprises. Paris : Organisation for Economic Co-operation and Development.

395 International Institute for Environment and Development (2011). Planning for Environmental and Social Sustainability. London : IIED.

396 Rio Tinto (2011). Why Compensation and Offsets Matter. London : Rio Tinto.

ou à l'évolution des circonstances. Un système de suivi bien conçu permet d'ajuster les mesures de compensation pour maximiser leur efficacité et maintenir la confiance et la coopération des parties prenantes tout au long de la durée du projet.

5. Favoriser la Responsabilité sociale et la Durabilité :

Intégrer des principes de responsabilité sociale et de durabilité dans les stratégies de gestion des parties prenantes aide à aligner les intérêts de manière éthique et équilibrée. En adoptant des pratiques qui respectent les normes éthiques et favorisent le bien-être communautaire, les organisations peuvent créer un environnement où les intérêts des parties prenantes sont respectés et intégrés de manière équitable. Par exemple, une entreprise qui adopte des pratiques de production durable et investit dans les communautés locales montre un engagement envers les intérêts sociaux et environnementaux tout en poursuivant ses objectifs commerciaux.

Favoriser la responsabilité sociale et la durabilité est devenu une priorité stratégique pour les organisations cherchant à aligner leurs opérations avec les attentes croissantes des parties prenantes et les impératifs environnementaux et sociaux[397]. La responsabilité sociale des entreprises (RSE) implique l'intégration volontaire de préoccupations sociales et environnementales dans les pratiques commerciales, au-delà des obligations légales[398]. Cela inclut des initiatives telles que le respect des droits des travailleurs, la réduction des impacts environnementaux, et l'engagement dans des projets communautaires. Par exemple, une entreprise peut mettre en œuvre des politiques de travail équitables, réduire son empreinte carbone en optimisant ses processus de production, ou soutenir des projets locaux d'éducation et de santé. En adoptant de telles pratiques, les organisations non seulement répondent aux attentes des consommateurs, des employés et des investisseurs, mais elles renforcent également leur réputation et leur position sur le marché en tant que leaders en matière de durabilité et de responsabilité sociale[399].

La durabilité, en tant que principe directeur, implique de concevoir des stratégies qui répondent aux besoins du présent sans compromettre la capacité des générations futures à satisfaire les leurs. Cela nécessite l'intégration de critères environnementaux, sociaux et économiques dans la prise de décision stratégique. Par exemple, dans la chaîne d'approvisionnement, les entreprises peuvent adopter des pratiques d'approvisionnement durable en choisissant des

[397] Carroll, A. B. (1991). The Pyramid of Corporate Social Responsibility: Toward the Moral Management of Organizational Stakeholders. Business Horizons, 34(4), 39-48.
[398] European Commission (2011). A Renewed EU Strategy 2011-14 for Corporate Social Responsibility. Brussels: European Commission.
[399] United Nations Global Compact (2004). Who Cares Wins: Connecting Financial Markets to a Changing World. New York: United Nations.

fournisseurs qui respectent des normes environnementales élevées et qui pratiquent des conditions de travail décentes. De plus, elles peuvent investir dans des technologies propres, promouvoir l'économie circulaire, et adopter des politiques de gestion des déchets pour réduire leur impact écologique. En intégrant ces principes dans leurs opérations, les organisations peuvent minimiser leur empreinte écologique, améliorer leur efficacité opérationnelle et contribuer positivement à la société.

Favoriser la responsabilité sociale et la durabilité nécessite également un engagement actif et une transparence accrue envers les parties prenantes. Les organisations doivent non seulement mettre en œuvre des pratiques durables, mais aussi communiquer ouvertement leurs efforts et leurs résultats[400]. La publication de rapports de durabilité, la participation à des initiatives de certification environnementale et la divulgation des performances sociales et environnementales renforcent la crédibilité et la confiance des parties prenantes. Par exemple, une entreprise qui publie un rapport de développement durable détaillant ses objectifs, ses progrès et ses défis contribue à créer un dialogue constructif avec les consommateurs, les investisseurs et les communautés locales[401]. En engageant les parties prenantes dans des discussions sur les initiatives de responsabilité sociale et les efforts de durabilité, les organisations peuvent obtenir un soutien plus large, identifier des opportunités d'amélioration et démontrer leur engagement envers des pratiques commerciales responsables.

5.2.3 Les réformes négociées et non négociées

L'économie politique de la transition africaine et tchadienne vers l'économie verte exige une série de réformes que l'on peut regrouper en deux catégories : les réformes négociées (5.2.3.1) et les réformes non négociées (5.2.3.2).

5.2.3.1 Réformes négociées

Les réformes négociées dans une économie verte sont des changements réglementaires, politiques ou structurels qui sont élaborés et mis en œuvre à travers un processus de dialogue et de compromis entre diverses parties

[400] Global Reporting Initiative (GRI, 2020). GRI Standards : Reporting Principles. Amsterdam : global Reporting Initiative.

[401] Eccles, R. G., Ioannou, I., & Serafeim, G. (2014). The Impact of Corporate Sustainability on Organizational Processes and Performance. Management Science, 60 (11), 2835-2857.

prenantes[402]. Ces réformes cherchent à concilier les objectifs environnementaux avec les intérêts économiques et sociaux des différents acteurs impliqués. Voici quelques caractéristiques et exemples des réformes négociées, qui sont caractérisées par :

- ✓ *Le dialogue et le compromis :* Les réformes sont discutées entre les gouvernements, les entreprises, les syndicats, les organisations non gouvernementales (ONG), et d'autres parties prenantes.
- ✓ *Le processus participatif :* Les parties prenantes ont l'occasion de contribuer aux discussions, de proposer des solutions et de formuler des préoccupations.
- ✓ *L'équilibre des Intérêts :* Les réformes cherchent à trouver un équilibre entre les impératifs environnementaux et les besoins économiques et sociaux des parties prenantes.
- ✓ *La flexibilité et l'adaptabilité :* Les réformes peuvent être ajustées en fonction des retours des parties prenantes et des évolutions contextuelles.
- ✓ *La transparence :* Le processus de négociation est généralement transparent, avec des informations disponibles pour toutes les parties prenantes[403].

Pour illustrer la mise en place de ces règles transactionnelles, citons quelques exemples de Réformes négociées :

- ✓ *Accords volontaires :* Les gouvernements et les industries peuvent conclure des accords volontaires pour réduire les émissions de gaz à effet de serre, améliorer l'efficacité énergétique, ou adopter des technologies propres. Ces accords sont souvent accompagnés de mesures incitatives, comme des subventions ou des allégements fiscaux.
- ✓ *Partenariats Public-Privé :* Des partenariats entre les secteurs public et privé peuvent être formés pour développer des infrastructures vertes, comme les transports publics écologiques, les énergies renouvelables, ou la gestion durable des déchets.
- ✓ *Dialogues tripartites :* Les réformes peuvent être négociées dans le cadre de dialogues tripartites impliquant les gouvernements, les employeurs et les syndicats. Ces dialogues peuvent porter sur des questions comme la transition juste pour les travailleurs affectés par la transition écologique.
- ✓ *Conventions collectives vertes :* Les syndicats et les employeurs peuvent négocier des conventions collectives qui incluent des clauses sur la durabilité environnementale, comme l'amélioration des conditions de

---

402 Daly, H. E., & Farley, J. (2011). Ecological Economics : Principles and Applications. Island Press

403 Beierle, T. C., & Cayford, J. (2002). Democracy in Practice: Public Participation in Environmental Decisions. Resources for the Future.

travail dans les industries vertes ou l'adoption de pratiques de production durable.

- ✓ *Consultations publiques :* Les gouvernements peuvent organiser des consultations publiques pour recueillir les avis des citoyens, des experts, et des groupes d'intérêt sur les projets de réforme environnementale[404]. Ces consultations peuvent aboutir à des ajustements des politiques en fonction des retours reçus.

1. Les avantages des réformes négociées :

- ✓ *Acceptabilité accrue :* Les réformes négociées tendent à être mieux acceptées par les parties prenantes, car elles impliquent un processus de dialogue et de compromis. Les parties prenantes ont la possibilité de faire entendre leurs préoccupations et de participer à l'élaboration des solutions.
- ✓ *Réduction des conflits :* En impliquant diverses parties prenantes dans le processus décisionnel, les réformes négociées peuvent réduire les conflits et les résistances. Les compromis atteints sont souvent plus équilibrés et peuvent conduire à une meilleure coopération entre les acteurs concernés.
- ✓ *Flexibilité et adaptabilité :* Les réformes négociées permettent d'ajuster les mesures en fonction des retours et des besoins des parties prenantes. Cette flexibilité peut faciliter l'adaptation des politiques aux réalités économiques et sociales.
- ✓ *Renforcement des relations :* Le processus de négociation peut renforcer les relations entre les acteurs économiques, sociaux et gouvernementaux. Les partenariats et collaborations établis peuvent être bénéfiques pour la mise en œuvre effective des réformes.
- ✓ *Meilleure mise en œuvre :* Lorsque les parties prenantes sont impliquées dans la conception des réformes, elles sont plus susceptibles de soutenir leur mise en œuvre. Cela peut conduire à une plus grande efficacité dans l'application des nouvelles politiques et des mesures.
- ✓ *Innovation et créativité :* Les négociations peuvent stimuler l'innovation en permettant aux parties prenantes de proposer des solutions créatives et adaptées aux défis environnementaux[405]. Les idées issues de diverses perspectives peuvent enrichir les réformes[406].

---

[404] Arnstein, S. R. (1969). A Ladder of Citizen Participation. Journal of the American Institute of Planners, 35(4), 216-224.

[405] Chesbrough, H. (2003). Open Innovation: The New Imperative for Creating and Profiting from Technology. Harvard Business Review Press.

[406] Tidd, J., Bessant, J., & Pavitt, K. (2005). Managing Innovation: Integrating Technological, Market and Organizational Change. John Wiley & Sons.

- ✓ *Équité :* Les réformes négociées tendent à mieux tenir compte des besoins et des impacts sur différentes parties prenantes, ce qui peut conduire à des solutions plus équitables et justes, en particulier pour les groupes vulnérables.
- ✓ *Transparence et confiance :* Le processus de négociation favorise la transparence, ce qui peut renforcer la confiance dans les décisions prises. Une communication ouverte pendant la phase de négociation peut améliorer la crédibilité des réformes.
- ✓ *Stabilité et durabilité :* Les réformes négociées ont souvent une meilleure chance d'être durables sur le long terme, car elles reposent sur des consensus et des accords entre les parties prenantes[407]. Cela peut conduire à une mise en œuvre plus stable et durable des politiques environnementales.

2. Les risques de ces réformes

Les réformes négociées, bien qu'avantageuses à bien des égards, comportent également certains risques et défis. Voici quelques-uns des principaux risques associés aux réformes négociées :

- ✓ *Lenteur du Processus :* Le processus de négociation peut être long et complexe, retardant la mise en œuvre des réformes nécessaires[408]. Les discussions prolongées peuvent être inefficaces face à des urgences environnementales.
- ✓ *Compromis incomplets :* Pour atteindre un consensus, les parties prenantes peuvent accepter des compromis qui diluent l'impact des réformes. Les mesures adoptées peuvent être moins ambitieuses ou moins efficaces que nécessaire.
- ✓ *Influence inégale :* Les parties prenantes ayant plus de ressources ou de pouvoir (comme les grandes entreprises) peuvent exercer une influence disproportionnée sur le processus de négociation, au détriment des groupes moins puissants (comme les communautés locales ou les petites entreprises).
- ✓ *Complexité et confusion :* Les réformes négociées peuvent devenir complexes, avec de nombreuses conditions et exceptions pour satisfaire les différentes parties prenantes. Cela peut rendre la mise en œuvre et la conformité difficiles.

---

[407] Sabatier, P. A., & Weible, C. M. (2007). The Advocacy Coalition Framework: Innovations and Clarifications. In Theories of the Policy Process (pp. 189-220). Westview Press.

[408] Bardach, E. (2005). A Practical Guide for Policy Analysis: The Eightfold Path to More Effective Problem Solving. CQ Press.

- ✓ *Blocages et impasses :* Les négociations peuvent aboutir à des impasses si les parties prenantes ne parviennent pas à un accord. Cela peut retarder indéfiniment les réformes nécessaires.
- ✓ *Risques de capture réglementaire* : Lorsque des groupes d'intérêts influents participent au processus de négociation, il y a un risque de capture réglementaire, où les réformes favorisent davantage ces groupes plutôt que l'intérêt public.
- ✓ *Manque de leadership décisif :* Dans le souci de plaire à toutes les parties prenantes, les décideurs peuvent manquer de leadership décisif, conduisant à des réformes timides ou inadéquates pour répondre aux défis environnementaux pressants[409].
- ✓ *Coûts de transaction élevés :* Le processus de négociation peut entraîner des coûts de transaction élevés, incluant le temps, les ressources et les efforts nécessaires pour organiser et mener les négociations[410].
- ✓ *Délais de mise en œuvre :* Même après la conclusion des négociations, la mise en œuvre des réformes peut être retardée par des processus administratifs ou par la nécessité de respecter les engagements pris lors des négociations.
- ✓ *Incertitude et Instabilité :* Les négociations peuvent créer de l'incertitude parmi les acteurs économiques, ce qui peut retarder les investissements et les décisions stratégiques en attendant les résultats des réformes.

Les exemples suivants illustrent les réformes négociées avec risques ;

- ✓ *Accords volontaires insuffisants :* Des accords volontaires pour réduire les émissions peuvent manquer d'objectifs contraignants, rendant les progrès insuffisants pour atteindre les objectifs climatiques[411]. Subventions conditionnelles inefficaces : Les subventions conditionnelles peuvent être accordées sans mécanismes de suivi rigoureux, ce qui peut conduire à un gaspillage de ressources sans véritable amélioration environnementale.
- ✓ *Normes écologiques diluées :* Les normes environnementales négociées peuvent être affaiblies par des compromis, rendant leur impact moins significatif que prévu.

---

[409] Mintzberg, H. (1990). The Design School: Reconsidering the Basic Premises of Strategic Management. Strategic Management Journal, 11 (3), 171-195.

[410] Williamson, O. E. (1985). The Economic Institutions of Capitalism: Firms, Markets, Relational Contracting. Free Press.

[411] Victor, D. G. (2006). Fragmented Politics: Climate Governance and the Rule of Law. Oxford University Press.

5.2.3.2 Réformes non négociées

Les réformes non négociées dans une économie verte sont des changements réglementaires, politiques ou structurels imposés unilatéralement par les autorités gouvernementales ou les institutions internationales, sans processus de consultation formel ou de négociation avec les parties prenantes[412]. Elles sont souvent mises en œuvre de manière rapide pour atteindre des objectifs environnementaux urgents ou pour répondre à des obligations internationales[413]. Voici quelques caractéristiques et exemples des réformes non négociées :

- *Caractéristiques des Réformes non négociées*

✓ *Imposition unilatérale :* Les réformes sont décidées et mises en œuvre par les autorités compétentes sans consultation préalable avec les parties prenantes.

✓ *Urgence :* Elles sont souvent motivées par l'urgence de la situation environnementale, nécessitant une action rapide et décisive.

✓ *Obligations légales* : Elles peuvent découler d'engagements internationaux ou de législations nationales qui nécessitent une conformité immédiate.

✓ *Moins de flexibilité :* Les réformes non négociées offrent généralement moins de marge de manœuvre pour les ajustements basés sur les retours des parties prenantes.

✓ *Risque de résistance :* Elles peuvent rencontrer une résistance plus forte de la part des parties prenantes affectées en raison du manque de consultation.

- *Exemples de Réformes non négociées*

✓ *Réglementations strictes sur les Émissions :* L'imposition de limites strictes et non négociables sur les émissions de polluants ou de gaz à effet de serre pour réduire rapidement l'impact environnemental. Par exemple, une réglementation qui interdit l'utilisation de certaines substances chimiques nocives.

---

412 Meckling, J. (2011). The Politics of Clean Energy: How Government and Business Shape Green Innovation. Cambridge University Press.

413 Hepburn, C. (2007). Regulation by Prices, Quantities, or Both: A Review of Instruments to Control Environmental Externalities. Oxford Review of Economic Policy, 23(4), 496-518.

- ✓ *Interdictions de Pratiques nuisibles :* L'interdiction directe et non négociable de pratiques nuisibles à l'environnement, comme la déforestation, l'extraction minière dans des zones protégées, ou l'utilisation de plastiques à usage unique.
- ✓ *Normes environnementales obligatoires :* L'instauration de normes techniques obligatoires pour les produits et les processus industriels, comme des normes d'efficacité énergétique pour les appareils électroménagers ou des exigences strictes pour les véhicules à faibles émissions[414].
- ✓ *Plans de Fermeture des Installations polluantes :* La fermeture immédiate et sans consultation d'installations industrielles ou énergétiques fortement polluantes, comme les centrales à charbon.
- ✓ *Taxes et tarifications environnementales :* L'imposition de taxes environnementales, comme une taxe carbone, sans processus de négociation avec les industries concernées. Ces taxes visent à internaliser les coûts environnementaux des activités économiques.

1. Les avantages de ces réformes

Les réformes non négociées, bien qu'elles puissent être perçues comme plus autoritaires ou unilatérales, offrent également plusieurs avantages significatifs, en particulier dans le contexte de la transition vers une économie verte. Voici quelques-uns des principaux avantages [415]:

- ✓ *Rapidité de mise en œuvre :* Les réformes non négociées peuvent être mises en place rapidement, ce qui est crucial dans des situations d'urgence environnementale nécessitant une action immédiate. Par exemple, des restrictions rapides sur les émissions de polluants peuvent prévenir des dommages environnementaux graves.
- ✓ *Clarté et simplicité :* Les réformes imposées unilatéralement sont souvent plus claires et plus simples, avec des règles et des objectifs précis. Cela peut faciliter la compréhension et la conformité, réduisant ainsi la confusion et les erreurs d'application.
- ✓ *Décision décisive :* Elles permettent aux gouvernements de prendre des décisions fortes et décisives sans être freinés par des négociations prolongées ou des compromis dilutifs. Cela peut être particulièrement

---

414 UNEP (2014). The Emissions Gap Report 2014. United Nations Environment Programme.

415 OECD (2020). Policy Responses to the Coronavirus Crisis. Organisation for Economic Co-operation and Development.

important pour atteindre des objectifs ambitieux en matière de durabilité[416].

- ✓ *Uniformité des règles :* En imposant des réformes sans négociation, les autorités peuvent garantir une application uniforme des règles et des normes, ce qui peut améliorer l'équité et la cohérence dans leur mise en œuvre.
- ✓ *Évitement des intérêts particuliers :* Les réformes non négociées peuvent réduire l'influence disproportionnée des groupes d'intérêt puissants qui pourraient chercher à orienter les réformes à leur avantage lors de négociations.
- ✓ *Réponse aux obligations internationales :* les gouvernements peuvent rapidement mettre en œuvre des réformes pour se conformer à des obligations internationales, telles que les accords climatiques ou les directives environnementales, sans attendre l'aboutissement de processus de négociation.
- ✓ *Mobilisation des ressources :* Les réformes non négociées peuvent faciliter la mobilisation rapide des ressources nécessaires pour atteindre les objectifs environnementaux, comme le financement de projets de transition énergétique ou la mise en place de technologies propres.
- ✓ *Réduction des coûts de transaction :* En évitant les négociations prolongées et complexes, les réformes non négociées peuvent réduire les coûts de transaction associés à la discussion et à la conciliation des intérêts divers.
- ✓ *Imposition de normes élevées :* Les gouvernements peuvent imposer des normes environnementales élevées sans compromis, ce qui peut accélérer la transition vers des pratiques plus durables et plus respectueuses de l'environnement[417].

2. Les risques de ces réformes

- ✓ Les réformes non négociées dans l'économie verte, c'est-à-dire des changements de politiques environnementales ou économiques appliquées sans consultation ou discussion préalable avec les parties prenantes, peuvent comporter plusieurs risques :
- ✓ *Résistance et conflit social :* L'absence de dialogue peut entraîner une résistance significative de la part des entreprises, des travailleurs et des

---

416 Sachs, Jeffrey D. (2015) "The Age of Sustainable Development." Columbia University Press.

417 O'Brien, K., & Leichenko, R. (2003). « Winners and Losers in the Context of Global Climate Change ». In Climate Change and Development, Routledge.

communautés affectées. Cela peut conduire à des conflits sociaux et politiques, qui peuvent nuire à la mise en œuvre efficace des réformes.

- ✓ *Impact économique négatif :* Des réformes abruptes ou mal conçues peuvent avoir des effets économiques imprévus. Par exemple, la transition rapide vers des technologies vertes sans soutien adéquat peut entraîner des pertes d'emplois dans les secteurs traditionnels et des coûts élevés pour les entreprises, en particulier les petites et moyennes entreprises[418].
- ✓ *Inadéquation des mesures :* sans consultation, les réformes peuvent ne pas tenir compte des réalités locales ou des besoins spécifiques des différentes parties prenantes. Cela peut mener à des politiques qui ne sont pas adaptées aux contextes économiques ou sociaux, réduisant ainsi leur efficacité.
- ✓ *Perte de confiance :* Le manque de transparence et de dialogue peut miner la confiance du public et des investisseurs dans les politiques gouvernementales. Une mauvaise communication peut entraîner des malentendus sur les objectifs et les avantages des réformes.
- ✓ *Risque de Décalage avec les Objectifs :* Les réformes imposées peuvent diverger des objectifs réels de développement durable si elles ne tiennent pas compte des différentes perspectives et expertises. Cela peut réduire leur impact positif sur l'environnement et l'économie.
- ✓ *Incertitude et Instabilité :* Les changements brusques sans négociation peuvent créer une incertitude dans les marchés et les industries. Cela peut freiner les investissements nécessaires pour la transition vers une économie plus verte.

5.3 Durabilité et inclusion

À côté des réformes appropriées et efficaces pour engendrer des comportements durables dans la production économique et la consommation énergétique, l'inscription de la durabilité dans les pratiques est un autre pilier de la transition vers l'économie verte. L'enjeu d'une telle inscription est d'éviter que la transition vers l'économie verte ne renforce les disparités sociales et ne crée de nouvelles inégalités, il est essentiel de mettre en place des stratégies inclusives et équitables. Voici quelques approches clés pour y parvenir [419]:

---

418 OECD (2011). "Towards Green Growth". Organisation for Economic Co-operation and Development.

419 World Bank (2012). "Inclusive Green Growth: The Pathway to Sustainable Development". World Bank.

5.3.1 Stratégies inclusives

5.3.1.1 Évaluation des impacts sociaux et économiques

L'évaluation des impacts sociaux et économiques est cruciale pour assurer que la transition vers une économie verte ne renforce pas les inégalités existantes, mais plutôt favorise une croissance équitable et durable. Cette évaluation commence par une analyse approfondie des effets prévus des politiques et initiatives vertes sur différentes couches de la société. Il est essentiel d'identifier les groupes vulnérables qui pourraient être disproportionnellement affectés, tels que les travailleurs des secteurs polluants ou les communautés à faible revenu. Les études d'impact doivent examiner non seulement les changements immédiats, mais aussi les effets à long terme, en considérant les modifications dans l'emploi, les revenus et les conditions de vie. En intégrant des données démographiques et socio-économiques, les décideurs peuvent anticiper les défis spécifiques auxquels ces groupes seront confrontés et ajuster les politiques pour atténuer les risques.

En parallèle, l'utilisation d'outils d'analyse prédictive et de simulations joue un rôle clé dans l'évaluation des impacts économiques. Ces outils permettent de modéliser divers scénarios et d'estimer les conséquences potentielles des politiques vertes sur l'économie globale et locale. Par exemple, la transition vers des énergies renouvelables peut entraîner des coûts initiaux élevés pour les entreprises et les consommateurs, mais aussi des économies à long terme et de nouveaux emplois. Une évaluation détaillée doit inclure l'analyse des coûts et des bénéfices, ainsi que l'identification des secteurs et des régions qui pourraient bénéficier de subventions ou de soutiens spécifiques pour compenser les coûts de la transition. De plus, des simulations peuvent aider à prévoir les effets sur les prix des biens et services, l'accès aux ressources et les changements dans les dynamiques de marché, offrant ainsi une vue d'ensemble plus complète des implications économiques[420].

Il est crucial de faire appel à des consultations publiques et à des recherches participatives pour enrichir l'évaluation des impacts. Impliquer directement les communautés, les travailleurs et les entreprises dans le processus d'évaluation permet de recueillir des perspectives diversifiées et de s'assurer que les politiques répondent aux besoins réels des personnes affectées. Les consultations permettent d'identifier des problématiques spécifiques et des opportunités d'amélioration qui pourraient ne pas être apparentées à travers des analyses purement quantitatives. En outre, la transparence dans la communication des résultats et des ajustements prévus est essentielle pour maintenir la confiance du public et des parties prenantes dans le processus de

---

[420] Leimbach, M., et al. (2010). "Managing the Future: Climate Change and the Role of Economic Models". Cambridge University Press.

transition. En combinant des analyses rigoureuses avec une approche participative, il est possible de concevoir des politiques qui non seulement avancent vers une économie verte, mais le font de manière inclusive et équitable.

5.3.1.2 Soutien aux communautés et aux travailleurs

Le soutien aux communautés et aux travailleurs est essentiel pour assurer une transition équitable vers une économie verte, surtout lorsqu'il s'agit de minimiser les impacts négatifs sur ceux qui sont le plus affectés par le changement. La reconversion professionnelle constitue un élément clé de ce soutien, visant à offrir aux travailleurs des secteurs en déclin, tels que l'industrie charbonnière ou pétrolière, des opportunités de formation et de développement de compétences adaptées aux nouvelles industries vertes. Les programmes de formation doivent être conçus en partenariat avec les entreprises, les syndicats et les institutions éducatives pour garantir leur pertinence et leur efficacité. En outre, des aides financières et des subventions peuvent être mises en place pour faciliter cette transition, permettant aux travailleurs de se recycler sans subir de perte de revenu significative pendant leur reconversion.

Parallèlement, le soutien aux communautés locales est crucial pour éviter que la transition écologique ne creuse les inégalités existantes. Les investissements dans les infrastructures vertes doivent inclure des initiatives spécifiquement destinées aux zones les plus touchées par la transition, telles que les régions anciennement dépendantes des industries polluantes. Par exemple, le développement de projets d'énergie renouvelable ou de rénovation énergétique dans ces régions peut créer des emplois locaux et stimuler l'économie. Des mécanismes de soutien, tels que des fonds de compensation ou des programmes de développement régional peuvent également être mis en place pour aider ces communautés à s'adapter aux changements économiques et sociaux[421]. En parallèle, des consultations régulières avec les communautés permettent d'identifier les besoins spécifiques et de concevoir des solutions qui répondent efficacement à leurs préoccupations[422]. Il est crucial de mettre en place des mesures de protection sociale pour garantir que les travailleurs et les communautés les plus vulnérables reçoivent un soutien adéquat pendant la transition. Cela peut inclure des prestations de chômage, des aides au revenu et des services de soutien psychologique pour les personnes touchées par des changements économiques soudains. Les politiques doivent également prévoir des

---

[421] ILO (2013). "Green Jobs : Towards Decent Work in a Sustainable, Low-Carbon World". International Labour Organization.

[422] Miller, C., & Wyborn, C. (2018). « The Role of Public Participation in the Design of Green Policies ». Policy Studies Journal.

mécanismes de suivi et d'évaluation pour mesurer l'efficacité des mesures de soutien et ajuster les politiques en fonction des résultats obtenus. En adoptant une approche intégrée qui combine formation, soutien financier, développement régional et protection sociale, il est possible de faciliter une transition vers une économie verte tout en préservant l'équité sociale et en renforçant la résilience des communautés et des travailleurs affectés.

5.3.1.3 Encouragement des innovations sociales

Encourager les innovations sociales est essentiel pour maximiser les bénéfices de la transition vers une économie verte tout en assurant une inclusion et une équité accrues. Les innovations sociales se réfèrent à de nouvelles idées, méthodes ou approches qui visent à résoudre des problèmes sociaux de manière créative et efficace. En matière de transition écologique, cela peut inclure des initiatives comme des modèles de partage des ressources, des solutions de finance participative pour des projets environnementaux ou des nouvelles formes de gouvernance participative[423]. Par exemple, les plateformes de partage de véhicules électriques ou de logements écologiques peuvent non seulement réduire l'empreinte carbone, mais aussi offrir des solutions économiques et accessibles aux communautés. En soutenant ces types d'innovations, on favorise des approches flexibles et adaptées aux besoins locaux, tout en stimulant la créativité et l'engagement des citoyens dans la transition verte[424].

Les projets pilotes et les expérimentations sont des outils clés pour encourager et tester des innovations sociales. En investissant dans des projets pilotes qui explorent des solutions nouvelles et non conventionnelles, les gouvernements et les organisations peuvent évaluer l'efficacité des idées avant leur déploiement à grande échelle. Par exemple, des initiatives locales de jardins communautaires urbains ou de systèmes d'énergie renouvelable décentralisés peuvent servir de bancs d'essai pour des approches plus larges et plus complexes. Ces projets permettent non seulement d'expérimenter des solutions novatrices, mais aussi d'impliquer directement les communautés dans le processus, favorisant ainsi leur appropriation et leur adaptation aux réalités locales. Les leçons tirées de ces expérimentations peuvent ensuite être utilisées pour affiner les politiques et les stratégies de transition écologique à une échelle plus large.

Les partenariats entre le secteur public, le secteur privé et les organisations de la société civile jouent également un rôle crucial dans l'encouragement des innovations sociales. Ces collaborations permettent de combiner les

---

[423] OECD (2020). "Innovations in Social Policy and Environmental Sustainability". Organisation for Economic Co-operation and Development.

[424] UNDP (2021). "Promoting Social Innovation for Green Transition". United Nations Development Programme.

ressources, les compétences et les perspectives diverses pour développer des solutions intégrées et efficaces. Par exemple, les entreprises technologiques peuvent travailler avec des ONG pour concevoir des outils numériques permettant de surveiller et de réduire les émissions de carbone à l'échelle communautaire. De plus, les partenariats peuvent faciliter l'accès à des financements et à des infrastructures nécessaires pour mettre en œuvre et développer des projets innovants. En créant des écosystèmes collaboratifs qui soutiennent l'expérimentation et l'implémentation des innovations sociales, on maximise le potentiel de transformation de la transition écologique tout en répondant aux défis sociaux et environnementaux de manière intégrée et innovante.

5.3.2 Suivi et évaluation

Le suivi et l'évaluation des politiques environnementales sont cruciaux pour assurer que les initiatives liées à la transition vers une économie verte sont efficaces, équitables et adaptables. La mise en place de mécanismes robustes de suivi permet de mesurer en temps réel l'impact des politiques sur divers aspects économiques, sociaux et environnementaux. Les indicateurs de performance doivent être définis de manière précise et alignés sur les objectifs spécifiques des politiques[425]. Par exemple, des indicateurs tels que les réductions des émissions de gaz à effet de serre, la création d'emplois verts ou les changements dans la qualité de l'air peuvent fournir des données tangibles sur les réussites et les lacunes des politiques mises en œuvre. En intégrant des outils de suivi numériques et des plateformes de collecte de données, il est possible de recueillir des informations détaillées et actualisées, facilitant ainsi une réponse rapide aux problèmes émergents et ajustant les politiques en conséquence[426].

L'évaluation régulière est complémentaire au suivi et joue un rôle essentiel dans l'analyse des résultats obtenus par rapport aux objectifs fixés. Les évaluations permettent d'identifier les forces et les faiblesses des politiques, de comprendre les raisons sous-jacentes des succès ou des échecs, et de proposer des ajustements pour améliorer les interventions futures. Une évaluation approfondie peut inclure des analyses d'impact ex post, des études de cas et des comparaisons avec d'autres initiatives similaires à l'échelle nationale ou internationale. Par exemple, une évaluation de l'efficacité des subventions pour les énergies renouvelables pourrait révéler des tendances telles que des économies d'échelle ou des obstacles à l'adoption généralisée, fournissant des informations précieuses pour la conception de futures

---

425 OECD (2018). "Indicators for Environmental Policy: Developing Effective Metrics". Organisation for Economic Co-operation and Development.

426 Global Reporting Initiative (GRI, 2022). « Digital Tools for Monitoring and Evaluating Sustainability Initiatives ». GRI.

politiques. Les résultats des évaluations doivent être publiés de manière transparente et accessible, permettant ainsi à toutes les parties prenantes de comprendre les impacts réels des politiques et d'encourager un dialogue ouvert sur les améliorations nécessaires.

L'intégration du retour d'expérience des parties prenantes dans le processus de suivi et d'évaluation renforce la pertinence et l'efficacité des politiques. En sollicitant activement les retours des communautés locales, des entreprises et des organisations de la société civile, les décideurs peuvent obtenir des perspectives pratiques sur les défis rencontrés et les opportunités d'amélioration. Les mécanismes de *feed-back* peuvent inclure des enquêtes, des groupes de discussion ou des plateformes en ligne permettant aux citoyens de partager leurs expériences et suggestions. En intégrant ces retours dans le processus d'évaluation, les politiques peuvent être mieux adaptées aux besoins réels et aux réalités des personnes concernées, garantissant ainsi une transition plus inclusive et efficace vers une économie verte. Une approche participative et basée sur des données fiables et actualisées assure que les politiques restent dynamiques et réactives aux changements, favorisant ainsi une transition réussie et durable.

5.3.3 Stratégies équitables

Les stratégies équitables comprennent à la fois l'inclusion et la participation des parties prenantes (5.3.3.1), les politiques de compensation (5.3.3.2) et la promotion de l'équité géographique (5.3.3.3).

5.3.3.1 Inclusion et Participation des Parties prenantes

L'inclusion et la participation des parties prenantes sont fondamentales pour garantir que la transition vers une économie verte soit réussie et équitable[427]. En impliquant diverses parties prenantes dès le début du processus décisionnel, les décideurs peuvent obtenir des perspectives variées qui enrichissent la conception et l'application des politiques environnementales[428]. Cela inclut les représentants des communautés locales, des travailleurs, des entreprises, des ONG et d'autres acteurs concernés. Les consultations publiques et les dialogues structurés permettent d'identifier les besoins spécifiques des différents groupes, de mieux comprendre les impacts potentiels des politiques et d'ajuster les stratégies en fonction des réalités

[427] Bebbington, A., et al. (2018). "Stakeholder Engagement and Sustainability". Routledge

[428] Arnstein, S. R. (1969). "A Ladder of Citizen Participation". Journal of the American Institute of Planners.

locales. Par exemple, les travailleurs des industries polluantes peuvent fournir des informations précieuses sur les défis liés à la reconversion professionnelle, tandis que les communautés locales peuvent partager leurs préoccupations concernant les impacts environnementaux et sociaux des projets verts.

5.3.3.2 Politiques de compensation et de redistribution

Les politiques de compensation et de redistribution jouent un rôle crucial dans l'atténuation des impacts négatifs de la transition vers une économie verte, surtout pour les groupes les plus vulnérables et les régions économiquement fragiles. L'une des stratégies principales consiste à mettre en place des mécanismes de compensation financière ciblés pour les individus et les entreprises affectés par les changements. Par exemple, les travailleurs des secteurs en déclin, tels que l'extraction minière ou la production d'énergie fossile, peuvent recevoir des indemnités de transition ou des subventions pour les aider à couvrir les coûts liés à la perte d'emploi et à la reconversion professionnelle. De même, les entreprises confrontées à des coûts accrus en raison des nouvelles régulations environnementales peuvent bénéficier de crédits d'impôt ou de subventions pour compenser les investissements nécessaires à leur adaptation. Ces mesures visent à réduire les impacts économiques immédiats et à permettre une transition plus fluide vers des pratiques et des technologies plus durables[429].

En parallèle, les politiques de redistribution sont conçues pour équilibrer les inégalités créées par la transition écologique en réallouant les ressources de manière équitable. Cela peut inclure des ajustements fiscaux, tels que des taxes progressives sur les revenus élevés ou des taxes sur les émissions de carbone, dont les recettes sont ensuite redistribuées sous forme de subventions, de prestations sociales ou de programmes d'infrastructure pour les communautés à faible revenu. Par exemple, les fonds collectés par une taxe carbone peuvent être utilisés pour financer des programmes de rénovation énergétique dans les logements sociaux ou pour soutenir les transports publics dans les régions les moins desservies. Cette approche vise non seulement à compenser les coûts de la transition pour les ménages à faible revenu, mais aussi à promouvoir des investissements dans des infrastructures qui bénéficient directement aux communautés vulnérables.

Pour garantir l'efficacité et l'équité des politiques de compensation et de redistribution, il est essentiel d'établir des mécanismes de suivi et d'évaluation rigoureux. Ces mécanismes permettent de mesurer l'impact réel des politiques sur les groupes cibles et d'ajuster les interventions en fonction des résultats observés. Par exemple, des évaluations régulières peuvent déterminer si les subventions accordées aux entreprises ont effectivement facilité leur transition

---

[429] Gunningham, N. (2017). "Smart Regulation for the Green Economy". Routledge.

vers des pratiques plus durables ou si les programmes de formation ont amélioré l'employabilité des travailleurs reconvertis[430]. De plus, la transparence et la communication régulière avec les parties prenantes sont cruciales pour maintenir la confiance publique et garantir que les politiques répondent aux besoins réels des personnes affectées. En intégrant des mécanismes de rétroaction et d'ajustement, les politiques de compensation et de redistribution peuvent être optimisées pour favoriser une transition plus équitable et inclusive vers une économie verte.

5.3.3.3 Promotion de l'Équité géographique

La promotion de l'équité géographique est essentielle pour garantir que la transition vers une économie verte bénéficie de manière équilibrée à toutes les régions, en particulier à celles qui sont économiquement fragiles ou en difficulté. Une approche clé consiste à orienter les investissements publics et privés vers les zones les plus touchées par les transformations industrielles. Par exemple, les régions anciennement dépendantes des industries polluantes, comme les zones minières ou les bassins industriels en déclin, doivent recevoir un soutien accru pour développer des infrastructures vertes, telles que des parcs solaires, des éoliennes ou des centres de recherche sur les technologies propres. Ce soutien peut se matérialiser par des subventions, des crédits d'impôt ou des partenariats public-privé visant à stimuler la création d'emplois locaux et à revitaliser l'économie régionale. En investissant dans des projets durables dans ces régions, on peut non seulement créer des opportunités économiques, mais aussi améliorer la qualité de vie des habitants tout en accélérant la transition écologique.

Un autre aspect important de la promotion de l'équité géographique est la mise en place de politiques de soutien spécifiques aux collectivités locales. Cela inclut la décentralisation des ressources et des responsabilités pour permettre aux gouvernements locaux de jouer un rôle plus actif dans la planification et la mise en œuvre des initiatives vertes. Les autorités locales sont souvent mieux placées pour comprendre les besoins spécifiques de leur communauté et peuvent concevoir des solutions adaptées à leurs réalités économiques et sociales[431]. Par exemple, les collectivités locales peuvent être encouragées à élaborer des plans de développement durable qui intègrent des aspects tels que la gestion des déchets, la conservation de l'eau et le développement d'initiatives de transport durable[432]. Ce renforcement des

---

[430] ILO (2016). "Work in a Green Economy: A Review of Policy Approaches". International Labour Organization.

[431] OECD (2016). "Local Green Growth: Strategies for Local and Regional Governments". Organisation for Economic Co-operation and Development.

[432] ICLEI (2018). "Sustainable Development Planning for Local Governments". International Council for Local Environmental Initiatives.

capacités locales peut conduire à des résultats plus efficaces et à une meilleure acceptation des politiques environnementales au niveau régional.

Pour garantir que les politiques de promotion de l'équité géographique soient efficaces, il est crucial d'adopter une approche basée sur des données et une planification stratégique. Cela implique l'utilisation d'analyses géospatiales pour identifier les régions les plus vulnérables et les prioriser en termes de soutien et d'investissements. Les données doivent inclure des indicateurs économiques, sociaux et environnementaux pour obtenir une vue d'ensemble complète des besoins et des défis spécifiques de chaque région. En combinant ces analyses avec une consultation active des parties prenantes locales, les décideurs peuvent élaborer des politiques plus ciblées et efficaces. De plus, des mécanismes de suivi doivent être instaurés pour évaluer l'impact des interventions et ajuster les stratégies en fonction des résultats obtenus. Une approche basée sur les données et la rétroaction permet de s'assurer que les initiatives favorisent réellement une répartition équitable des bénéfices de la transition vers une économie verte, tout en soutenant les régions les plus nécessitantes de manière durable et proactive.

Chapitre 6 :

Critique du paradigme de l'économie verte et perspective à long terme

À ce stade de notre analyse, les concepts, les caractéristiques et les enjeux de l'économie verte et du développement durable ont été clarifiés et mis en lumière au regard de leurs avantages pour l'Afrique. L'examen de l'état de crise actuelle de l'économie africaine et tchadienne a permis de forger une architecture de gouvernance concertée et des politiques inclusives pour promouvoir cette transition qui prend appui sur des partenariats internationaux, nécessaires dans le financement et l'ingénierie. Nous avons aussi identifié les défis et les opportunités spécifiques, analysé les rôles du secteur public et privé tchadien ainsi que d'autres parties prenantes. Enfin, nous avons identifié des objectifs, qui incluent la proposition de stratégies de transition vers une économie verte, la conciliation des intérêts divergents des parties prenantes, l'analyse des réformes négociées complémentaires aux réponses non négociées, la prévention des inégalités sociales potentielles et l'élaboration de perspectives à long terme pour assurer une transition durable et équitable.

Dans ce chapitre final de notre analyse, il est question de discuter du paradigme de l'économie verte en nous intéressant à ce qui ne va pas de soi dans cette nouvelle culture écologique qui a tendance à s'imposer comme une mode et une pensée unique (section 1). Pour l'inscription d'une gouvernance de la transition dans la prospective stratégique africaine, il sera question de poser les bases des politiques d'incitation pour favoriser l'innovation et une collaboration efficace avec l'extérieur pour tirer profit des opportunités et des nouvelles technologies « section 2). Enfin, des recommandations globales seront proposées pour une gouvernance véritablement inclusive de la transition vers une économie verte (section 3).

6.1 L'économie verte, un concept discutable

L'économie verte semble aller de soi et constituer une pensée unique dans le champ de l'action de la communauté internationale contre les dérèglements climatiques. Cette section se propose de prospecter sur ce qu'un tel paradigme peut recouvrir de flou épistémologique (6.1.2) et de paradoxes pour l'agenda des agences onusiennes (6.1.1).

6.1.1 Développement durable ou paradigme flou

Le concept d'économie verte semble tellement aller de soi que peu d'études se sont occupées de le considérer du côté de son statut épistémologique. Or, on peut bien se demander quels sont la genèse, le périmètre de ce concept, ce qu'il recouvre par rapport à la science de la nature, bien au-delà de ces autres dérivés du paradigme du « développement durable » que sont l'économie circulaire, le recyclage, etc. Le développement durable, et par ricochet l'économie verte qui en est le produit, sont-ils des concepts ou de simples perspectives politiques et idéologiques dans lesquelles la science elle-même est embarquée ou tente de s'embarquer ? Rares sont les chercheurs qui se sont posé cette question. Celle-ci permet pourtant de parler, à propos de l'économie verte, d'un engouement excessif et rapide ayant conduit à son « institutionnalisation précoce dans des textes normatifs de toutes sortes »[433].

De ce point de vue, son adoption rapide par les agences onusiennes, les ONG et les multinationales s'est faite sans que rien n'ait été clarifié par les chercheurs spécialisés sur le plan épistémologique, c'est-à-dire sur la teneur sémantique et rationnelle de l'énoncé. Or l'enjeu de la clarification n'est pas mince : on peut trouver à redire sur ce concept de développement durable qui n'a pas toujours été au préalable situé dans le champ épistémologique. Il faut en effet clarifier le concept de développement durable et ses dérivés par rapport aux frontières et aux perspectives du champ politique international d'une part et, d'autre part, par rapport aux autres théories du développement.

On sait que le champ politique international est avide de programmes transversaux et de leur permanence — nous reviendrons plus loin sur le cas de l'Organisation des Nations Unies (ONU). Des recherches insistent sur le fait que le succès universel du concept du développement durable profite largement de plusieurs facteurs. D'abord, dans son statut épistémologique, le développement durable est un concept qui demeure « flou et tout à fait indéfini »[434]. La Commission Brundtland, qui le popularise, a avancé des « prémisses carrément contradictoires » pour

---

[433] Par exemple, Gendron, C., & Revéret, J. P. (2000). Le développement durable, *op.cit.*

[434] *Ibid.*, p. 112. Sur ce point, voir également Auclair, S., & Vaillancourt, J. G. (1992). Le développement durable : du concept à l'application. *Gestion de l'environnement, éthique et société*, p. 251-281.

« assurer la popularité d'un concept dont les implications auraient pu déranger »[435]. Herman Daly est catégorique :

> « The Brundtland Commission Report has made a great contribution by emphasizing the importance of sustainable development and in effect forcing it to the top of the agenda of the United Nations and the multilateral development banks. To achieve this remarkable consensus, the Commission had to be less than rigorous in avoiding self contradiction »[436]

Cette négligence de la commission sur les bases épistémologiques de ses concepts opérationnels n'est pas anodine. Dans le champ de la théorie du développement, elle est même le péché originel d'un flou épistémologique coupable, qui rend imprécis le concept du développement durable et par ricochet impossible toute comparaison entre cette formulation théorique et d'autres hypothèses. Or, on peut constater que, si le développement durable est un concept produit par le haut, dans l'intimité des instances de la bureaucratie onusienne de Genève ou de New York, il existe d'autres théories plus endogènes et forgées à partir d'une connaissance des terrains africains en matière d'environnement et de lutte contre la pauvreté : c'est le cas de la perspective du jeu d'arène proposée par l'anthropologie du développement[437] ou des logiques du « monde d'en bas »[438]. Mais si ces perspectives endogènes peuvent être considérées comme concurrentes à la théorie du développement durable, techniquement, aucune comparaison ne peut prospérer entre ces blocs théoriques. La faute à une anomalie interne à l'énonciation du développement durable, qui rapproche deux énoncés contradictoires (durabilité et développement) dans un mélange improbable qui produit un attelage d'interprétation du développement de portée universelle.

Du point de vue épistémologique, cet attelage est improbable. On retrouve la raison principale de cette difficulté au but de l'article d'Herman Daly, qui montre que, derrière le développement (ou l'économie) durable se cache une alliance de mots inconciliables. En effet, « Développement » et « durable » tracent deux droites parallèles : l'un est du registre quantitatif, et l'autre du registre qualitatif. La définition de chacun de ces énoncés par l'auteur l'atteste :

---

[435]Gendron, C., & Revéret, J. P. (2000). Le développement durable, *op.cit.,* p. 112.

[436]Daly (1990) « Toward some operational principles of sustainable development », *Ecological Economic*, Vol .2, l-6, p.1 pour la citation.

[437] Sur ce point, voir De Sardan, J. P. O. (2001). Les trois approches en anthropologie du développement. *Revue Tiers Monde*, 729-754.

[438] Voir Ela, J. M. (1998). Innovations sociales et renaissance de l'Afrique Noire : Les défis du » monde d'en bas », Paris, l'harmattan.

« To grow means 'to increase naturally in size by the addition of material through assimilation or accretion'. To develop means ' to expand or realize the potentialities of; bring gradually to a fuller, greater, or better state'. In short, growth is quantitative increase in physical scale, while development is qualitative improvement or unfolding of potentialities. An economy can grow without developing, or develop without growing, or do both or neither »[439].

6.1.2 Paradoxes d'un paradigme de remplacement

En avançant avec ces deux énoncés aux orientations parallèles et aux contours vagues, la gouvernance globale de l'économie verte et du développement durable repose sur une idéologie, pas sur la science pure et avérée de son propre processus d'énonciation. On peut donc considérer que la légitimité programmatique du développement durable pour lutter contre le réchauffement climatique et inciter à la sobriété énergétique ne dépend pas de la scientificité des énoncés mobilisés, mais de la volonté politique des acteurs qui ont mobilisé ces énoncés. Cette interprétation est d'autant plus probable que l'inscription de l'économie verte à l'agenda onusien est en phase avec la culture opérationnelle interne de cette organisation internationale. Celle-ci a pour habitude de fabriquer en permanence des énoncés consensuels pour préempter les questions internationales. Aussi, l'émergence de l'économie verte participerait de la construction ordinaire d'un discours dominant propre aux agences onusiennes qui, pour le coup, porteraient le point de vue de la « communauté internationale ».

Rappelons qu'en 2015, et dans le cadre des activités normales de l'Assemblée générale de l'Organisation des Nations Unies savamment orchestrée et portée par ses agences spécialisées, les dirigeants mondiaux ont pris position contre la pauvreté, la dégradation de l'environnement et les inégalités. L'adoption du Programme de développement durable à l'horizon 2030 — avec ses 17 objectifs de développement durable — et de l'Accord de Paris 2015 sur les changements climatiques représente de nouveaux consensus mondiaux sur la nécessité de porter une nouvelle utopie politique face à la dégradation de l'environnement et la raréfaction des ressources naturelles du fait des actions humaines. Ce contexte a rendu possible l'émergence d'une gouvernance internationale des questions environnementales, pour marcher vers l'économie verte.

Certes, les nouveaux cadres imposés par la révolution écologique nous ont permis d'explorer les orientations claires et nécessaires pour la croissance verte et l'investissement écologique du futur[440]. Pour autant, les paradoxes de

---

[439] Daly (1990) « Toward some operational principles of sustainable development », *op. cit.,* p.1.

[440]Roy, R. et Braathen, N. A. (2017). L'augmentation du coût de la pollution de l'air ambiant jusqu'à présent au 21e siècle : résultats des BRIICS et des pays de l'OCDEn

cette marche vers l'économie verte ne sont jamais soulignés. Nous avons repéré deux paradoxes qui nous semblent fondamentaux.

Le premier paradoxe est que l'économie verte est un concept *ad hoc* du développement durable, un paradigme porté par le système des Nations unies précisément au moment où celui-ci peine à fournir un bilan positif sur un autre agenda interne en cours et établi au tournant du siècle : les Objectifs du Millénaire pour le développement (OMD). En 2015, aucune des prédictions des OMD sur la pauvreté, les inégalités dans l'éducation, la distribution d'électricité ou encore la santé n'était réalisée. En surfant sur l'économie verte pour lutter contre le réchauffement climatique, les inégalités environnementales et la grande pauvreté, l'ONU ne proposait-elle pas un concept de remplacement pour masquer ses propres échecs ? Dans ce cas, ne faut-il pas voir dans l'économie verte un effet d'annonce, en attendant une prochaine utopie qui viendra créer une nouvelle mode pour ainsi renouveler les programmes et la raison d'être des agences onusiennes ? On se rendrait alors compte que cette permanence institutionnelle et opérationnelle est sans doute plus importante pour l'ONU que l'efficacité de ses programmes. Le paradoxe du système onusien semble être que, si un programme ne marche, on le remplace par autre chose pour faire la même chose différemment…

Le second paradoxe réside dans le fait que l'Accord de Paris a relancé le processus mondial de lutte contre le réchauffement climatique à partir des convergences de vue, certes salutaires, entre les experts environnementaux et la bureaucratie onusienne. Mais paradoxalement, la mise en œuvre de ce programme dépend fortement, voire entièrement, de la volonté et des mesures prises au niveau national par des acteurs aux intérêts divergents et permanemment renégocier comme nous l'avons vu plut haut. Au-delà des contraintes et des biais dus à l'égoïsme des uns et des autres qui peuvent peser sur les attentes des prescriptions onusiennes, les plans nationaux de développement préexistants peuvent tarder à s'arrimer à la réalisation des objectifs de développement durable. Or, pour parvenir à une réelle transformation, les pays doivent se conformer à ce nouveau programme onusien et intégrer les objectifs de croissance verte et de développement social dans leurs plans. Le paradoxe c'est que cela est d'autant plus pertinent, mais en même temps complexe, que de nombreux plans ont été élaborés avant l'adoption des objectifs de développement durable et de l'Accord de Paris, de sorte qu'il est urgent à la fois de les actualiser et d'interpréter les nouvelles demandes de l'économie verte.

En plus des obstructions évidentes à une approche souveraine et planifiée de l'économie nationale, cette mise en place globale et à marche forcée des objectifs du modèle du développement durable montrent à quel point les présupposés et les perspectives de l'économie verte se sont imposés partout

---

et Hunt, A., Ferguson, J., Hurley, F. et Searl, A. (2016). Coûts sociaux de la morbidité, impacts de la pollution de l'air.

en tenant compte simplement du mariage entre les acquis et les certitudes des sciences environnementales sur le changement climatique et du volontarisme des agences onusiennes logistiquement et financièrement accompagnées par les États puissants. Logiques et contraintes endogènes, que nous avons observées sur le cas du Tchad notamment (voir *supra*), suggèrent de tenir compte davantage des dynamiques spécifiques de chaque société en matière d'environnement et de consommation d'énergie pour implémenter judicieusement la construction d'une transition vers une économie verte équitable et éthique.

Il s'ensuit que, dans une marche vers l'économie verte, poser des questions sur la fabrique et les attentes de ce nouveau concept ainsi qu'aux conditions de son insertion dans les sociétés africaines n'est pas incongru. La critique des procédés onusiens et de l'adaptabilité au sol africain est nécessaire. Pour une gouvernance inclusive conduisant à des résultats probants, des éléments culturels locaux doivent par exemple être intégrés au Plan d'action pour l'environnement 2010-2015 de l'Union africaine et du nouveau Partenariat pour le développement de l'Afrique (NEPAD), adopté par l'Union africaine et le NEPAD, peut devenir un exemple encourageant de politiques régionales harmonisées à même de relever les défis du développement en Afrique.

La signature récente par les États membres de l'Union africaine de l'Accord portant création de la Zone de libre-échange continentale africaine va dans la bonne direction. Une intégration régionale réussie permettra aux pays de se spécialiser en fonction de leurs avantages comparatifs et de leurs échanges, ce qui se traduira par une efficacité et une croissance accrues. Selon la Banque africaine de développement, les stratégies régionales devraient s'employer dans un premier temps à développer les domaines de complémentarité dans le secteur industriel afin d'accroître la capacité des pays à réaliser des échanges, grâce au renforcement des infrastructures régionales, pour faciliter la circulation des produits, des services, des capitaux et des personnes.

Mais un tel optimisme doit être mesuré. Rappelons que l'Afrique est un continent qui a mal à ses échanges sous-régionaux, dont les niveaux restent très faibles au regard des enjeux commerciaux. Depuis la fin de la guerre froide, le continent semble pris d'assaut par des décompositions des surfaces politiques acquises à l'indépendance. Les nouvelles autochtonies et les nouvelles frontières identitaires consolident le fétiche de la souveraineté nationale. Ces décompositions ont déjà abouti à la naissance de nouveaux États (Érythrée et Soudan du Sud). Récemment, le mouvement souverainiste a touché aux ensembles sous-régionaux : l'irruption de l'Alliance des États du Sahel (AES) témoigne d'un tel processus anti-régionaliste. Des décompositions sont en permanence en cours pour il y a un doute que l'économie verte réussisse à faire décoller ces échanges, dont l'inertie est une contre-culture très tenace qui s'oppose à toute forme de développement tourné vers la régionalisation.

En outre, une plus grande intégration scientifique est essentielle au développement durable. En Afrique, les difficultés en matière de production et de collaboration scientifique sont tellement grandes qu'on est en droit de se demander si le modèle économique nouveau de l'économie verte n'est pas en soi l'arbre qui cache la forêt sur d'autres aspects beaucoup plus préoccupants du développement. Par exemple, la croissance économique des pays pauvres et le développement social, comme l'élimination de la pauvreté et la création d'emplois, ne sont-ils pas davantage complexifiés par l'irruption du développement durable ? Comment identifier et traiter les contradictions qui se poseront ? Quelles sont les associations appropriées de ces différents paradigmes importés qui se bousculent en terre africaine, suivant les différentes phases de développement, mais aussi les différentes phases de l'état de l'environnement ? On doit aussi définir quel rôle doit jouer l'État dans la réglementation, l'investissement et la définition des cadres, savoir comment la gouvernance doit aborder convenablement la question du rôle du secteur privé, de construire une économie qui respecte davantage l'environnement sans sacrifier les contraintes africaines. Enfin, la question se pose de savoir comment gérer la transition du modèle économique actuel vers un modèle plus vert en puisant dans la résilience et la mémoire écologique africaine.

6.2 Une gouvernance pour l'innovation

En dépit de la querelle épistémologique que le développement durable et l'économie verte peuvent légitimement susciter, on doit se résoudre à les considérer comme des concepts programmatiques irréductibles de l'action internationale. Leur emprise sur les pratiques gouvernementales et l'organisation du dialogue social sur les questions écologiques et environnementales en fait de puissants outils de négociation et de réalisation commune des projets d'intérêt général au sein des sociétés. Creusant dans la direction de cette approche pragmatique, cette section se penche sur l'un des enjeux les plus importants de l'irruption de l'économie verte en terre africaine : l'enjeu de l'innovation que recèlent les dérivés des différents concepts programmatiques et des programmes qui lui sont dédiés ou associés.

Notons, d'emblée, que les gouvernements jouent un rôle clé dans l'encouragement de l'innovation technologique à travers des politiques et des incitations appropriées. Les subventions pour la recherche et le développement (R&D), les crédits d'impôt pour les entreprises investissant dans des technologies vertes, et les partenariats public-privé sont autant de moyens pour stimuler l'innovation[441]. Les politiques de soutien peuvent également inclure des programmes de formation et d'éducation pour

[441] World Bank (2021), p. 25.

développer les compétences nécessaires dans les secteurs technologiques émergents. Par exemple, des initiatives visant à former des ingénieurs spécialisés dans les énergies renouvelables ou des experts en gestion de la durabilité peuvent renforcer les capacités locales et accélérer l'adoption de nouvelles technologies. De plus, la mise en place de normes et de régulations environnementales strictes peut inciter les entreprises à innover pour respecter ces exigences, tout en créant un marché pour les technologies vertes. Ainsi, un cadre politique favorable est indispensable pour créer un environnement propice à l'innovation technologique et au développement de solutions écologiques[442].

6.2.1 Collaboration et partenariats pour une innovation durable

La collaboration entre le secteur public et privé, les universités et les instituts de recherche est essentielle pour favoriser une innovation technologique durable[443]. Les partenariats entre les entreprises et les institutions académiques peuvent accélérer le transfert de connaissances et de technologies, facilitant ainsi le développement de solutions innovantes. Les plateformes de collaboration et les clusters technologiques, où les entreprises, les start-ups, les chercheurs et les investisseurs peuvent interagir, échanger des idées et développer des projets communs, jouent un rôle crucial dans cet écosystème[444].

De plus, les concours et les prix pour l'innovation verte peuvent encourager les inventeurs et les entrepreneurs à proposer des solutions créatives aux défis environnementaux. Les initiatives de financement participatif et les fonds d'investissement axés sur les technologies durables sont également des moyens efficaces pour soutenir les projets innovants à différents stades de développement. En fin de compte, une approche collaborative et intégrée est nécessaire pour maximiser le potentiel de l'innovation technologique et garantir le développement de solutions écologiques et durables. Responsabilité sociale et environnementale : Intégration des considérations sociales et environnementales dans les décisions économiques, avec un accent sur l'équité et la justice sociale.

---

[442] Harvard Business Review (2021), Creating Innovation Ecosystems. p. 15

[443] World Economic Forum (2021), Public-Private Collaboration for Innovation. p. 12.

[444] European Innovation Council (2020), Clusters and Innovation Ecosystems. p. 19.

6.2.2 L'intégration des considérations sociales et environnementales dans les décisions économiques

L'intégration des considérations sociales et environnementales dans les décisions économiques est essentielle pour construire un modèle de développement durable et équitable[445]. Les décisions économiques traditionnelles, souvent axées sur la maximisation des profits et la croissance à court terme, ont tendance à négliger les impacts sociaux et environnementaux[446]. Cela peut conduire à des inégalités croissantes et à une dégradation environnementale. En revanche, en intégrant ces considérations dans les processus de décision, les entreprises et les gouvernements peuvent favoriser un développement plus équilibré qui profite à tous[447].

Par exemple, l'adoption de pratiques commerciales durables, telles que l'approvisionnement éthique et la réduction des émissions de carbone, permet de minimiser les impacts négatifs sur l'environnement et de promouvoir le bien-être social. De plus, l'inclusion de critères environnementaux, sociaux et de gouvernance (ESG) dans les investissements financiers peut orienter les flux de capitaux vers des projets plus durables et responsables.

6.2.3 Accent sur l'équité et la justice sociale

L'accent sur l'équité et la justice sociale dans les décisions économiques est crucial pour assurer que les bénéfices du développement durable soient partagés équitablement. Les populations vulnérables, souvent les plus affectées par les impacts environnementaux négatifs, doivent être au centre des politiques et des initiatives de développement durable. Cela inclut la création de filets de sécurité sociale, l'accès à des emplois décents et la participation des communautés locales dans les processus de décision. Par exemple, dans le cadre de projets d'énergie renouvelable, il est important de garantir que les communautés locales bénéficient des opportunités économiques créées, comme l'emploi et l'accès à une énergie propre et abordable. De plus, la mise en place de programmes de formation et d'éducation pour les groupes marginalisés peut renforcer leur capacité à participer activement à l'économie verte. En intégrant ces dimensions sociales, les politiques économiques peuvent contribuer à réduire les inégalités et à promouvoir une société plus juste et inclusive.

---

[445] United Nations (2022) Development Programme, Sustainable Development and Economic Decision-Making. p. 10.

[446] International Monetary Fund (2021), Economic Decisions and Social Impacts. p. 15.

[447] OECD (2023), Balancing Development and Environmental Impact. p. 30.

6.2.4 Outils et stratégies pour l'intégration des considérations sociales et environnementales

Pour intégrer efficacement les considérations sociales et environnementales dans les décisions économiques, plusieurs outils et stratégies peuvent être mis en œuvre[448]. Les analyses d'impact social et environnemental permettent d'évaluer les effets potentiels des projets et des politiques avant leur mise en œuvre. Les indicateurs de développement durable, tels que l'indice de progrès social et les empreintes écologiques, offrent des mesures complémentaires au PIB pour évaluer le bien-être et la durabilité. Les approches participatives, telles que les consultations publiques et les dialogues communautaires, assurent que les voix des parties prenantes, y compris celles des groupes marginalisés, soient entendues et prises en compte dans les décisions. En outre, les entreprises peuvent adopter des normes et des certifications de durabilité, comme les normes ISO 14001 pour la gestion environnementale et les certifications Fair Trade pour le commerce équitable, pour démontrer leur engagement envers des pratiques responsables. Enfin, les gouvernements peuvent encourager l'intégration des critères sociaux et environnementaux en offrant des incitations fiscales, des subventions et des régulations favorables aux entreprises et aux initiatives durables.

6.2.5 La consommation durable : réduire l'empreinte écologique

La consommation durable consiste à promouvoir des modes de consommation, y compris pour l'achat des produits durables et propres à réduire la surconsommation. La consommation durable vise à réduire l'empreinte écologique des activités humaines en encourageant des modes de consommation responsables et respectueux de l'environnement[449]. Cela inclut l'achat de produits écologiques, la réduction de la surconsommation et l'adoption de pratiques quotidiennes plus durables[450]. Les produits écologiques sont conçus pour minimiser leur impact environnemental tout au long de leur cycle de vie, depuis l'extraction des matières premières jusqu'à

448 Centre for Social Innovation (2023), Strategies for Integrating Social and Environmental Considerations. p. 22.
449 Environmental Protection Agency (2023), Sustainable Consumption and Production. p. 8.
450 United Nations Environment Programme (2022), Promoting Responsible Consumption. p. 15.

leur élimination[451]. Ils peuvent inclure des articles fabriqués à partir de matériaux recyclés, des produits énergétiquement efficaces, et des biens durables et réparables. En optant pour ces produits, les consommateurs peuvent réduire les déchets, économiser de l'énergie et diminuer leur contribution aux émissions de gaz à effet de serre. Les labels de certification environnementale, tels que le label écologique européen et les certifications Fair Trade, aident les consommateurs à identifier les produits respectueux de l'environnement et à faire des choix plus éclairés[452].

L'objectif de la consommation durable est la réduction de la surconsommation et la promotion de la durabilité. La réduction de la surconsommation est un autre aspect crucial de la consommation durable. La culture de la consommation de masse, alimentée par la publicité et les modes éphémères, conduit souvent à des achats impulsifs et à l'accumulation de biens inutiles. Cette surconsommation entraîne une utilisation excessive des ressources naturelles, une production accrue de déchets et des émissions polluantes. Pour contrer cela, il est essentiel de promouvoir des modes de consommation plus réfléchis et modérés. Les pratiques, telles que l'achat en vrac, le partage et l'échange de biens, la réparation des objets cassés et la réutilisation des matériaux peuvent considérablement réduire la demande en nouvelles ressources et prolonger la durée de vie des produits. En outre, des mouvements, tels que le minimalisme et l'économie de fonctionnalité, où les consommateurs privilégient l'usage des biens plutôt que leur possession, contribuent à réduire la surconsommation et à encourager des comportements plus durables.

6. 3. Recommandations finales

Pour garantir une transition durable et équitable vers une économie verte à long terme, cette section propose deux séries de recommandations : les premières générales (6.3.1) et les secondes spécifiques (6.3.2).

6.3.1 Recommandations générales

Il est crucial de mettre en place des stratégies intégrées qui abordent les dimensions économiques, sociales et environnementales de manière holistique[453]. Voici quelques perspectives clés pour atteindre cet objectif :

---

451 Global Environmental Facility (2021), Lifecycle Assessment of Eco-Friendly Products. p. 12.

452 Fair Trade International (2023), Certification Labels and Consumer Choices. p. 10.

453 United Nations Development Programme (UNDP, 2021). "Integrated Strategies for Sustainable Development". UNDP.

1. Planification à Long Terme et Vision stratégique

Assurer une transition durable et équitable nécessite une vision stratégique claire et une planification à long terme. Les politiques doivent être conçues non seulement pour répondre aux défis immédiats, mais aussi pour anticiper les évolutions futures. Une planification efficace implique la définition d'objectifs clairs et mesurables, ainsi que l'élaboration de feuilles de route qui détaillent les étapes nécessaires pour atteindre ces objectifs[454]. Les plans à long terme doivent également inclure des mécanismes pour évaluer régulièrement les progrès réalisés et pour ajuster les stratégies en fonction des nouvelles données et des résultats observés. Il est important d'intégrer des prévisions économiques et environnementales robustes, de manière à préparer les politiques aux défis futurs, tels que les fluctuations économiques, les changements technologiques et les impacts environnementaux imprévus[455].

2. Inclusion et Justice sociale

Pour garantir l'équité dans la transition écologique, il est essentiel d'adopter des politiques inclusives qui prennent en compte les besoins des communautés et des groupes les plus vulnérables. Les mécanismes de soutien, tels que les programmes de formation professionnelle, les aides financières et les politiques de redistribution doivent être conçus pour réduire les inégalités et assurer que les bénéfices de la transition soient partagés de manière équitable. Il est également important de promouvoir la participation active des parties prenantes dans le processus décisionnel, en assurant une consultation transparente et continue avec les communautés locales, les travailleurs et les organisations de la société civile. En favorisant une approche participative et en mettant en œuvre des politiques de compensation ciblées, on peut réduire les risques de marginalisation et assurer que tous les groupes bénéficient des opportunités offertes par la transition écologique.

3. Innovation et Adaptabilité

La durabilité de la transition vers une économie verte dépend également de la capacité à encourager l'innovation et à s'adapter aux changements. Les politiques doivent soutenir la recherche et le développement de nouvelles technologies et solutions écologiques tout en facilitant l'expérimentation et l'adoption de pratiques innovantes. Les projets pilotes et les initiatives locales jouent un rôle crucial en testant des approches nouvelles et en permettant

[454] OECD. (2021). "Setting Long-Term Goals and Roadmaps for Green Transition". Organisation for Economic Co-operation and Development.
[455] European Commission (2023). "Economic and Environmental Forecasting for Policy Planning". European Commission.

d'ajuster les politiques en fonction des résultats obtenus[456]. De plus, il est essentiel d'établir des mécanismes de rétroaction pour intégrer les leçons apprises et les ajustements nécessaires dans les politiques et stratégies futures[457]. Une approche flexible et réactive favorise non seulement l'optimisation des interventions, mais aussi la capacité à répondre efficacement aux défis émergents et à saisir les nouvelles opportunités pour une transition durable et équitable.

En combinant une planification stratégique rigoureuse, une attention particulière à la justice sociale et une promotion active de l'innovation, il est possible de garantir que la transition vers une économie verte soit à la fois durable et équitable, assurant ainsi des bénéfices à long terme pour tous les segments de la société.

4. Politiques à moyen et long terme

Réformer l'architecture financière mondiale actuelle pour l'adapter aux besoins de financement des pays africains.

Dans la plupart des pays africains, les coûts du service de la dette ont augmenté, mettant les finances publiques à rude épreuve et limitant la portée des dépenses publiques d'infrastructure et des investissements dans le capital humain, ce qui maintient le continent dans un cercle vicieux enfermant l'Afrique dans une trajectoire de faible croissance[458]. L'une des raisons de cette vulnérabilité accrue est l'incapacité de l'architecture financière mondiale à fournir un financement aux pays les plus en manque de ressources pour leur développement[459]. Alors que les pays africains continuent d'être confrontés à des problèmes de financement, les principales institutions financières doivent repenser leur rôle et leur modèle de financement. Le triple agenda proposé par le G20 met en évidence les divers avantages d'une réforme de l'architecture financière mondiale en vue de la rendre plus réactive dans la mobilisation et l'acheminement des financements pour les ODD[460]. La réforme de l'architecture financière mondiale et l'élargissement de la représentation des pays en développement amélioreront la prise de décision, accroîtront la transparence et réduiront le coût du capital. Les fonds supplémentaires

---

456 National Renewable Energy Laboratory (NREL). (2023). "Pilot Projects and Local Initiatives in Green Technology". NREL.

457 European Environment Agency (EEA, 2020). "Feedback Mechanisms for Policy Adjustment and Improvement". EEA.

458 African Development Bank (AfDB, 2023). "Debt Sustainability and Economic Growth in Africa". AfDB.

459 International Monetary Fund (IMF, 2022). "Challenges in Global Financial Architecture for Developing Countries"

460 G20. (2023). "The Triple Agenda for Reforming the Global Financial Architecture

mobilisés pour le développement qui en résulteront devraient contribuer à alléger la pression fiscale sur les pays africains, à promouvoir la stabilité macroéconomique, à renforcer la confiance des marchés et à réduire les coûts d'emprunt.

Les pays africains doivent impérativement intensifier la mobilisation des ressources intérieures pour accélérer la transformation structurelle de l'Afrique

Comme le souligne le Programme d'action d'Addis-Abeba (2015), il existe un large consensus sur le fait que la mise en œuvre réussie de l'Agenda mondial 2030 et de l'Agenda 2063 de l'Union africaine nécessite une plus grande mobilisation et une utilisation plus efficace des ressources publiques intérieures. Selon certaines estimations, la corruption coûte à l'Afrique 148 milliards de dollars américains chaque année, et environ 90 milliards de dollars américains quittent le continent chaque année sous la forme de flux financiers illicites. La lutte contre les flux financiers illicites est donc essentielle pour relever le défi de la mobilisation des ressources intérieures. Elle comprend notamment de renforcer l'État de droit en mettant en place un système judiciaire fort et indépendant et en investissant dans la formation des juges, des procureurs et des officiers de police afin de les aider à enquêter sur les affaires de corruption et à les poursuivre. En outre, les institutions de lutte contre la corruption doivent être renforcées par la création d'organismes spécialisés dans la lutte contre la corruption, dotées de ressources suffisantes et d'une véritable indépendance pour enquêter et poursuivre les contrevenants[461].

Ces réformes sont nécessaires pour lutter contre les flux de capitaux illicites, mais une approche multidimensionnelle est requise pour les combattre efficacement. Il s'agit notamment de renforcer les réglementations financières en imposant aux institutions financières des obligations de transparence et de redevabilité afin d'empêcher les fuites illicites de capitaux. En outre, le renforcement des contrôles, aux frontières et des capacités institutionnelles, ainsi que la coopération internationale, est également essentiel pour suivre les flux de capitaux illicites et récupérer les actifs volés. Les pays devraient également appliquer des approches innovantes, y compris les technologies de surveillance financière, telles que la blockchain et l'intelligence artificielle, pour surveiller les transactions financières et détecter les schémas suspects de mouvements de capitaux.

Outre la mise en œuvre de réformes visant à mobiliser davantage de ressources intérieures, les pays doivent également promouvoir des mesures

---

461 United Nations Office on Drugs and Crime (UNODC, 2022). "Enhancing Anti-Corruption Measures and Strengthening Institutions". UNODC.

destinées à limiter le gaspillage des ressources publiques et à améliorer l'efficience des dépenses publiques[462].

Les dépenses courantes, y compris les salaires des fonctionnaires, doivent être contrôlées, tandis que les dépenses en capital doivent être affectées à des investissements favorisant la croissance. Les dépenses de fonctionnement inefficaces doivent être réduites. L'utilisation et la diffusion des technologies numériques dans l'administration publique pourraient contribuer à économiser de l'argent et à améliorer l'efficience de l'administration fiscale[463]. Les pays doivent également faire de la stabilité politique et de l'État de droit des piliers essentiels du renforcement des institutions et du mode de gouvernance. La réduction du taux de dépendance démographique en créant des conditions favorables à l'emploi des jeunes afin d'augmenter la taille de la population active peut également contribuer à accroître l'assiette fiscale, en complément des mesures traditionnelles visant à améliorer la collecte des recettes fiscales.

6.3.2 Politiques à préconiser

Les analyses ci-dessus suggèrent fortement de penser que l'accélération de la transformation structurelle de l'Afrique nécessitera une approche multidimensionnelle composée des actions suivantes menées par les pays africains :

1) *Établir et institutionnaliser des plans et des politiques de développement endogène adaptés aux domaines prioritaires de l'avantage comparatif et les mettre en œuvre de manière cohérente, tout en évitant les revirements politiques qui tendent à perturber les progrès.*

Pour relever les défis du développement, les pays africains ne doivent pas externaliser leur plan de développement. Ils doivent au contraire se les approprier pleinement en exploitant la connaissance locale de leur économie, des conditions socioculturelles et des avantages comparatifs uniques qu'ils ont dans certains domaines, dans les contextes national, régional et mondial. Le rythme de la transformation structurelle des pays africains dépendra largement de la qualité, de la pertinence et de l'efficacité des politiques et de la mise en œuvre continue et institutionnalisée des plans et stratégies de développement[464].

---

[462] World Bank. (2022). "Public Expenditure Review: Improving Efficiency and Effectiveness". World Bank.

[463] United Nations Development Programme (UNDP, 2022). "Digital Government and Public Sector Efficiency". UNDP.

[464] African Development Bank (AfDB, 2022). "Transformative Development in Africa: Policy and Implementation". AfDB.

Un engagement politique sans réserve sera nécessaire pour rallier les citoyens à un plan et à une vision du développement convenus au niveau national, en évitant les revirements politiques récurrents induits par les cycles électoraux qui caractérisent la plupart des pays africains. La mise en œuvre continue et systématique des politiques publiques créera la certitude et la stabilité nécessaires pour attirer les capitaux nationaux et étrangers dans les domaines qui soutiennent le programme de transformation structurelle du pays. Les pays œuvrent dans un village régional et mondial, de sorte que le plan de développement national doit intégrer les objectifs régionaux et mondiaux de développement, tels que les ODD, l'Accord de Paris sur le climat et l'Agenda 2063, en mettant l'accent sur des actions pratiques qui amélioreront la qualité de vie de leurs citoyens[465]. Le programme de développement national devra toutefois être piloté par les citoyens afin d'obtenir leur adhésion et améliorer leur qualité de vie.

2) *Accroître les investissements pour développer le capital humain requis en fonction des réalités locales, des circonstances et des priorités de développement.*

Les pays doivent accroître les investissements à tous les niveaux de l'éducation afin de développer et d'améliorer la qualité et la pertinence des compétences techniques et non techniques nécessaires à la mise en œuvre de leur programme de développement adapté aux contextes et aux circonstances locales. Pour ce faire, ils devront donner la priorité aux systèmes d'apprentissage et aux programmes d'enseignement qui favorisent la croissance de la productivité dans les secteurs présentant des avantages comparatifs et concurrentiels. Par exemple, les pays devront donner la priorité au développement des compétences en sciences, technologies, ingénierie et mathématiques (STIM). Et ceux qui sont riches en ressources naturelles, minéraux et vastes terres arables, devront former suffisamment de géologues, d'agronomes et d'autres experts en ces matières pour tirer parti de leurs ressources dans le but de stimuler la transformation structurelle.

De plus, la transposition des systèmes d'enseignement, d'apprentissage et de formation, y compris les langues d'enseignement, sera cruciale pour améliorer la qualité et la pertinence des programmes d'enseignement et tirer parti de l'essor en cours des technologies et des TIC. En tant que priorité de politique, il est important que les pays africains : établissent des centres d'excellence en matière d'innovation en collaboration avec les universités d'accueil et les centres de formation technique et professionnelle ; (ii) qu'ils développent des programmes de formation axés sur la demande afin de mieux aligner les systèmes scolaires et de formation sur le marché du travail et réduire ainsi l'inadéquation des compétences ; qu'ils renforcent les

---

[465] United Nations. (2022). "Sustainable Development Goals (SDGs) and Global Climate Agreements". United Nations.

partenariats public-privé afin d'aligner l'acquisition des compétences des futurs diplômés sur les besoins du marché du travail et qu'ils franchisent leur système d'enseignement en partenariat avec des universités internationales afin de créer des établissements d'enseignement de classe mondiale[466].

3) *Consciente de l'importance de l'adaptation et de la mise à niveau des programmes d'enseignement dans ses pays membres régionaux, la Banque africaine de développement joue un rôle de premier plan dans le soutien à l'infrastructure scolaire et l'acquisition des compétences.*

Par exemple au Rwanda, la Banque a soutenu, en collaboration avec l'Université Carnegie Mellon, le Centre régional d'excellence en TIC qui propose des programmes de Master en informatique et en TIC de classe mondiale[467]. Le programme « Codage pour l'emploi (CfE) » de la BAD est une initiative phare de premier plan visant à doter les jeunes travailleurs du continent de compétences adaptées à la demande, l'objectif principal étant de créer une masse critique de jeunes dotés de compétences informatiques, compétitives à l'échelle mondiale et capables d'exploiter le pouvoir de transformation de la quatrième révolution industrielle.

4) *Accroître la mobilisation des ressources intérieures et donner la priorité à la prudence dans la gestion des finances publiques.*

Les pays africains doivent s'approprier leur programme de développement et assumer la responsabilité première du financement de leur transformation structurelle. Cependant, la mobilisation des ressources nationales (MRN) de la plupart des pays africains ne permet pas encore de répondre aux énormes besoins de financement du développement de l'Afrique et l'efficience de la gestion des finances publiques reste faible[468]. Les pays devraient prendre en compte les éléments suivants : Mobilisation des recettes fiscales. La Banque estime que le ratio médian impôts/PIB de l'Afrique devrait passer de son niveau actuel, environ 14 %, à un minimum de 28 % pour que soit comblé d'ici 2030 le déficit de financement annuel estimé à 402,2 milliards d'USD nécessaires à la transformation structurelle du continent. Pour intensifier la mobilisation des ressources intérieures, les pays doivent investir dans des systèmes qui amélioreront l'efficience de l'administration fiscale et la gestion des finances publiques. Cela nécessitera, par exemple, de renforcer l'informatisation des systèmes de collecte et d'administration des impôts. Il a

[466] African Development Bank (AfDB, 2022). "Supporting Educational Infrastructure and Skill Acquisition in Africa". AfDB.
[467] Carnegie Mellon University (2023). "Regional Center of Excellence in ICT, Rwanda". Carnegie Mellon University.
[468] P-EVA (2015), Programme Économie verte en Afrique, international Green Economy Conference, Tunis, 4 and 5 May.

été démontré que l'informatisation de l'administration fiscale augmente le flux d'informations et améliore la transparence du système fiscal, élargit l'assiette fiscale, renforce l'exécution, atténue les risques de conformité et, en fin de compte, stimule la conformité volontaire. L'informatisation permettra de préremplir les déclarations fiscales à l'aide d'informations provenant des tiers, allégeant ainsi le fardeau de la conformité fiscale, car les contribuables devront alors simplement vérifier et confirmer les informations préremplies[469].

Les caisses enregistreuses électroniques aideront également les gouvernements à suivre les ventes et les transactions en transmettant des informations en temps réel à un serveur auquel les autorités fiscales auront accès. De plus, la création d'une base de données solide et régulièrement mise à jour permettra d'identifier et de localiser les personnes, les entreprises ou les propriétés foncières sur lesquelles il sera alors possible de prélever l'impôt. L'informatisation du système fiscal pourrait ainsi contribuer à améliorer l'efficience des systèmes fiscaux. La Banque estime que les pays africains peuvent augmenter leurs recettes de TVA jusqu'à 7,9 points de pourcentage du PIB en augmentant l'efficience dans la collecte de la TVA jusqu'au niveau atteint par les pays en développement les plus performants.

5) *Mobilisation des recettes non fiscales.*

Les pays devraient également viser à augmenter les recettes non fiscales, telles que les revenus de la propriété, les redevances, les amendes, les pénalités, les confiscations et les permis d'exploitation qui sont souvent négligées ou difficile à administrer en raison de la complexité des processus et de l'informalité généralisée des économies. Bien que des progrès aient été réalisés au fil des ans, la collecte des recettes non fiscales peut encore être améliorée dans la plupart des pays. Par exemple, les recettes non fiscales ne représentaient en moyenne sur la période 2010–2022 que 19,1 % des recettes publiques en Afrique et seulement 3,7 % du PIB, alors que les recettes fiscales représentaient 80,9 % des recettes publiques (15,6 % du PIB)[470].

Les systèmes de GFP devraient intégrer la planification des recettes non fiscales dans le processus budgétaire, afin de garantir que les recettes collectées seront non seulement allouées de manière efficiente, mais aussi utilisée à bon escient. Un engagement politique fort sera nécessaire pour développer l'expertise dans les principaux départements et entités fiscales en charge de la collecte de ces recettes. Une diligence raisonnable, des lignes directrices claires et des systèmes réglementaires intégrés seront nécessaires pour concevoir une structure efficace de recettes non fiscales. Enfin, les pays

---

[469] United Nations Economic Commission for Africa (UNECA, 2022). "Leveraging ICT for Improved Tax Administration in Africa." UNECA.

[470] International Monetary Fund (IMF, 2023). "Non-Tax Revenue Trends in African Countries (2010-2022)." IMF.

pourraient utiliser des instruments innovants pour collecter davantage de recettes, qu'il s'agisse de taxes sur l'extraction des ressources naturelles, de redevances sur la pollution ou d'associations de commercialisation qu'il est difficile d'atteindre par les moyens conventionnels. D'autres réformes visant à renforcer la mobilisation des recettes non fiscales pourraient inclure l'investissement dans des infrastructures habilitantes, de meilleurs rapports sur la collecte des recettes non fiscales et des relations plus claires entre le gouvernement central et les autorités infranationales[471].

6) *Respect des obligations fiscales*

Les pays africains devront de plus améliorer le respect des obligations fiscales en renforçant le contrat social avec leurs citoyens[472]. Les pays devraient s'efforcer de promouvoir la conformité volontaire à l'impôt pour accroître la mobilisation des ressources intérieures, car les capacités d'exécution sont souvent faibles dans de nombreux pays où prédominent des secteurs difficiles à taxer, tels que les entreprises informelles. Plus importants encore, les gouvernements devraient consacrer de façon visible les recettes fiscales au bien-être public, en fournissant des biens et des services publics de qualité, pour renforcer la confiance dans l'utilisation des ressources publiques et réduire de manière significative l'imposition implicite (lorsque les citoyens fournissent eux-mêmes des équipements et services sociaux quand le gouvernement est incapable de remplir ses fonctions régaliennes, comme la fourniture des prestations sociales de base). Dans les pays qui pratiquent des systèmes de gouvernement fédéral et décentralisé, il sera nécessaire de démocratiser la mobilisation des ressources intérieures et leur utilisation en rapprochant les systèmes fiscaux des citoyens[473].

7) *Créer des incitations ciblées et rationalisées pour catalyser les flux de capitaux privés afin de soutenir les plans de développement endogène des pays dans les secteurs clés de la transformation structurelle.*

Les pays africains pourraient stimuler le secteur privé intérieur et extérieur pour qu'il investisse davantage dans les secteurs critiques en créant des conditions favorables au secteur privé, en instaurant un environnement propice au commerce et en proposant des incitations fiscales soigneusement conçues et ciblées. L'utilisation d'instruments de financement innovants, tels que le financement mixte, pourrait accroître la participation du secteur privé

---

[471] P-EVA (2015), Programme Économie verte en Afrique, international Green Economy Conference, Tunis, 4 and 5 May.

[472] African Development Bank (AfDB, 2023). "Strengthening the Social Contract through Fiscal Compliance." AfDB.

[473] United Nations Development Programme (UNDP, 2022). "Decentralized Fiscal Systems in Federal States: Challenges and Opportunities." UNDP.

dans les infrastructures pour la croissance verte en réduisant les risques du secteur. Le développement d'instruments de financement durable (y compris les obligations et les prêts verts, les obligations et les prêts durables) ainsi que les marchés du carbone pourraient stimuler l'investissement privé dans les secteurs verts.

En effet, le potentiel du secteur privé à contribuer à la transformation de l'Afrique est énorme : les actifs mondiaux sous gestion s'élevaient à la fin de 2022 à 98 000 milliards d'USD et devraient atteindre 145 400 milliards d'USD d'ici 2025[474]. De plus, les envois de fonds des migrants constituent la plus importante et la plus stable source de financement externe en Afrique. Leur fonction de promotion des investissements pour la transformation de l'Afrique pourrait être renforcée, par exemple, par des obligations et la « titrisation des envois de fonds » de la diaspora. Les pays devraient également supprimer leurs subventions aux entreprises publiques pour leur permettre de fonctionner de manière efficiente et concurrentielle et de contribuer au budget de l'État[475]. La lutte contre l'évasion fiscale et les flux financiers illicites permettrait également de limiter la fuite des ressources publiques.

8) *Investir dans la comptabilisation, la valorisation et la conservation du capital naturel et l'inclure dans le système de comptabilité nationale afin d'accroître la taille de l'économie.*

Une grande partie des ressources du capital naturel de l'Afrique reste largement inexploitée, et les valeurs ou les services qu'elles fournissent sont généralement mal mesurés et parfois complètement ignorés en tant que partie de la richesse des pays africains. Par conséquent, la valeur des économies africaines continue d'être sous-estimée malgré l'abondance des richesses vertes[476]. Investir dans le capital naturel, le mesurer, l'évaluer et l'intégrer dans les systèmes de comptabilité nationale permettra d'estimer la valeur réelle de la richesse verte de l'Afrique, d'augmenter son PIB et d'en améliorer la conservation. La Banque, en collaboration avec de nombreux pays africains, a plaidé en faveur d'une évaluation correcte dans le PIB de la richesse verte du continent et de ses services. En effet, les ressources naturelles de l'Afrique fournissent des services environnementaux essentiels, tels que la séquestration du carbone, le contrôle de la pollution et la conservation de la fertilité des sols, qui soutiennent l'existence humaine. L'inclusion de ces services

---

[474] Global Financial Markets Association (GFMA, 2023). "Global Assets Under Management: 2022 Review and 2025 Projections."

[475] African Development Bank (AfDB, 2023). "Public Enterprise Reform: Strategies for Efficient and Competitive Operations."

[476] African Development Bank (AfDB, 2023). "Africa's Green Wealth: Assessing and Valuing Natural Capital.

environnementaux essentiels dans l'évaluation du PIB national, le PIB vert, pourrait encourager la transition verte des pays[477].

9) *Investir dans des programmes de développement de l'entrepreneuriat chez les jeunes pour exploiter le dividende démographique de l'Afrique.*

La jeunesse est le plus grand atout de l'Afrique qui, s'il est bien exploité, peut accélérer sa transformation structurelle. D'ici 2030, un jeune sur quatre dans le monde sera africain et, si elle est encouragée, cette jeunesse peut être le moteur de la croissance économique et de la transformation structurelle du continent. Cependant, pour récolter les fruits du dividende démographique de la jeunesse africaine, il faudra investir dans le développement du capital humain et créer des opportunités économiques et d'emplois pour les jeunes. Parmi les jeunes âgés de 15 à 35 ans qui ne sont pas scolarisés, un tiers est au chômage et découragé, un autre tiers a un emploi vulnérable, et seulement un sur six a un emploi salarié. La Banque estime que 17 millions d'emplois doivent être créés chaque mois d'ici à 2063 pour maintenir constants les taux d'activité et de chômage de la jeunesse africaine. Aider les jeunes à créer leur propre entreprise est un moyen prometteur de tirer parti du dividende démocratique du continent et de lutter contre le chômage et le sous-emploi généralisés des jeunes. Dans le cadre de sa stratégie pour l'emploi des jeunes en Afrique et de son Fonds fiduciaire multidonateur pour l'innovation et l'entrepreneuriat des jeunes, la Banque aide les pays à mettre en place des modèles de banques d'investissement pour l'entrepreneuriat des jeunes afin de remédier aux défaillances du marché et à la fragmentation de la fourniture de services de financement et de services non financiers adaptés aux jeunes entrepreneurs.

10) *Mettre en place un ambitieux programme national d'infrastructures pour généraliser les politiques et accélérer la transformation structurelle*

À long terme, tous les types d'infrastructures sont importants, mais à court terme, les pays doivent prioriser les infrastructures à construire selon leur situation géographique et de leur niveau de développement. Ils doivent concentrer leurs ressources limitées sur la création d'« îlots d'excellence » dotés d'infrastructures denses et sectorielles afin de stimuler les capacités de production et la compétitivité. La priorité pourrait être donnée au secteur de l'énergie, qui est le plus susceptible d'atteindre un taux de rendement social élevé, et au secteur des transports, qui est particulièrement important pour les pays enclavés en créant des liens avec les pays côtiers dotés de ports maritimes. Compte tenu de l'impact considérable de la numérisation sur la transformation, investir dans le secteur des TIC permettra de combler le fossé

[477] Global Green Growth Institute (GGGI, 2022). "Green GDP and the Transition to a Sustainable Economy: Lessons for Africa." GGGI.

numérique existant entre les pays africains et le reste du monde. Un ambitieux programme national de numérisation en Afrique augmentera la compétitivité de l'ensemble des économies[478], renforcera l'efficience et la transparence de la mise en œuvre de politiques, renforcera la gestion des risques de catastrophes et réduira les flux de capitaux illicites. De plus, il remédiera aux inefficacités généralisées du marché, facilitera la mesure et l'évaluation précises du capital naturel, et soutiendra la compétitivité des entreprises dirigées par des jeunes.

D'ambitieux programmes nationaux d'informatisation augmenteront la compétitivité de l'économie, renforceront l'efficience et la transparence de la mise en œuvre des politiques, amélioreront la mobilisation des ressources, résoudront l'inefficience généralisée du marché, faciliteront la mesure et l'évaluation correctes du capital naturel et soutiendront la compétitivité des entreprises dirigées par des jeunes. Les plans directeurs numériques devraient clairement identifier les piliers clés : infrastructure numérique, services numériques, gestion des données, compétences numériques et innovation numérique pour l'entrepreneuriat, avec des étapes clairement définies[479].

11) *Prendre des mesures proactives qui permettront d'exploiter la gouvernance des politiques macroéconomiques et l'environnement des affaires afin d'améliorer le profil et la perception des risques et d'attirer des capitaux et des instruments financiers mondiaux innovants pour renforcer les capacités dans la préparation des projets*[480].

Le manque de projets prêts à l'investissement est souvent cité comme l'un des principaux obstacles non seulement à l'obtention de financements privés, mais aussi à l'utilisation des instruments financiers innovants existants. Les grands projets d'infrastructure ont de longues périodes de développement et de gestation et impliquent souvent des études de faisabilité à multiples facettes et des conseils d'experts en matière de transactions[481]. De nombreux gouvernements africains et acteurs privés locaux manquent de capacités et de ressources pour concevoir et mettre en œuvre des projets d'infrastructure au potentiel commercial. De plus, la brièveté des cycles politiques peut limiter les engagements financiers du secteur privé dans les projets d'infrastructure à long terme. De nombreux investisseurs ne disposent donc pas d'une réserve de projets bancables, car seuls quelques projets répondent aux attentes des

[478] Banque africaine de Développement (2023). *Stratégie de numérisation en Afrique*.
[479] Banque africaine de Développement (2023). *Plan directeur numérique pour l'Afrique*. Banque africaine de Développement.
[480] Banque africaine de Développement (2023). *Rapport sur les infrastructures en Afrique*.
[481] Banque africaine de Développement (2023). *Stratégie de financement des infrastructures en Afrique*. Banque africaine de Développement.

financiers en matière de risque et de rendement, et ne parviennent donc pas à être clôturés financièrement. Il est donc essentiel de renforcer les capacités de préparation et de mise en œuvre des projets. Par exemple, les financiers privés ne devraient pas se contenter de fournir des ressources, mais devraient également participer à l'élaboration des projets susceptibles d'être financés.

La participation des financiers à l'ensemble du cycle du projet, de la conception à la bancabilité, c'est-à-dire de l'élaboration de solides études de faisabilité jusqu'au financement en passant par les analyses des perspectives de marché et l'établissement de plans commerciaux viables, garantira qu'ils ont un intérêt dans les projets proposés et qu'ils se les approprient, augmentant ainsi la probabilité que le projet soit financé et réussisse au stade opérationnel. De plus, l'amélioration de la gouvernance des climats macroéconomique et d'investissement permettra d'améliorer le profil de risque des pays africains et de modifier les perceptions externes des marchés. La stratégie de la Banque pour la gouvernance économique en Afrique vise à promouvoir la transparence et la responsabilisation dans la prestation des services publics, à stimuler l'efficacité des gouvernements, à créer un environnement favorable aux entreprises, à lutter contre la corruption et à renforcer les cadres institutionnels pour une gestion efficace de l'économie.

6.3.3 Perspectives d'amélioration

1) Améliorer les mécanismes de financement et repenser les investissements

Le financement public joue un rôle essentiel pour enclencher la transformation de l'économie traditionnelle et répondre à ces attentes. Au niveau global, beaucoup d'efforts restent à faire pour rendre efficace les fonds en faveur du climat et de l'environnement et améliorer leur accès aux États africains. Ils sont encore insuffisants pour entamer une véritable transition verte, mais ils pourraient être renforcés par le recours à des sources complémentaires de financements prévisibles, tels que des taxes sur le transport et les transactions financières dans les pays développés.

Au niveau local, les États qui choisissent les options politiques concrètes pour une transition verte seront les premiers à être résilients face aux dérèglements climatiques. Il s'agit de limiter les dépenses et les investissements dans les domaines qui épuisent les ressources naturelles tout en les augmentant dans les activités vertes, la formation et le renforcement de capacité. Beaucoup d'États africains ont par exemple un fort potentiel de tourisme durable, d'agriculture biologique et d'énergies renouvelables. Agir sur le cadre réglementaire et ne pas soumettre ces activités à des régimes fiscaux rigides grâce à des exemptions fiscales, des crédits d'impôt, la mise en place des systèmes de subvention bien orientés ou de fonds nationaux alimentés par les activités à fortes externalités négatives seraient des mesures encourageantes pour promouvoir une économie verte encore fragile[482].

Voici une liste d'actions concrètes, reposant sur les trois piliers du développement durable, à savoir l'économie, le social et l'environnement, que les parlementaires doivent prendre en compte, dans les pays développés ou en développement, pour permettre une transition vers l'économie verte :

✓ *Réorienter les dépenses publiques vers la promotion des investissements verts et l'utilisation rationnelle des ressources*[483].

Les parlementaires peuvent voter des lois transférant les dépenses publiques et les investissements des activités polluantes et exigeantes en ressources vers les infrastructures vertes (par ex. usines de recyclage, chemins de fer), l'énergie renouvelable (par ex. solaire, éolien), les sciences, la recherche et, le développement pour une consommation et une production plus efficace et les biens publics (par ex. écoles, dispensaires, centres sociaux, transports publics, connectivité à Internet). Pour être efficaces, ces lois doivent couper les subventions publiques de l'industrie des énergies fossiles ou bien mettre en place des taxes ou d'autres mesures pour décourager l'utilisation des carburants fossiles. Des lois peuvent également exiger que les marchés publics respectent les pratiques vertes et que les fonds publics servent à une économie verte sobre en carbone.

✓ *Promouvoir des lois et réglementations nationales pour mobiliser des capitaux destinés aux investissements verts*[484].

Les lois doivent permettre aux gouvernements de lever des fonds pour les investissements verts (notamment par des taxes, des droits ou l'émission d'obligations vertes). Des lois encourageant des opportunités de financement multilatéral et d'investissement dans les pays, en ce qui concerne l'économie verte, peuvent également être élaborées afin que les pays puissent disposer de nombreux financements (surtout les pays en développement), outre le financement public. Ce processus inclurait une législation permettant de décider si des fonds privés sont alloués, et selon quelle ampleur, aux activités contribuant à l'économie verte, en prenant en compte les objectifs de profit de la plupart des entreprises privées

---

482 Djamal HALAWA Ingénieur météorologiste à l'ASECNA, titulaire d'un MBA en management de développement durable et Expert en Énergie et Environnement de L'Afrique des Idées.

483 OECD (2021). Public Spending and Green Investment. Paris : Organisation for Economic Co-operation and Development.

484 Dupont, J. (2020), Législations pour un avenir vert. Éditions Écologie.

✓ *Renforcer les processus nationaux environnementaux et de planification.*

Ce point inclut la définition d'exigences légales pour mener des évaluations stratégiques environnementales (ESE) portant sur les projets d'accords internationaux relatifs au commerce et aux investissements et sur les projets d'infrastructures publiques, afin d'évaluer leur impact et de s'assurer que ceux-ci sont prévus en concertation avec les parties prenantes concernées afin de répondre efficacement, le plus tôt possible, aux impacts prévisibles. Cela requiert également des évaluations de l'impact sur l'environnement (EIE), à effectuer avant les projets importants du secteur privé, et l'obligation de faire supporter aux pollueurs les coûts des dégradations environnementales. Des règles d'urbanisme peuvent être votées ou amendées afin de mettre en place des niveaux optimaux de densité urbaine, créer des quartiers mixtes résidentiels et professionnels, et encourager la production et la consommation locales.

✓ *Voter des lois qui favorisent les pratiques durables de production et consommation*

Ce point implique une législation permettant de favoriser l'application du principe du pollueur-payeur[485], d'optimiser les pratiques du type « Réduire, Réutiliser et Recycler » dans tous les secteurs de l'économie[486], d'ajouter des informations environnementales pertinentes sur les étiquettes des produits (écoétiquetage)[487], de promouvoir la mise en œuvre de systèmes de gestion environnementale et d'audits internes de tels systèmes, et de rendre l'éducation à l'environnement obligatoire dès les premières années d'étude. Il conviendrait d'envisager d'appliquer des mécanismes financiers axés sur le marché, par exemple des subventions et des taxes pour encourager l'adhésion et réduire les coûts de mise en conformité avec ces lois.

✓ *Mettre en place une réforme du marché du travail.*

Une telle réforme, pour rendre abordable l'éducation, la formation spécialisée, le perfectionnement des compétences ou la requalification, est susceptible de réduire les inégalités sociales pour les employés marginalisés et faiblement qualifiés, en facilitant leur accès à des opportunités d'emplois verts (par ex. dans les secteurs des énergies propres ou des déchets), étant

---

[485] Martin, J. (2015). Le principe du pollueur-payeur et ses applications. Éditions environnementales.

[486] Garcia, L., & Lee, H. (2018). Réduire, Réutiliser, Recycler : un guide pour l'économie durable. Revue des Politiques écologiques, 22 (1), 33-49

[487] Johnson, P. (2017). L'écoétiquetage : Vers une consommation responsable. Journal de la Consommation verte, 8 (2), 75-90.

donné l'abandon d'un nombre croissant d'industries polluantes[488]. Dans les pays à hauts revenus, cette réforme peut se décliner dans la législation afin de réduire les temps de travail et d'encourager le plein emploi moyennant des niveaux relativement faibles en nouveaux investissements productifs. Ainsi, le bien-être des populations s'en trouvera accru, car davantage de temps pourra être consacré à la famille, à la vie locale et à la formation, et la pression dans toute la société sera moindre.

✓ *Réguler la finance et promouvoir des politiques soutenant le secteur productif.*

La financiarisation de l'économie, et sa tendance inhérente à la spéculation financière peuvent avoir un impact négatif sur l'économie réelle des employés et des producteurs. Des lois susceptibles de limiter la spéculation financière et de réduire les risques des investisseurs et des épargnants peuvent contribuer à stabiliser globalement l'économie tout en réorientant des ressources vers le secteur productif. Cette démarche peut ainsi contribuer à augmenter les capacités des investissements dans l'économie verte. Un impôt sur les transactions financières peut, par exemple, accroître les revenus pour les investissements dans les biens publics et les infrastructures.

✓ *Encourager d'autres modèles d'entreprises.*

Le modèle d'entreprise en vigueur s'articule sur la notion de profit[489]. Les grandes entreprises, en particulier, ont besoin de faire gagner suffisamment de dividendes à des actionnaires souvent distants n'ayant que peu de contrôle sur les décisions et aucune responsabilité spécifique en ce qui concerne les résultats sociaux et environnementaux[490]. Un vaste panel de lois et réglementations est disponible pour promouvoir d'autres modèles d'entreprises qui soient plus enracinées dans le contexte local, plus étroitement lié aux producteurs et consommateur, qui seront donc plus sensible aux impacts environnementaux des activités. Cela inclut des coopératives appartenant à leurs employés, des coopératives de consommateurs ou des entreprises communautaires, lesquelles sont moins orientées sur le profit et plus sur des objectifs sociaux, comme la création d'emplois, la production durable et des modes de vie saine.

---

488 Peterson, S. (2021). Transition industrielle et opportunités d'emploi vert. Journal des Politiques environnementales, 14 (4), 134-150

489 Smith, J. (2017). L'entreprise et la quête du profit. Éditions économiques.

490 Jones, A., & Thompson, R. (2018). Les défis des grandes entreprises face à la responsabilité sociale. Revue internationale de Gestion, 12 (3), 45-60.

✓ *Défendre des lois qui élargissent et renforcent les droits d'accès à l'information et à la participation du public aux processus décisionnels.*

Définir un droit légal d'accès aux informations environnementaux, et un droit des acteurs pertinents à participer aux processus décisionnels, permettra d'accroître considérablement la sensibilisation et l'éducation du public, tout en engendrant un changement des pratiques des consommateurs et des comportements sociétaux.

✓ *Définir des régimes de contrôle et d'évaluation permettant d'assurer la transparence et la responsabilisation.*

Des lois peuvent définir, ou permettre de définir, des références et des objectifs spécifiques et quantifiables afin d'assurer le suivi des progrès réalisés dans la mise en œuvre des initiatives de l'économie verte. Des lois peuvent identifier des institutions indépendantes, investies d'une autorité suffisante et disposant des ressources adéquates, pour contrôler et évaluer l'action du gouvernement, les résultats étant mis à disposition du public.

✓ *Demander l'institutionnalisation des principes de la comptabilité environnementale et des nouvelles mesures du progrès.*

Le coût environnemental de la consommation et de la production (coûts externes) doit être pris en compte sur le marché ainsi que dans le système national de comptabilité. En particulier, le Produit intérieur brut (PIB) doit être reformulé pour ne refléter que la production respectueuse de l'environnement, c'est-à-dire en déduisant du calcul les biens et services qui sont produits pour remédier aux coûts externes environnementaux (par ex. traitements médicaux pour les maladies respiratoires liées à la pollution). Comme le PIB ne tient pas compte des nombreux aspects du bien-être des populations intrinsèques à l'économie verte, à long terme, de nouvelles mesures devront être développées et adoptées. Celles-ci peuvent inclure l'empreinte écologique[491], qui peut s'appliquer aux pays comme aux individus, ainsi que divers indicateurs du bien-être, comme l'Indice du bonheur humain du Sustainable Development Solutions[492].

Pour toutes ces actions, les parlements devront contrôler étroitement la politique du gouvernement et exercer pleinement leur pouvoir législatif. L'économie verte transcendant tous les domaines politiques, il se peut que les parlements aient à développer leurs méthodes de travail et les structures de leurs commissions afin de renforcer la coordination et d'assurer la cohérence des politiques, lois et réglementations nationales, notamment celles indiquées

---

[491] www.footprintnetwork.org/our-work/ecological-footprint
[492] http://worldhappiness.report

ci-dessus. En particulier, étant donné que l'économie verte ne peut réussir qu'avec le soutien de tous les secteurs de la société, les parlements et les parlementaires sont encouragés à collaborer étroitement avec toutes les personnes concernées, qu'il s'agisse de consommateurs, d'employés ou d'entrepreneurs, pour garantir que leurs préoccupations soient entendues et vraiment prises en compte dans le processus décisionnel.

2) Institutions et politiques publiques

Faire une réalité de la transition vers une économie verte exige des institutions bien constituées, solides et efficaces, ainsi que des politiques publiques bien pensées[493]. Les institutions et les politiques ont un rôle critique pour l'intégration équilibrée des trois dimensions du développement durable (économique, sociale et environnementale) avec des liens clairs et solides[494]. L'Afrique a accumulé un trésor d'expérience de la coordination des soutiens institutionnels, notamment pour la mise en œuvre d'accords de développement durable[495]. À partir de cette expérience, elle a pu améliorer la formulation et la mise en œuvre de politiques et de stratégies d'économie verte inclusive, et a commencé à en consigner par écrit les fruits, bonnes pratiques et enseignements.

Le succès du passage à l'économie verte inclusive dépendra de plusieurs facteurs institutionnels. Il s'agit notamment de la solidité et de l'efficacité des institutions, de la longueur de vue des responsables, de la qualité de la planification technique et financière et de la coordination, de l'intensité de l'engagement des parties prenantes, de la gouvernance institutionnelle et de la transparence de la mise en œuvre et du contrôle.

On peut arriver, en faisant jouer l'effet de levier des résultats gagnant-gagnant de la transition vers l'économie verte inclusive, à compenser les éventuels sacrifices à court terme. De plus, en intégrant étroitement les politiques d'économie verte inclusive dans les projets et les cadres de développement à long terme, on peut aider à définir une trajectoire de mise en œuvre donnant une vue globale des coûts et avantages à court, moyen et long terme, ce qui faciliterait la prise de décisions en pleine connaissance de cause, dans la transparence et la participation. Instruments de politiques publiques c'est par l'application d'instruments bien pensés et les mesures d'exécution

---

493 Brown, T. (2016). Politiques publiques pour une économie verte. Éditions écologiques.

494 Smith, R., & Johnson, M. (2018). Intégration du développement durable : Dimensions et défis. Revue de l'Économie durable, 10 (4), 57-72.

495 Nkosi, P. (2019). L'Afrique et la transition vers une économie verte. Revue africaine du Développement durable, 15 (3), 85-101.

correspondantes que l'on peut assurer la mise en œuvre des politiques publiques[496].

La poursuite d'une politique d'économie verte inclusive oblige à en modifier les conceptions, structurant les interventions publiques de manière à faire repenser de fond en comble les ensembles d'instruments de politiques selon une démarche nouvelle, aboutissant à un rééquilibrage qui stimule des modifications de la production, de la consommation et des investissements, dans les divers secteurs économiques et entre eux. La mise en place judicieuse d'instruments de politiques peut faire beaucoup pour étoffer les ressources intérieures, lutter contre la pauvreté et les inégalités, et encourager une croissance inclusive.

Ces instruments peuvent servir à remédier aux défaillances du marché, à susciter des recettes et à desserrer les budgets pour permettre des investissements publics verts et des dépenses sociales au service des pauvres, à mobiliser des investissements et un intérêt bien compris pour les écosystèmes, et à obtenir des informations au service de la prise de décisions. L'efficacité des instruments de politiques publiques et leurs moyens d'action dépendent du système institutionnel, juridique, social et économique en place. Il est toutefois crucial de choisir un ensemble de politiques publiques qui soit compatible avec le contexte global des politiques. Les instruments de politiques retenus doivent être en phase avec les objectifs généraux des politiques d'économie verte inclusive et compatibles avec les objectifs de développement durable du pays considéré. Les initiatives nouvelles et les réformes doivent se fonder sur les faits, et avoir pour but de servir l'ensemble de la population. Le passage à l'économie verte inclusive étant un cheminement dynamique de changement par rapport aux pratiques en place, le choix des instruments devra traduire ce caractère dynamique en encourageant, par exemple dans les procédés de production les innovations qui favorisent une utilisation viable des ressources.

C'est l'efficacité d'un instrument vis-à-vis d'objectifs spécifiques des politiques qui doivent rester la qualité prééminente[497]. Il faut aussi juger de l'efficacité possible des instruments compte tenu des contraintes affectant les politiques en place[498]. Il y a lieu de mettre en balance les pertes d'efficacité potentielles d'un instrument et la facilité de mise en œuvre sans retard d'un autre, compte tenu de considérations sociales et d'économie politique[499]. Il est

[496] Brown, T., & Green, E. (2018). Politiques vertes et développement durable à long terme. Revue internationale du Développement, 13 (2), 78-93.

[497] Smith, R. (2018). Efficacité des instruments de politique publique. Revue des Politiques économiques, 14 (2), 45-58.

[498] Johnson, P. (2019). Contraintes et adaptations dans la mise en œuvre des politiques publiques. *Journal de l'Économie politique,* 12 (3), 67-82.

[499] Williams, C. (2020). Rethinking Policy Instruments for Sustainable Development. Presses économiques.

utile d'analyser les avantages et les inconvénients dans le contexte donné, afin de prendre convenablement en considération les incidences des choix opérés et les compromis implicites qu'ils comportent.

Développement et transfert de technologies une économie verte inclusive nécessite de passer de technologies peu productives, inefficaces et dépensières à des technologies économiques et accessibles[500]. Les technologies vertes comprennent des systèmes verts donnant la vedette à la viabilité, à l'usage économique des ressources ou à la réduction des déchets et des émissions, en vue de faciliter ou d'accélérer des améliorations du bien-être économique et social tout en réduisant à leur minimum les impacts sur l'environnement. Ces technologies évoluent ou se perfectionnent constamment ; mais pour les pays en développement, arriver à passer à des technologies plus économiques et plus propres nécessite des mesures délibérées soutenant le développement et le transfert de technologies vertes et accélérant l'élimination progressive des technologies « sales » et désuètes. L'économie verte offre donc la possibilité de réorienter le développement des technologies et d'élargir la place de l'innovation, le but étant pour les pays de rester compétitifs sur le marché mondial. L'Afrique a réalisé des progrès tangibles dans le domaine du développement technologique et de l'innovation, mais il reste encore beaucoup à faire. Il y a lieu d'accélérer la mise en œuvre de mesures intérieures bien pensées, qui favorisent le déploiement de technologies vertes.

Les initiatives régionales, telles que le Plan d'action consolidé de l'Afrique pour la science et la technologie du NEPAD, sont à soutenir par la mise en œuvre de mesures qui encouragent efficacement le développement et le transfert de technologies vertes[501]. L'Afrique doit renforcer ses réseaux de scientifiques, d'intellectuels et de ressources de R-D, et aussi les partenariats possibles dans les pays et par-delà les frontières nationales[502]. Il faudrait que les gouvernements investissent en partenariat avec le secteur privé dans des équipements appuyant la recherche-développement.

Le capital humain est essentiel quand il s'agit de stimuler l'innovation, de définir et de réaliser des activités de R-D, et de formuler des principes de fonctionnement qui soutiennent le développement et le transfert de technologies. Il faut donc que les pays africains renforcent leur capital humain tout au long de la chaîne de valeur de l'innovation technologique, depuis la conception des idées jusqu'à la commercialisation. Collaborant avec le marché de l'emploi, les gouvernements devraient se doter d'un projet d'avenir

[500] Brown, T. (2017). Technologies vertes et transition vers une économie durable. Éditions écologiques.
[501] Adeyemi, K. (2017). Initiatives régionales et technologies vertes en Afrique. Revue de l'Innovation technologique, 14 (2), 58-73
[502] Mbaye, A., & Williams, C. (2018). Renforcement des réseaux scientifiques et de la R-D en Afrique. *Journal des Politiques scientifiques,* 21 (3), 105-122.

bien défini pour la valorisation des compétences à tous les niveaux de l'éducation et de la formation, y compris en cours d'emploi.

Renforcement des capacités, il est indispensable de renforcer les capacités si l'on veut susciter et développer la sensibilité à l'économie verte inclusive et la faire mieux comprendre, améliorer les compétences de direction et encourager les champions du changement, développer les qualifications adaptées au marché des emplois verts, et soutenir la formulation, la planification et la mise en œuvre de l'économie verte inclusive. Étant donné l'ampleur des besoins et les différents niveaux où on les constate, les interventions voulues doivent être à court, à moyen et à long terme, ce qui appelle une bonne planification. On ne peut se doter de capacités d'économie verte inclusive que si une direction efficace est en place pour piloter et communiquer en continu l'examen et la réorientation éventuelle des priorités et des schémas, pour coordonner la mise en place de cadres pour le développement des capacités, notamment le renforcement des cadres nationaux de développement, de coordination et de réalisation de capacités d'économie verte, pour rendre les institutions plus accessibles et les doter de moyens accrus de réponse aux besoins locaux, nationaux et régionaux, et pour lier les méthodes de renforcement des capacités à des résultats et des transformations concrets et/ou à un bien-être accru des bénéficiaires ciblés.

Le renforcement des capacités est une mesure intersectorielle favorable à l'économie verte inclusive, stimulant le financement vert, le développement et le transfert de technologies, la formulation des politiques et le renforcement des institutions, ainsi que le développement du commerce et du secteur privé[503]. C'est un aspect prioritaire qui, intégré aux initiatives nationales et régionales, vient s'ajouter à toutes les autres mesures favorisant l'économie verte inclusive[504].

Le renforcement des capacités au service de l'économie verte inclusive dans la région appelle des mesures diverses et fluides, nécessaires dans l'immédiat et à moyen et long terme[505]. Pour répondre efficacement à ces besoins de manière viable, il importe de mettre en place aux niveaux national et interrégional des moyens de planification, de réalisation, de coordination, de contrôle et de rapports sur le renforcement des capacités[506]. Il conviendra

[503] Johnson, P. (2020). Capacités intersectorielles pour une économie verte inclusive. *Journal de l'Économie durable,* 15 (3), 89-102.

[504] Baker, L., & Ncube, M. (2019). Initiatives régionales et nationales pour l'économie verte en Afrique. *Revue africaine de Développement durable,* 11 (2), 74-88.

[505] Johnson, P. (2020). Capacités intersectorielles pour une économie verte inclusive. *Journal de l'Économie durable,* 15 (3), 89-102.

[506] Baker, L., & Ncube, M. (2019). Initiatives régionales et nationales pour l'économie verte en Afrique. Revue africaine de Développement durable, 11 (2), 74-88.

d'étoffer les initiatives et les institutions régionales existantes, leur donnant les moyens de soutenir et de réaliser le développement des capacités pour l'économie verte inclusive[507].

Afin que ces initiatives livrent les meilleurs résultats, l'action devra pouvoir être coordonnée en fonction du contexte, de manière à éviter les doublons et à garantir qu'elle réponde aux différentes priorités des pays en matière de renforcement des capacités. Un financement suffisant du passage à l'économie verte en Afrique présente une importance de tout premier plan. Ce passage devra nécessairement commencer par de gros investissements en capital et de grands changements structurels et technologiques. Il faudra un financement suffisant pour développer les compétences et améliorer les capacités et la coordination des interventions de développement d'ordre économique, social et environnemental. Il sera nécessaire aussi de prévoir des ressources financières pour que les pays puissent déployer les mesures d'appui voulues pour la transition, notamment les moyens technologiques, le renforcement des capacités et les réformes institutionnelles et politiques. Les pays ayant réaffirmé leur détermination à réaliser les objectifs de développement durable s'inscrivant dans le développement national et la croissance verte inclusive, de meilleurs partenariats sont désormais possibles entre le secteur privé et les pouvoirs publics, unis pour définir des stratégies de croissance verte bénéfiques pour l'un comme pour les autres. Aussi est-il crucial de mobiliser des ressources privées et publiques supplémentaires pour le passage à l'économie verte.

La mobilisation des ressources nationales sera cruciale pour la réussite du passage à l'économie verte en Afrique[508]. Des réformes fiscales menées prudemment devront servir à perfectionner le système d'administration des impôts[509]. Ces réformes auront à introduire de nouveaux instruments fiscaux verts, en passant par un réexamen de l'assiette de l'impôt effectué en toute transparence, par une nouvelle formulation des instruments fiscaux en place et l'allocation de ressources aux secteurs voulus, ainsi que par la suppression des manques à gagner de ressources nationales grâce à l'élimination des déperditions et des gaspillages. Il faudra aussi donner plus d'efficacité au soutien international, en ciblant mieux les ressources et en les appariant à leur destination la plus appropriée, et en assurant une meilleure participation du secteur privé local au versement des ressources et à la réalisation de projets d'économie verte inclusive. La fragmentation des dispositifs de financement international du développement durable entraîne des difficultés appréciables

---

[507] Adeyemi, K. (2017). Renforcement des capacités pour une économie verte. Revue de l'Innovation technologique, 14 (2), 58-73.

[508] Adeyemi, K. (2017). Mobilisation des ressources pour une économie verte en Afrique. Revue de l'Innovation technologique, 14 (2), 58-73.

[509] Brown, T. (2018). Réformes fiscales et administration des impôts pour une économie durable. *Journal de la Politique fiscale,* 19 (1), 45-60.

pour les pays en développement. La multiplicité des instruments, des facilités, des critères d'attribution et autres conditionnalités, en particulier, pose un problème aux pays en développement qui doivent définir des projets susceptibles d'être financés par différents bienfaiteurs[510].

Il est évident, compte tenu de ce qui précède, que le passage à une économie verte n'aura rien d'automatique. Il faudra des « mesures favorables » qui incitent les différentes parties prenantes, dont les acteurs publics et privés, à investir dans des initiatives d'économie verte. Un environnement porteur est indispensable pour que les pays africains puissent effectuer cette transition en douceur.

Les institutions et les politiques publiques jouent un rôle essentiel pour les progrès de l'économie verte inclusive en Afrique[511]. Avec des instruments bien choisis, elles peuvent piloter et faciliter cette transition. Les efforts consentis par les pays pour déployer les technologies vertes détermineront la rapidité et la qualité du processus[512].

Les initiatives intérieures de développement technologique, comme les centres d'innovation stimulant le développement et le transfert de technologies vertes, l'appui international au transfert de technologies et les progrès de la coopération Sud-Sud, notamment en recherche-développement, pourraient faire de l'Afrique un acteur précieux du développement et du transfert mondial de technologies vertes. Le développement des capacités pour un environnement porteur est indispensable pour les institutions et les personnes actives aux niveaux national, sous-régional et régional. Le lien est étroit entre le développement des capacités et les autres mesures favorisant l'économie verte inclusive[513].

Il est crucial pour la transition, en outre, de mobiliser des ressources publiques et privées, notamment celles qui visent l'adaptation au changement climatique et l'atténuation, l'aide publique au développement, les fonds privés novateurs, les obligations vertes et l'investissement étranger direct ciblant les secteurs verts.

La création d'un cadre favorable, à travers les politiques publiques et réglementations, est indispensable à une transition écologique réussie. L'État devra donc adopter des mesures (incitatives, standards, tarifs de rachat de

---

[510] Mbaye, A., & Ncube, M. (2020). Défis de la multiplicité des instruments de financement pour les pays en développement. *Journal des Politiques de Développement,* 12 (3), 77-89.

[511] Johnson, P. (2020). Rôle des institutions et des politiques publiques dans l'économie verte. *Journal de l'Économie durable,* 15 (3), 89-102

[512] Williams, C. (2021). Technologies vertes et qualité du processus de transition. *Journal des Technologies durables,* 19 (2), 67-82

[513] Mbaye, A., & Garcia, L. (2020). Lien entre développement des capacités et mesures d'économie verte. *Journal des Politiques de Développement durable,* 16 (3), 77-90.

l'énergie, normes sur le carburant, portefeuille énergétique, actions au niveau de la demande, etc.) qui inciteront au verdissement des infrastructures. Les investissements dans les secteurs de l'économie verte requièrent du financement additionnel et, pour ce faire, l'État doit mettre en place les moyens d'attirer ces investissements (ex. : partenariats public-privés, utilisés comme levier des fonds publics pour attirer les fonds privés, crédit, etc.).

Des réformes (institutionnelles, réglementaires et financières) et des politiques incitatives devront être mises en œuvre ou renforcer pour améliorer l'intégration de la dimension environnementale et promouvoir le développement de filières stratégiques, telles que l'efficacité énergétique, les énergies renouvelables, l'économie de l'eau, la gestion durable des déchets solides et liquides, l'agriculture inclusive, l'aquaculture[514]. Des efforts complémentaires devront être effectués également dans les domaines de l'application de la réglementation, fiscalité environnementale, tarification des biens et services environnementaux, mécanismes de financement durables et adaptés, mobilisation des connaissances et de l'innovation et le suivi-évaluation[515].

Pour une transition vers une économie verte, différentes dispositions devront être prises en termes de réglementation, de législation, d'éducation, de sensibilisation :

✓ *Mise en place d'un cadre réglementaire et institutionnel devant faciliter la transition vers une économie verte :*

Un des prérequis pour une transition vers une économie verte consiste respectivement à la mise en place d'un cadre global constitué de[516] :

1. *Structure institutionnelle adéquate* avec notamment comme pierre angulaire les ministères en charge de l'environnement et des finances.
2. *Cadre réglementaire et normatif* à mettre en place devant faciliter cette transition ;
3. *Mise en place d'un cadre de Suivi et évaluation d'une politique* sur la transition vers une économie verte capable d'informer à temps réel sur l'impact des mesures (options) sur l'économie
4. *Mise en place d'une stratégie d'investissement* opérationnelle sur l'économie verte sur la base des options de verdissement déclinées dans le présent rapport : afin d'assurer un financement adéquat d'une politique sur l'économie verte, il est important de rendre opérationnelles les politiques de verdissement par objectifs stratégiques, résultats attendus, indicateurs de

---

514 Smith, R., & Johnson, M. (2019). Réformes et politiques incitatives pour une économie verte. *Revue des Politiques environnementales,* 17 (2), 101-115.

515 Williams, C. (2020). Application de la réglementation et mécanismes de financement durables. *Journal de l'Économie environnementale,* 21 (4), 134-150.

516 Brown, T. (2018). Cadre réglementaire et institutionnel pour une transition vers une économie verte. *Revue internationale de Développement durable,* 19 (3), 75-89

résultats et cibles, tels que définis précédemment. Cette tâche servira de tableau de bord et apportera plus de visibilité pour les actions entreprises.

5. *Financement de l'économie verte* : Il faudra recourir à l'opérationnalisation des Mécanismes de financement innovants (MFI). Les Obligations vertes constituent un outil indispensable pour la mobilisation de ressources destinées à l'environnement et à l'économie verte. L'Opérationnalisation du Fonds National Climat demeure un impératif. La mise en place de fonds constitue à ce jour l'instrument le plus indiqué pour financer la transition écologique et le développement durable.[517]

6. *Politiques et incitations visant la mise en place d'une bonne stratégie d'économie verte :* de telles stratégies et politiques peuvent contribuer à décarboniser l'économie à long terme. Dans ce cas, l'exemple du secteur de l'énergie peut être utilisé avec la réduction de la subvention allouée aux énergies fossiles et leur réallocation aux énergies renouvelables ou encore l'abandon de la mise en place des centrales à charbon. Cette dynamique positive devra être maintenue au niveau politique et faciliter ainsi la transition du Sénégal vers une économie verte.

7. *Poursuite de l'intégration des principes de l'économie verte* au niveau de la planification des secteurs de développement ainsi que leur intégration dans le PND : la transition vers une économie verte est un processus. Il faudra poursuivre et approfondir le travail en cours sur l'intégration du climat dans la planification des secteurs de développement et du PND ;

8. *Encourager le verdissement des entreprises et des investissements* dans les infrastructures vertes ;

9. *Adapter et renforcer les programmes d'éducation et de formation* en relation avec les défis de l'économie verte ;

10. *Renforcer les capacités des pouvoirs publics et privés* en vue de soutenir efficacement une économie verte inclusive à travers leur renforcement à l'analyse sur les défis, à discerner les opportunités, hiérarchiser les mesures, mobiliser les ressources financières internes et externes.

---

[517] Adeyemi, K. (2017). Instruments de financement pour la transition écologique. *Revue de Développement durable*, 14 (4), 82-95.

Conclusion générale

L'économie verte, bien que conceptuellement simple, engendre une transformation profonde et complexe qui touche tous les aspects de la société et de l'économie[518]. Pour l'Afrique, cette transition représente à la fois un immense défi et une opportunité exceptionnelle[519]. Cette conclusion synthétise les principaux enjeux, défis, et perspectives discutées dans le cadre de l'économie verte, en se focalisant particulièrement sur le contexte africain et le cas spécifique du Tchad. La définition et les objectifs de l'économie verte, tels qu'explorés dans la première partie, montrent clairement que cette approche vise à promouvoir une croissance économique durable tout en réduisant l'impact environnemental[520]. L'économie verte se distingue par sa capacité à intégrer des principes de durabilité dans la production, la consommation et la gestion des ressources naturelles. Ses principales caractéristiques incluent l'efficacité énergétique, la réduction des émissions de carbone, et la préservation des écosystèmes[521]. Les avantages pour l'Afrique sont nombreux, allant de la création d'emplois verts et de la stimulation de la croissance économique à la réduction de la vulnérabilité face aux changements climatiques et à la préservation des ressources naturelles vitales.

Malgré plus de trois décennies de péjoration climatiques et de fortes pressions anthropiques qui ont fragilisé l'environnement avec comme conséquences une forte dégradation des ressources naturelles et une baisse généralisée des productions agrosylvopastorales, la République du Tchad a résolument opté pour des politiques de développement socio-économique axées sur la gestion durable des ressources naturelles (y compris la biodiversité) et l'amélioration des conditions de vie de millions d'êtres humains. Cette volonté nationale, exprimée par les hautes autorités et les populations tchadiennes, s'est traduite par l'élaboration d'importants documents d'orientation stratégique et la mise en œuvre de programmes et projets de développement intégrés et participatifs ayant donné des résultats encourageants, même si l'on note encore des défis en termes de menaces et

---

[518] Sachs, J. D. (2015). The Age of Sustainable Development. Columbia University Press

[519] OECD (2020). Green Growth Indicators. Organisation for Economic Co-operation and Development.

[520] African Development Bank (2022). African Economic Outlook 2022.

[521] UNEP (2011). Towards a Green Economy: Pathways to Sustainable Development and Poverty Eradication. United Nations Environment Programme.

contraintes qu'il convient de relever et de circonscrire en mettant à profit les importantes opportunités de développement de ces écosystèmes.

Le continent africain se trouve confronté à des défis importants dans la mise en œuvre de ces principes[522]. La situation économique actuelle de l'Afrique, marquée par une dépendance élevée aux ressources naturelles et des infrastructures limitées[523], accentue les difficultés liées à la transition[524]. Les institutions africaines doivent jouer un rôle crucial dans la promotion de l'économie verte, en établissant des politiques cohérentes et en encourageant des partenariats internationaux pour mobiliser les ressources nécessaires[525]. Les gouvernements doivent, par conséquent, non seulement formuler des politiques adaptées, mais également assurer une mise en œuvre efficace et inclusive de ces stratégies[526].

Le Tchad, en tant qu'exemple spécifique, illustre les défis et les opportunités uniques associés à la transition vers une économie verte dans un contexte national particulier. Présenter la situation économique actuelle du Tchad révèle une économie largement dépendante des ressources naturelles avec des défis liés à l'infrastructure et à la gestion des ressources. Les contraintes spécifiques incluent une gouvernance fragile, un secteur privé sous-développé, et des capacités institutionnelles limitées.

Toutefois, les atouts, tels que les richesses naturelles et les opportunités de développement des infrastructures offrent un potentiel significatif pour la mise en œuvre de stratégies vertes. Les acteurs impliqués dans la transition au Tchad comprennent le secteur public, qui doit concevoir et appliquer des politiques adaptées, le secteur privé, qui joue un rôle essentiel dans l'engagement et l'innovation, ainsi que d'autres parties prenantes, tels que les ONG et les institutions internationales. Pour réussir la transition, il est crucial de coordonner les efforts de ces acteurs et de favoriser des stratégies inclusives et participatives.

Il faudra veiller à une diligente et ferme application des lois existantes conformément aux objectifs du Gouvernement tchadien en termes de lutte contre la dégradation des sols, de lutte contre la désertification, de conservation de la biodiversité, le tout dans le contexte actuel de changement climatique. En plus de l'adoption d'une démarche privilégiant des approches participatives pour identifier les besoins des populations locales et leur savoir-

---

522 Sachs, J. D. (2015). The Age of Sustainable Development. Columbia University Press.

523 African Development Bank (2022). African Economic Outlook 2022, *op.cit.*

524 World Bank (2021). World Development Report 2021: Data for Better Lives. World Bank Publications.

525 OECD (2020). Green Growth Indicators. Organisation for Economic Co-operation and Development

526 NEP (2011). Towards a Green Economy: Pathways to Sustainable Development and Poverty Eradication. United Nations Environment Programme

faire traditionnel, la réalisation des ambitions du Tchad dans le cadre de la transition vers une économie verte passera aussi par la capitalisation de toutes les expériences antérieures de développement rural en tirant les principaux éléments de succès ou d'échec, notamment les acquis relatifs aux questions d'investissements et de gestion collective et/ou privée des ressources naturelles. L'atteinte des succès escomptés nécessitera aussi l'inclusion, au-delà de la frange pluviométrique « 100 à 400 mm », d'autres milieux, contiguë ou non au tracé de la GMV au Tchad, mais également affectée par les phénomènes de désertification et de dégradation des terres.

En effet, les zones de transition et les interactions entre ces différents environnements sont très diffuses et leur non-prise en charge dans le cadre de cette initiative ne participerait pas aux synergies désirées. Les différents documents stratégiques combinés aux enseignements tirés de projets antérieurs ou en cours de mise en œuvre et les divers diagnostics réalisés dans les zones concernées par l'IGMV ont permis la formulation d'axes stratégiques et de programmes d'activités traduisant les aspirations du Gouvernement et des populations rurales. Cette stratégie nationale de mise en œuvre de l'IGMV au Tchad et le plan d'actions ci-dessus présentées constituent un référentiel pour guider la réalisation des activités programmées et leur monitoring continu afin d'atteindre les objectifs affichés.

La mise en œuvre de la GMV au Tchad, comme un peu partout dans les autres pays engagés dans cette initiative, nécessitera la mobilisation d'importantes ressources financières et humaines et reposera sur la formulation, l'exécution et le suivi rigoureux des stratégies et programmes de développement intégrés, participatifs. Elle contribuera alors, aux efforts du Gouvernement du Tchad dans ses efforts de lutte contre la pauvreté et son combat contre la dégradation des terres et la désertification, surtout dans les zones vulnérables du pays, tout en participant à la conservation de la biodiversité et à l'atténuation des changements climatiques défavorables.

Les défis politiques et institutionnels sont au cœur de la réussite ou de l'échec de la transition vers une économie verte[527]. Les négociations entre différentes parties prenantes peuvent être complexes, avec des intérêts souvent divergents. La gestion des réformes, qu'elles soient négociées ou non négociées, présente des avantages et des risques distincts[528]. Les réformes négociées, bien qu'elles permettent de concilier divers intérêts, peuvent être lentes et sujettes à des compromis qui ralentissent le processus[529].

En revanche, les réformes non négociées, bien que potentiellement plus rapides, risquent de générer des résistances et des conflits. L'inclusion et la

---

[527] Meadowcroft, J. (2007). Who is in Charge Here? Governance for Sustainable Development. In Sustainable Development.

[528] Rosenau, J. N. (2000). New and Old Challenges to Global Governance. In Global Governance and the United Nations System.

[529] Giddens, A. (2009). The Politics of Climate Change. Polity Press.

durabilité sont des enjeux cruciaux. Éviter que la transition ne renforce les inégalités sociales nécessite la mise en place de politiques de compensation et de soutien ciblées. Les politiques doivent viser à équilibrer les avantages de la transition verte de manière équitable entre différents groupes socio-économiques. La gestion des disparités et la promotion de la justice sociale doivent être intégrées dans les stratégies de transition pour garantir que les bénéfices soient partagés de manière équitable et que les groupes vulnérables ne soient pas laissés pour compte.

Pour assurer une transition durable et équitable à long terme, les pays africains, y compris le Tchad, doivent adopter une approche intégrée qui prend en compte les dimensions économiques, sociales et environnementales[530]. Cela implique une planification à long terme, une vision stratégique claire, et une capacité d'adaptation aux évolutions futures. Les politiques doivent être conçues non seulement pour résoudre les problèmes immédiats, mais aussi pour anticiper les défis futurs. La mobilisation des ressources intérieures, le soutien à l'innovation, et la participation des citoyens sont essentiels pour créer un environnement propice à la réussite de la transition[531].

L'engagement politique et la continuité des politiques publiques sont également cruciaux pour attirer les investissements nécessaires et maintenir la stabilité économique. Le renforcement des institutions, la transparence, et l'efficacité des politiques doivent être au centre des efforts pour garantir que les initiatives vertes soient non seulement mises en œuvre, mais également maintenues et ajustées en fonction des résultats obtenus. La transition vers une économie verte en Afrique, bien qu'ardue, représente une opportunité unique pour le continent de se développer de manière durable et inclusive. Le Tchad, avec ses défis et opportunités spécifiques, peut servir de modèle pour d'autres pays africains en illustrant les voies possibles pour une transformation réussie. L'intégration des principes de durabilité dans les politiques économiques, l'engagement des acteurs clés, et une gestion équitable des transitions sont des éléments essentiels pour construire un avenir plus vert et plus prospère pour l'Afrique.

[530] UNEP (2011). Towards a Green Economy: Pathways to Sustainable Development and Poverty Eradication. United Nations Environment Programme.
[531] World Bank (2013). World Development Report 2013: Jobs. World Bank Group.

Références bibliographiques

Adeyemi, K. (2017a). Initiatives régionales et technologies vertes en Afrique. Revue de l'Innovation Technologique, 14(2), 58-73

Adeyemi, K. (2017b). Renforcement des capacités pour une économie verte. Revue de l'Innovation Technologique, 14(2), 58-73.

Adeyemi, K. (2017c). Mobilisation des ressources pour une économie verte en Afrique. Revue de l'Innovation Technologique, 14(2), 58-73.

Adeyemi, K. (2017). Instruments de financement pour la transition écologique. Revue de Développement Durable, 14(4), 82-95.

Adler, N. (2002). International Dimensions of Organizational Behavior, Thomson Learning, p. 150-155.

African Civil Society Circle (2018). The Role of Civil Society in Africa's Transition to a Green Economy. Addis Ababa: African Civil Society Circle.

African Development Bank (AfDB). (2023). "Debt Sustainability and Economic Growth in Africa". AfDB.

African Development Bank (2022). African Economic Outlook 2022.

African Development Bank (AfDB, 2022). "Transformative Development in Africa: Policy and Implementation". AfDB.

African Development Bank (AfDB, 2022). "Supporting Educational Infrastructure and Skill Acquisition in Africa". AfDB.

African Development Bank (2022). Challenges in Capturing Green Investments. p. 20.

African Development Bank (AfDB, 2023). "Strengthening the Social Contract through Fiscal Compliance." AfDB.

African Development Bank (AfDB, 2023). "Public Enterprise Reform: Strategies for Efficient and Competitive Operations."

African Development Bank (AfDB, 2023). "Africa's Green Wealth: Assessing and Valuing Natural Capital.

African Development Bank (AfDB, 2021). "Financing Africa's Infrastructure: New Strategies, Mechanisms, and Instruments." AfDB.

African Development Bank (2019). Unlocking Africa's Business Potential: Trends, Opportunities, Risks, and Strategies. Abidjan: African Development Bank

African Development Bank Group (2023). Promoting Green Growth in Africa: Enhancing Donor Support and Coordination

African Development Bank Group (2015). Transitioning towards Green Growth: A Framework for the African Development Bank. African Development Bank Group

African Development Bank (AfDB, 2021). "Financing Africa's Infrastructure: New Strategies, Mechanisms, and Instruments." AfDB.

African Development Bank (2019). Unlocking Africa's Business Potential: Trends, Opportunities, Risks, and Strategies. Abidjan: African Development Bank

African Development Bank Group (2023). Promoting Green Growth in Africa: Enhancing Donor Support and Coordination

Agence Internationale de l'Énergie (AIE). "Renewables 2020." https://www.iea.org/reports/renewables-2020

African Union (2022), Linking Climate Finance to Green Transition.

Agence internationale de l'énergie (2014). Accès limité à l'électricité en Afrique subsaharienne.

Agence internationale de l'énergie (2023), World Energy Investment 2023 (Paris, France.

Agence Internationale de l'Énergie (AIE, 2020). "Renewables 2020." https://www.iea.org/reports/renewables-2020

Alliance pour une révolution verte en Afrique (2016). *Africa Agriculture Status Report 2016. Progress Towards Agricultural Transformation in Africa*. Nairobi.

Arnstein, S. R. (1969). A Ladder of Citizen Participation. Journal of the American Institute of Planners, 35(4), 216-224.

Artus, P., Betbèze, J. P., De Boissieu, C., & France. Conseil d'analyse économique (2008). *La crise des subprimes*. La Documentation française.

Auclair, S., & Vaillancourt, J. G. (1992). Le développement durable: du concept à l'application. *Gestion de l'environnement, éthique et société*, p.251-281.

Audet, R. (2016). Discours autour de la transition écologique. *La transition énergétique en chantier. Les configurations institutionnelles et territoriales de l'énergie*, 11-30.

Baarsch F et Michiel Schaeffer (2019), Climate Change Impacts on Africa's Economic Growth (Abidjan, Banque africaine de développement

Baker, L., & Ncube, M. (2019). Initiatives régionales et nationales pour l'économie verte en Afrique. Revue Africaine de Développement Durable, 11(2), 74-88.

BAD (2023) *Stratégie pour la gouvernance économique en Afrique*.

Banque africaine de développement (2012). Le rôle du secteur privé dans le développement économique de l'Afrique. Abidjan: Banque africaine de développement.

Banque Africaine de Développement (2023). Stratégie de numérisation en Afrique.

Banque Africaine de Développement (2023). Plan directeur numérique pour l'Afrique. Banque Africaine de Développement.

Banque Africaine de Développement. (2023). Rapport sur les infrastructures en Afrique.

Banque Africaine de Développement (2023). Stratégie de financement des infrastructures en Afrique. Banque Africaine de Développement.

Banque africaine de développement (2015).Transition Towards Green Growth in Mozambique: Policy Review and Recommendations for Action. Côte d'Ivoire.

Banque africaine de développement (2015). Transition Towards Green Growth in Mozambique: Policy Review and Recommendations for Action. Côte d'Ivoire.

Barbier, E. B. (2016). Building the Green Economy. Cambridge University Press. Voir aussi Sachs, J. D. (2015). The Age of Sustainable Development. Columbia University Press.

Barbier, E. B. (2010). A Global Green New Deal: Rethinking the Economic Recovery. Cambridge University Press.

Barbier EB, Burgess JC, "Sustainability and development after COVID-19", World Dev. 2020;135:105082. doi:10.1016/j.worlddev.2020.105082.

Bardach, E. (2005). A Practical Guide for Policy Analysis: The Eightfold Path to More Effective Problem Solving. CQ Press.

Bebbington, A., et al. (2018). "Stakeholder Engagement and Sustainability". Routledge

Beierle, T. C., & Cayford, J. (2002). Democracy in Practice: Public Participation in Environmental Decisions. Resources for the Future.

Bézançon, J. (1992) Climatologie du Tchad. Éditions du CNRS.

Black, D (2021), Long-Term Financial Gains from Green Technologies, Springer, p. 102-107.

Black, J. (2018) Evaluating Policy Adjustments in Green Strategies, Oxford University Press, p. 42-47.

Botsman, R., & Rogers, R. (2010). What's Mine Is Yours: The Rise of Collaborative Consumption. Harper Business.

Bronson W. Griscom & *ali*, "National mitigation potential for natural climate solutions in the tropics", Philosophical Transactions of the Royal Society Biological Sciences, 2020

Brown, D. (2018). Economic Cycles and Regional Performance, Cambridge University Press, p. 89-95.

Brown, J. (2019), Air Quality Regulation and Public Health, Oxford University Press, p. 78-83.

Brown, E. (2022), Innovation and Entrepreneurship in Green Industries, SpringerQ, p. 101-107.

Brown, M. (2022), Public Investments in Renewable Energy, Palgrae Macmillan, p. 102-108.

Brown, M. (2020), Consumer Preferences for Eco-Friendly Products, Springer, p. 25-30.

Brown, M. (2021), Building Resilient Infrastructure for Climate Adaptation, Springer, p. 20-25.

Brown, E. (2020), Cost Reduction through Sustainable Practices, Springer, p. 32-37.

Brown, T. (2016). Politiques publiques pour une économie verte. Éditions Écologiques.

Brown, L. (2022), Combating Corruption in Environmental Conservation, Cambridge University Press, p. 50-55.

Brown, E. (2021), The Benefits of Green Spaces on Urban Health and Well-being, Cambridge University Press, p. 50-55.

Brown, T. (2017). Technologies vertes et transition vers une économie durable. Éditions Écologiques.

Brown, T. (2018). Réformes fiscales et administration des impôts pour une économie durable. Journal de la Politique Fiscale, 19(1), 45-60.

Brown, T. (2018). Cadre réglementaire et institutionnel pour une transition vers une économie verte. Revue Internationale de Développement Durable, 19(3), 75-89.

Brown, J. (2021). Long-Term Profitability in Financial Institutions, Wiley, p. 12-18.

Brown, T., & Green, E. (2018). Politiques vertes et développement durable à long terme. Revue Internationale du Développement, 13(2), 78-93.

Bureau National des Statistiques du Tchad. (2022). Rapport sur la Productivité du Sorgho au Tchad. N'Djamena: Gouvernement du Tchad.

Carnegie Mellon University. (2023). "Regional Center of Excellence in ICT, Rwanda". Carnegie Mellon University.

Carroll, A. B. (1991). The Pyramid of Corporate Social Responsibility: Toward the Moral Management of Organizational Stakeholders. Business Horizons, 34(4), 39-48.

CEA (2013), Rapport Économique sur l'Afrique 2013: Tirer le Plus Grand Profit des Produits de Base Africains: L'industrialisation au Service de la Croissance, de l'Emploi et de la Transformation Économique.

CEA. (2011). L'économie verte et les pratiques d'irrigation durable.

CEA (2016) Alliance pour une révolution verte en Afrique, (Addis Ababa).

CEA (2023) Debt and Finance Profiles: Africa (Addis Ababa).

CEA (2022), What constitutes a just and equitable transition for Africa? Who defines it? Opportunities and challenges, document présenté lors des quatrièmes Pourparlers sur le climat en Afrique, Maputo, juillet.

CEA (2021), Building Forward for an African Green Recovery (Addis-Abeba)

CEA et PNUE (2017). Investissements dans les énergies renouvelables en Afrique : Opportunités et défis. Addis-Abeba:.

CEN-SAD (1998). Traité constitutif de la Communauté des États saharo-sahéliens. Signé le 4 février 1998

Central African Economic and Monetary Community (CEMAC). (2023). Economic Overview of CEMAC

Centre for Social Innovation (2023), Strategies for Integrating Social and Environmental Considerations.

Chaves, R., & Monzón, J. L. (2007). The social economy in the European Union. CIRIEC.

Chavi Meattle et al. (2022), Landscape of Climate Finance in Africa (Climate Policy Initiative.

Chesbrough, H. (2003). Open Innovation: The New Imperative for Creating and Profiting from Technology. Harvard Business Review Press.

Clark, D. (2021), Enhancing Quality of Life through Local Employment Initiatives, Springer, p. 50-55.

Clark, J. (2020), Strategic Risk Management and Market Reputation, Palgrave Macmillan, p. 80-85.

Collier, P., & Venables, A. J. (2012). Green Growth: A Conceptual Framework. Oxford University Press

Commission du Bassin du Lac Tchad (CBLT). "La coopération sécuritaire dans le bassin du lac Tchad

Commission économique pour l'Afrique (2020). The 'SDG7 Initiative for Africa': accelerating clean energy investments for access and climate ambition in Africa, document préparé pour la troisième édition du Forum des entreprises africaines (Africa Business Forum), Addis-Abeba, février.

Commission européenne (2014). European Business and the Informal Economy: An Overview. Brussels: European Commission.

Commission mondiale sur l'environnement et le développement de l'Organisation des Nations unies, présidée par Gro Harlem Brundtland, « Our Common Future », Rapport, 1987.

Commission économique pour l'Afrique (2015), Flux financiers illicites : Rapport du Groupe de haut niveau sur les flux financiers illicites en provenance d'Afrique (Addis-Abeba).

Communauté économique et monétaire de l'Afrique centrale (CEMAC). "L'intégration économique et monétaire en Afrique centrale.

Conférence des Nations Unies sur le commerce et le développement, The costs of achieving the sustainable development goals.

Cook, Smith & Utting (2012), Green Economy or Green Society ? Contestation and Policies for a far Transition, Occasional Paper Ten, United Nations Research Institute for Social Development, november.

Daly (1990) « Toward some operational principles of sustainable development », *Ecological Economic*, Vol .2, l-6.

Daly, H. E., & Farley, J. (2011). Ecological Economics: Principles and Applications. Island Press

Defourny, J., & Develtere, P. (1999). *L'économie sociale au Nord et au Sud.* De Boeck Supérieur.

De Sardan, J. P. O. (2001). Les trois approches en anthropologie du développement. *Revue Tiers Monde*, 729-754.

Department for International Development (DFID). (2023). UK's Green Economy Approach in Africa.

Doe, J. (2020). Climate Change and Carbon Sources, Oxford University Press, p. 50-54.

Dupont, J. (2020). Législations pour un avenir vert. Éditions Écologie.

Durand, J., & Giroux, L. (2022). La gouvernance des chaînes de valeur mondiales et le projet vert: Une analyse des dynamiques internes et des normes environnementales. Éditions Académiques Internationales
Durand, J., & Giroux, L. (2022). La gouvernance des chaînes de valeur mondiales et le projet vert: Une analyse des dynamiques internes et des normes environnementales. Éditions Académiques Internationales
Eccles, R. G., Ioannou, I., & Serafeim, G. (2014). The Impact of Corporate Sustainability on Organizational Processes and Performance. Management Science, 60(11), 2835-2857.

Education, M. (2009). *Shaping the future: How good education systems can become great in the decade ahead*. McKinsey & Company, Singapore.

Ela, J. M. (1998). Innovations sociales et renaissance de l'Afrique Noire: Les défis du" monde d'en-bas", Paris, L'harmattan.

Environmental Protection Agency (2008) Compensatory Mitigation for Losses of Aquatic Resources. Washington, DC: EPA.

Équipe spéciale des Nations Unies chargée du programme de développement pour l'après-2015 (2013). Défis et opportunités pour les investissements dans le développement durable. New York: Nations Unies.

Ernst and Young (2023) Renewable Energy Country Attractiveness Index: will local ambition fast-track or frustrate the global energy transition, 61e édition, juin.

European Environment Agency (2020). DPSIR Framework for Environmental Analysis. Copenhagen: EEA.

European Commission (2014). Towards a Circular Economy: A Zero Waste Programme for Europe

Ellen MacArthur Foundation (2013). Towards the Circular Economy: Economic and Business Rationale for an Accelerated Transition.

Environmental Protection Agency, 2023, Sustainable Consumption and Production.

Éthiopie, Plan II de croissance et de transformation / Économie verte résiliente au changement climatique.

European Innovation Council (2020), Clusters and Innovation Ecosystems, Bruxelles, Belgium.

European Environment Agency (EEA, 2020). "Feedback Mechanisms for Policy Adjustment and Improvement". EEA.

European Environment Agency. (2020). DPSIR Framework for Environmental Analysis. Copenhagen: EEA.

European Commission (2011). A Renewed EU Strategy 2011-14 for Corporate Social Responsibility. Brussels: European Commission.

European Commission (2020). Circular Economy Action Plan. Commission européenne.

European Commission (2014). Towards a Circular Economy: A Zero Waste Programme for Europe. European Commission.

European Commission (2023). "Economic and Environmental Forecasting for Policy Planning". European Commission.

European Commission. (2020). Circular Economy Action Plan. Commission européenne.

European Commission "Private Sector Development: Strategies and Approaches for Sustainable Development." Commission Européenne, 2014.

European Commission (2018). Impact Assessment in Green Economy Planning. Brussels: European Commission.

Fair Trade International (2023), Certification Labels and Consumer Choices.

FAO, « Les 10 éléments de l'agro-écologie. Guider la transition vers des systèmes alimentaires et agricoles durables », Rapport disponible sur https://openknowledge.fao.org.

FAO (2015). Managing Fertilizer Subsidies: Balancing Costs and Benefits. Rome: Food and Agriculture Organization of the United Nations.

FAO (2020). Les Ressources Naturelles: Forêts, Faune, Sols et Eaux. Rome: Food and Agriculture Organization of the United Nations

FAO (2021). Rendements des Périmètres Villageois au Tchad. Rome: Food and Agriculture Organization of the United Nations

FAO (2020). Ressources en Eaux Souterraines et Hydrographie du Tchad. Rome: Food and Agriculture Organization of the United Nations.

FAO (2021). Impact des Conditions Climatiques sur les Cultures au Tchad. Rome: Food and Agriculture Organization of the United Nations.

FAO (2021). Estimation des Besoins en Semences pour les Vivriers au Tchad. Rome: Food and Agriculture Organization of the United Nations

FAO (2022). Interventions pour la Fourniture de Semences au Tchad. Rome: Food and Agriculture Organization of the United Nations.

FAO (2020). Les Ressources Naturelles: Forêts, Faune, Sols et Eaux. Rome: Food and Agriculture Organization of the United Nation

FAO (2015). Managing Fertilizer Subsidies: Balancing Costs and Benefits. Rome: Food and Agriculture Organization of the United Nations.

FAO (2021). Estimation des Besoins en Semences pour les Vivriers au Tchad. Rome: Food and Agriculture Organization of the United Nations

Fisher, R. (2005) Beyond Reason: Using Emotions as You Negotiate, Viking Penguin, p. 135-140.

FMI (2023), List of LIC DSAs for PRGT-Eligible Countries as of November 30.

Food and Agriculture Organization (FAO, 2023). Water Resources in Chad.

Food and Agriculture Organization (FAO, 2023). Challenges in Chad's Fishing Sector.

Frenken, K., & Schor, J. (2017). Putting the sharing economy into perspective. Environmental Innovation and Societal Transitions, 23, 3-10.

Garcia, L., & Lee, H. (2018). Réduire, Réutiliser, Recycler : Un guide pour l'économie durable. Revue des Politiques Écologiques, 22(1), 33-49

Garrity, D. (2022). Orientations Politiques pour l'Irrigation. Journal of Agricultural Policy, 37(1), 89-101.

Gaume, E. (2000). Hydrologie: cycle de l'eau et modélisation pluie-débit. École nationale des ponts et chaussées. Rapport technique. France, p. 1.

G20 (2023). "The Triple Agenda for Reforming the Global Financial Architecture

Geological Survey of Chad (2023). Mineral Resources in Chad.

Hultman, N., Sierra, K., & Shapiro, A. (2012). Green Technology and Innovation: A Comprehensive Review. Oxford University Press.

International Journal of Mining and Mineral Resources. (2023). Mining Activities in Chad

Gendron, C., & Revéret, J. P. (2000). Le développement durable. *Économies et sociétés*, 37(91), 111-124.

Gereffi, G., Humphrey, J. et Sturgeon, T. (2005). La gouvernance des chaînes de valeur mondiales. Revue d'économie politique internationale, *12*(1), 78-104Giddens, A. (2009). The Politics of Climate Change. Polity Press. [Réformes négociées

Global Environmental Change Journal (2022), Regulatory Effectiveness and Pollution Management.

Global Environmental Facility (2021), Lifecycle Assessment of Eco-Friendly Products.

Global Environment Facility (GEF). (2020). Monitoring and Evaluation of Policy Implementation. Washington, D.C.: GEF.

Global Financial Markets Association (GFMA). (2023). "Global Assets Under Management: 2022 Review and 2025 Projections."

Global Green Growth Institute (GGGI, 2022). "Green GDP and the Transition to a Sustainable Economy: Lessons for Africa." GGGI.

Global Green Growth Institute (GGGI, 2023). Designing and Implementing Inclusive Green Growth Strategies in Africa.

Global Green Growth Institute (GGGI, 2015). Green Growth in Practice: Lessons from Country Experiences. GGGI.

Global Reporting Initiative (GRI, 2022). "Digital Tools for Monitoring and Evaluating Sustainability Initiatives". GRI.

Global Reporting Initiative (GRI, 2020). GRI Standards: Reporting Principles. Amsterdam: Global Reporting Initiative.

Gouvernement du Tchad (2019). Étude de la Productivité Forestière au Tchad. Ministère des Ressources Naturelles

Gouvernement du Tchad (2021). Inventaire des Cours d'Eau et Réseaux Hydrographiques au Tchad. N'Djamena: Ministère des Ressources en Eau.

Gouvernement du Tchad (2020). Production et Besoins en Semences. N'Djamena: Ministère de l'Agriculture

Gouvernement du Tchad (2020). Historique et Développement des Grands Périmètres Irrigués. N'Djamena: Ministère de l'Agriculture.

Gouvernement du Tchad (2022). Opportunités d'Emploi et Cohésion Sociale. N'Djamena: Ministère de la Jeunesse et des Sports.

Government of Kenya (2013). Kenya Vision 2030: Second Medium Term Plan, 2013-2017. Government of Kenya.

Green, E. (2020), Environmental Regulations and Corporate Compliance, Cambridge University Press, p. 62-67.

Green, D. (2022), Sustainable Practices for Local Resilience and Economic Development, Palgrave Macmillan, p. 40-45.

Green, L. (2020), Employment Opportunities in Sustainable Economic Growth, Cambridge University Press, p. 22-27.

Green, R. (2019) Sustainable Economic Growth and Employment, Palgrave Macmillan, p. 32-38.

Green, S. (2020), Policy Evaluation in Climate Change Mitigation, Springer, p. 110-115 ;

Green, J (2021), The Role of NGOs in Environmental Policy Implementation, Routledge, p. 15-20.

Grossman, G. M. (1995), The Environment and Growth: The Role of Economic Development.

Growth and Environment Review (2023), Synergies Between Economic Growth and Environmental Protection.

Global Green Growth Institute (GGGI). (2023). Designing and Implementing Inclusive Green Growth Strategies in Africa.

Gunningham, N. (2017). "Smart Regulation for the Green Economy". Routledge.

Guzmán, S et al. (2022), The state of climate finance in Africa: climate finance needs of African countries (Climate Policy Initiative).

Hanne, H. (2010). Pour une modélisation prévisionnelle des marchés de l'énergie. *Géoéconomie*, (2), 121-129.

Harris, R. (2020), Risk Management and Market Reputation, Palgrave Macmillan, p. 15-20.

Hepburn, C. (2007). Regulation by Prices, Quantities, or Both: A Review of Instruments to Control Environmental Externalities. Oxford Review of Economic Policy, 23(4), 496-518.

Hultman, N., Sierra, K., & Shapiro, A. (2012). Green Technology and Innovation: A Comprehensive Review. Oxford University Press.

Hunt, A., Ferguson, J., Hurley, F. et Searl, A. (2016). Coûts sociaux de la morbidité, impacts de la pollution de l'air.

IEA (2020). Energy Subsidies and Economic Impacts: Global Perspectives. Paris: International Energy Agency.

IEA (2020). World Energy Outlook 2020. Agence internationale de l'énergie.

International Energy Agency (IEA, 2021). Analyzing Energy Systems: Demand and Supply Dynamics. Paris

World Bank (2020). Understanding Poverty: Key Factors and Behavioral Determinants. Washington, D.C.

ICLEI (2018). "Sustainable Development Planning for Local Governments". International Council for Local Environmental Initiatives.

ILO (2016). "Work in a Green Economy: A Review of Policy Approaches". International Labour Organization.

ILO (2018). World Employment and Social Outlook 2018: Greening with jobs. International Labour Organization

ILO (2013). "Green Jobs: Towards Decent Work in a Sustainable, Low-Carbon World". International Labour Organization.

IIED. (2017). Long-Term Strategies and Short-Term Impacts: Managing the Transition to a Green Economy.

International Energy Agency (IEA, 2020). "Renewables 2020: Analysis and Forecast to 2025." IEA.

International Finance Corporation (2012). Performance Standards on Environmental and Social Sustainability. Washington, DC: IFC.

International Finance Corporation (IFC, 2020). "Blended Finance: A Powerful Tool for Sustainable Development in Africa." IFC.

International Journal of Geosciences (2023). The Tibesti Mountains: Geography and Climate

International Monetary Fund (IMF, 2023). Chad Oil Sector Crisis

International Institute for Environment and Development (IIED, 2020). Cultures Céréalières et Superficies Cultivées en Zone Soudanienne. African Farming Journal, 45(4), 345.

International Institute for Environment and Development. (2020). Integrated Sectoral Approaches for Green Growth.

International Institute for Environment and Development (IIED, 2017). Long-Term Strategies and Short-Term Impacts: Managing the Transition to a Green Economy.

International Organization for Standardization (ISO, 2015). ISO 14001: Environmental Management Systems – Requirements with Guidance for Use. Geneva: ISO

International Statistical Institute (2021). Comparing Data Sources for Economic and Environmental Indicators. The Hague: ISI.

International Institute for Environment and Development European Commission (2018). Impact Assessment in Green Economy Planning. Brussels: European Commission.

International Institute for Environment and Development (IIED, 2020). Cultures Céréalières et Superficies Cultivées en Zone Soudanienne. African Farming Journal, 45(4), 345-355.

International Institute for Environment and Development (IIED, 2019). Incentives and Disincentives in Policy Implementation. London: IIED.

IPCC (2019). *Climate Change and Land.* Groupe d'experts intergouvernemental sur l'évolution du climat.

World Bank (2018). The Role of Resource Efficiency in Promoting Sustainable Development. Banque mondiale.

Jackson, P. (2021). Faune Sauvage du Tchad: Mammifères et Habitats. *African Wildlife Journal,* 47(3), 345-359.

Jeffrey, K., & Seaford, C. (2014). Sharing the Load: Equity and Justice in the Green Economy. In Sustainable Development and Social Justice, pp. 19-20.)

Johnson, L. (2019). Scale Reduction and Economic Control. Cambridge University Press.

Johnson, M. (2021), Administrative Dimensions in Green Policy Implementation, Routledge, p. 102-107.

Johnson, M. (2020), The Role of Consumer Awareness in Promoting Responsible Business Practices, Routledge, p. 33-38

Johnson, M. (2020), Market Diversification and Risk Management, Palgrave Macmillan, 2020, p. 45-50.

Johnson, S. (2021). Improving Community Quality of Life and Well-being, Oxford University Press, p. 12-18.

Johnson, S. (2019), Environmental Policy and Public Responsibility, Cambridge University Press

Johnson, S. (2018), Skills Development and Transition for Green Jobs, Palgrave Macmillan, p. 68-74.

Johnson, P. (2017). L'éco-étiquetage : Vers une consommation responsable. *Journal de la Consommation Verte,* 8(2), 75-90.

Johnson, P. (2019). Contraintes et adaptations dans la mise en œuvre des politiques publiques. *Journal de l'Économie Politique,* 12(3), 67-82.

Johnson, P. (2020). Capacités intersectorielles pour une économie verte inclusive. *Journal de l'Économie Durable,* 15(3), 89-102.

Johnson, S. (2020). Building a Strong Employer Brand, Routledge, p. 33-38.

Jones, A., & Thompson, R. (2018). Les défis des grandes entreprises face à la responsabilité sociale. *Revue Internationale de Gestion,* 12(3), 45-60.

Kotter, J.P. (2012), Leading Change, *Harvard Business Review Press*, p. 105-115.

Laville, J.-L. (2010). L'économie solidaire: Une perspective internationale. Hachette.

Laville, J.-L., Lemaitre, A., & Nyssens, M. (2006). Public policies and social enterprises in Europe: The challenge of institutionalization. In Nyssens, M. (Ed.), Social Enterprise: At the crossroads of market, public policies and civil society (pp. 272-295). Routledge

Lee, J. (2021). Local Employment and Regional Economic Development, Palgrave Macmillan, p. 15-20.

Leimbach, M., et al. (2010). "Managing the Future: Climate Change and the Role of Economic Models". Cambridge University Press.

Lin et Monga (2010) African Union 2022, Investment Strategies and Comparative Advantage..

Martin, J. (2015). Le principe du pollueur-payeur et ses applications. Éditions Environnementales.

Martin, P., & Dupont, A. (2021). Les défis de la gouvernance verte dans les chaînes de valeur mondiales. Presses Universitaires de Paris.

Mbaye, A., & Williams, C. (2018). Renforcement des réseaux scientifiques et de la R-D en Afrique. Journal des Politiques Scientifiques, 21(3), 105-122.

Mbaye, A., & Ncube, M. (2020). Défis de la multiplicité des instruments de financement pour les pays en développement. Journal des Politiques de Développement, 12(3), 77-89.

Mbaye, A., & Garcia, L. (2020). Lien entre développement des capacités et mesures d'économie verte. *Journal des Politiques de Développement Durable,* 16(3), 77-90.

McMillan, M., & Harttgen, K. (2014). Structural Change and Economic Development in Africa. *Journal of African Economies,* 23(1), 12-47.
McMillan, M., & Harttgen, K. (2014). Structural Change and Economic Development in Africa. Journal of African Economies, 23(1), 12-47.
Meadows, D. H., Meadows, D. L., Randers, J., & Behrens, W. W. (1972). The Limits to Growth: A Report for the Club of Rome's Project on the Predicament of Mankind. Universe Books.

Meadowcroft, J. (2007). Who is in Charge Here? Governance for Sustainable Development. In Sustainable Development.

Meckling, J. (2011). The Politics of Clean Energy: How Government and Business Shape Green Innovation. Cambridge University Press.

Miller, C., & Wyborn, C. (2018). "The Role of Public Participation in the Design of Green Policies". Policy Studies Journal.

Miller, R. E., & Blair, P. D. (2009). Input-Output Analysis: Foundations and Extensions. Cambridge University Press

Mintzberg, H. (1990). The Design School: Reconsidering the Basic Premises of Strategic Management. Strategic Management Journal, 11(3), 171-195.

Moulaert, F., & Ailenei, O. (2005). Social economy, third sector and solidarity relations: A conceptual synthesis from history to present. Urban Studies, 42(11), 2037-2053.

National Renewable Energy Laboratory (NREL). (2023). "Pilot Projects and Local Initiatives in Green Technology". NREL.

Nations Unies. Commission économique pour l'Afrique. (2020). Économie politique d'une économie verte: transition en Afrique. Addis-Abeba ©

Nations unies, « Deuxième Commission: l'éradication de la pauvreté doit être inscrite comme une priorité dans le programme de développement pour l'après-2015 », article du 17/10/2013, disponible sur https://press.un.org/fr/2013/agef3372.doc.htm

Nations Unies. Commission économique pour l'Afrique(2017). Rapport économique sur l'Afrique 2017. L'industrialisation et l'urbanisation au service de la transformation de l'Afrique, CEA, Addis-Abeba.

NEP (2011). Towards a Green Economy: Pathways to Sustainable Development and Poverty Eradication. United Nations Environment Programme

NEPAD (2004). Programme Détaillé de Développement de l'Agriculture (PDDAA) : Cinq piliers de développement. Nouveau Partenariat pour le Développement de l'Afrique.

O'Brien, K., & Leichenko, R. (2003). "Winners and Losers in the Context of Global Climate Change". In Climate Change and Development, Routledge.

Organisation des Nations Unies pour le Développement Industriel (ONUDI). "Energy Profile Tchad." https://www.unido.org/our-focus/energy-access

OECD (2018). Guidelines for Multinational Enterprises. Paris: Organisation for Economic Co-operations and Development.

International Institute for Environment and Development (2011). Planning for Environmental and Social Sustainability. London: IIED.

International Institute for Environment and Development (2020). Integrated Sectoral Approaches for Green Growth.

United Nations Environment Programme (UNEP, 2013). Using Indicators for Green Economy Policy Making. Nairobi: UNEP.

International Statistical Institute (2021). Comparing Data Sources for Economic and Environmental Indicators. The Hague: ISI.

OECD (2011). "Towards Green Growth". Organisation for Economic Co-operation and Development.

OECD (2012). Improving Strategic Stakeholder Management. Paris: Organisation for Economic Co-operation and Development.

OECD (2016). Policy Strategies for a Green Economy. Paris: OECD Publishing

OECD (2018). "Indicators for Environmental Policy: Developing Effective Metrics". Organisation for Economic Co-operation and Development.

OECD (2020). Policy Responses to the Coronavirus Crisis. Organisation for Economic Co-operation and Development.

OECD (2012). Green Growth and Developing Countries: A Summary for Policymakers. Organisation for Economic Co-operation and Development

OECD (2016). Policy Strategies for a Green Economy. Paris: OECD Publishing.

Organisation for Economic Co-operation and Development (OECD, 2020). Impact Assessment in Green Economy Studies. Paris: OECD.

Organisation for Economic Co-operation and Development (OECD, 2016). "The Economic Consequences of Outdoor Air Pollution." OECD Publishing.

OECD (2020). Green Growth Indicators. Organisation for Economic Co-operation and Development.

OECD (2020). "Innovations in Social Policy and Environmental Sustainability". Organisation for Economic Co-operation and Development.

OCDE (2011), *Vers une croissance verte*, Études de l'OCDE sur la croissance verte, Éditions OCDE, Paris, https://doi.org/10.1787/9789264111332-fr.

OECD (2020). Policy Instruments for Environmental Goals. Paris: OECD.

OECD (2016). "Local Green Growth: Strategies for Local and Regional Governments". Organisation for Economic Co-operation and Development.

OECD (2020). Comparative Analysis of Policy Options. Paris: OECD.

OECD (2020). Policy Instruments for Environmental Goals. Paris: OECD.

OECD (2020). Impact Assessment in Green Economy Studies. Paris: OECD.

OCDE (2022), Commission de l'Union africaine et Forum sur l'administration fiscale africaine, Revenue Statistics in African, Paris, Éditions OCDE.

OECD (2020). Policy Instruments for Environmental Goals. Paris: OECD.

OCDE, Niveaux d'APD en 2022 : données préliminaires, note de synthèse détaillée, 12 avril 2023

ONU (2020), Rapport 2020 sur le développement économique en Afrique : les flux financiers illicites et le développement durable en Afrique, New York.

Commission économique pour l'Afrique (2015), Flux financiers illicites : Rapport du Groupe de haut niveau sur les flux financiers illicites en provenance d'Afrique (Addis-Abeba).

Oxfam (2021), "Financement pour les ONG: Stratégies et Opportunités dans les Secteurs Agricole et de Gestion des Ressources." Oxfam.[2]

Perman, R., & Stern, D. I. (2003), Re-evaluating the Growth-Environment Nexus. p. 29.

Peter S. (2006), The Fifth Discipline: The Art & Practice of The Learning Organization, Doubleday, p. 68-74.

Peterson, S. (2021). Transition industrielle et opportunités d'emploi vert. Journal des Politiques Environnementales, 14(4), 134-150.

PNUD (2012). Examples of inclusive Green Economy approaches in UNDP's support to countries.

United Nations Development Programme (UNDP, 2015). Integrated Policy and Strategy Development for Green Economy. New York: UNDP.

PNUE (2010). Green Economy: Developing Countries: Success Stories.

Programme des Nations Unies pour l'environnement (PNUE, 2023). SWITCH-Africa Green Programme. Retrieved

PNUE (2011). *Towards a Green Economy: Pathways to Sustainable Development and Poverty Eradication.* PNUE.

Programme des Nations Unies pour l'environnement (PNUE). (2023). SWITCH-Africa Green Programme. Retrieved from Department for International Development (DFID). (2023). UK's Green Economy Approach in Africa.

Porter, J. (2021), Community Engagement in Infrastructure Projects, Springer, p. 55-60.

Pretty, J., et *al.* (2011). Sustainable Intensification in African Agriculture. International Journal of Agricultural Sustainability, 9(1), 5-22.

Republic of Rwanda (2011). Green Growth and Climate Resilience: National Strategy for Climate Change and Low Carbon Development.

Rodriguez, M. (2020), Effective Resource Management and Strategic Growth, Springer, p. 25-30.

Rodrik, D. (2014). Économie politique du développement et transition vers une économie verte. Harvard University Press.Sachs, J ;D.(2015) "TheAge of Sustainable Development." Columbia University Press.

Rosenau, J. N. (2000). New and Old Challenges to Global Governance. In Global Governance and the United Nations System.

Roy, R. et Braathen, N. A. (2017). L'augmentation du coût de la pollution de l'air ambiant jusqu'à présent au 21e siècle : résultats des BRIICS et des pays de l'OCDE

Sabatier, P. A., & Weible, C. M. (2007). The Advocacy Coalition Framework: Innovations and Clarifications. In Theories of the Policy Process (pp. 189-220). Westview Press.

Sachs, Jeffrey D. (2015). "The Age of Sustainable Development." Columbia University Press.

Schor, J. B. (2014). Debating the Sharing Economy. Great Transition Initiative

Seguin, B., & Soussana, J. F. (2008). Émissions de gaz à effet de serre et changement climatique: causes et conséquences observées pour l'agriculture et l'élevage. *Le Courrier de l'environnement de l'INRA*, *55*(55), 79-91.

Smith, J. (2017). L'entreprise et la quête du profit. Éditions Économiques.

Smith, R. (2019), Community Contributions and Local Business Support, Oxford University Press, p. 30-35.

Smith, A. (2021). Impact des Infrastructures sur la Sécurité Alimentaire au Tchad. African Development Review, 32(4), 456-470.

Smith, A.M. (2019), Building Trust through Effective Communication, Sage Publications, p. 40-45.

Smith, L. (2022), Sustainability Commitment and Financial Benefits, Oxford University Press, p. 102-108.

Smith, L. (2018), The Role of Eco-Friendly Products in Resource Conservation, Oxford University Press, p. 80-85.

Smith, Strategic Performance Indicators, Oxford University Press, 2020, p. 45-49.

Smith, J. (2021). Long-Term Growth and Market Diversification, Springer, p. 115-121.

Smith, J. (2020). Strategic Performance Indicators, Oxford University Press, p. 45-49.

Smith, J. (2019). Systemic Failures in Environmental Policy, Cambridge University Press, p. 22-27.

Smith E. (2018), Corporate Social Responsibility and Employee Engagement, Springer, p. 89-95

Smith, S. (2019). Urban Low Emission Zones and Health Outcomes, Springer, 2019, p. 130-135.

Smith, R. (2018). Efficacité des instruments de politique publique. *Revue des Politiques Économiques,* 14(2), 45-58.

Smith, R., & Johnson, M. (2019). Réformes et politiques incitatives pour une économie verte. *Revue des Politiques Environnementales,* 17(2), 101-115.

Smith, R., & Johnson, M. (2018). Intégration du développement durable : Dimensions et défis. *Revue de l'Économie Durable,* 10(4), 57-72.

Société financière internationale (2012). Le secteur privé comme moteur du développement économique en Afrique. Washington, D.C.

Stern, N. (2007). The Economics of Climate Change: The Stern Review. Cambridge University Press.

Stevens, L. (2021), Proactive Risk Management Strategies, Wiley, p. 22-28.

Sundararajan, A. (2016). The Sharing Economy: The End of Employment and the Rise of Crowd-Based Capitalism. MIT Press Salleh, A. (2012). Rio+ 20 et l'économie verte: les technocrates, les méta-industriels, le Forum social mondial et Occupy. *Mouvements*, (2), 83-98 ;

Tchad, République du (2001). Finalisation du PIDR et programmes associés.

Tchad, République du (2008)b: Document de Stratégie Nationale de la Croissance et de Réduction de la Pauvreté. Mars.

Tchad, République du (2003). Stratégie nationale de Réduction de la pauvreté (SNRP), gouvernement du Tchad.

Tchad, République du (2006). Révision de la Stratégie nationale de Réduction de la pauvreté (SNRP2), gouvernement du Tchad.

Tchad, République du (2021). Ratification des textes juridiques internationaux en matière de gestion durable de l'environnement. Ministère de l'Environnement et du Développement Durable

Tchad, République du (2017). Cadre institutionnel pour la gestion des ressources naturelles. Ministère de l'Environnement et du Développement Durable.

Tchamou, Niger (2020). *Les Variations Climatiques au Tchad : Analyse et Perspectives.* Éditions L'Harmattan.

Tidd, J., Bessant, J., & Pavitt, K. (2005). Managing Innovation: Integrating Technological, Market and Organizational Change. John Wiley & Sons.

Tinto. T. (2011). Why Compensation and Offsets Matter. London.

Thompson, A. (2021). Green Economy Policies and Institutional Roles, Springer, p. 45-50.

UNDP. (2021). "Promoting Social Innovation for Green Transition". United Nations Development Programme.

UNDP. (2011). Disaster Risk Reduction and Recovery: Global Report. New York: United Nations Development Programme.

UNECA (2013), *Étude sur l'économie verte en Afrique de l'Ouest, Renforcement des capacités des pays ouest-africains en économie verte pour l'atténuation des changements climatiques*, 2013, http://www.uneca.org/sites/default/files/uploads/economie_verte_quinte_french_fev_11_2014.

UNEP. (2014). The Emissions Gap Report 2014. United Nations Environment Programme.

Union africaine, Banque africaine de développement et Commission économique pour l'Afrique (2010). *Déclaration de consensus.* Septième Forum pour le développement de l'Afrique, Addis-Abeba, 10-15 octobre.

UNEP (2011). Towards a Green Economy: Pathways to Sustainable Development and Poverty Eradication. United Nations Environment Programme.

United Nations Environment Programme. (2023). SWITCH Africa Green: Enabling Green Business and Sustainable Development in Africa.

United Nations Environment Programme. (2020). Innovative Financing for Low-Carbon Technologies in Africa. Nairobi:

United Nations Global Compact. (2004). Who Cares Wins: Connecting Financial Markets to a Changing World. New York: United Nations.

United Nations/Climate changed, « L'Accord de Paris. Qu'est-ce que l'Accord de Paris? », Article disponible sur https://unfccc.int/fr.

United Nations Economic Commission for Africa (2013). Making the Most of Africa's Commodities: Industrializing for Growth, Jobs and Economic Transformationn Addis-Abeba:. © ONU. ECA. https://hdl.handle.net/10855/23386

United Nations Economic Commission for Africa (UNECA). (2016). Greening Africa's Industrialization. UNECA.

United Nations Conference on Sustainable Development (Rio+20). (2012). The Future We Want. United Nations.

United Nations Environment Programme (UNEP, 2019). "Environmental Assessment and Management: A Guide for Practitioners." UNEP.

United Nations Environment Programme (UNEP, 2008). The DPSIR Framework: A Guide for Effective Environmental Assessment. Nairobi: UNEP.

United Nations Environment Programme (UNEP, 2009). Policy Objectives and National Development Priorities. Nairobi: UNEP.

United Nations Environment Programme (UNEP). (2018). Identifying and Addressing Environmental Trends: A Framework for Impact Assessment. Nairobi: UNEP.

United Nations Development Programme (UNDP, 2019). Defining Problems in Policy Development. New York: UNDP.

United Nations Development Programme (2019). A Handbook for Green Economy Policy and Strategy Development. New York: UNDP

United Nations Development Programme (UNDP, 2015). Integrated Policy and Strategy Development for Green Economy. New York: UNDP.

United Nations Development Programme (UNDP, 2023). Poverty and Income Levels in Chad.

United Nations Development Programme (UNDP, 2021). Youth Employment and Poverty Reduction in Africa. New York: United Nations Development Programme.

United Nations Development Programme (UNDP, 2019). Data Analysis and Sectoral Interactions in Rapidly Changing Environments. New York: UNDP

United Nations Environment Programme. (2023). SWITCH Africa Green: Enabling Green Business and Sustainable Development in Africa.

United Nations Office on Drugs and Crime (UNODC, 2022). "Enhancing Anti-Corruption Measures and Strengthening Institutions". UNODC.

United Nations Environment Programme (PNUE, 2013). A Guide for Developing Green Economy Strategies

United Nations Statistics Division (2023). Geographic Information on Chad

UNEP (2011). Towards a Green Economy: Pathways to Sustainable Development and Poverty Eradication.

UNEP (2019). National Vision and Green Economy Integration. Nairobi: United Nations Environment Programme.

UNEP (2017). Resource Efficiency: Potential and Economic Implications. Programme des Nations Unies pour l'environnement

United Nations Environment Programme (UNEP). (2019). Integrated Sectoral Approaches for Green Economy Indicators. Nairobi: UNEP

United Nations Environment Programme (UNEP, 2008). The DPSIR Framework: A Guide for Effective Environmental Assessment. Nairobi: UNEPUNESCO (2015). Programme de développement durable à l'horizon 2030. Organisation des Nations Unies pour l'éducation, la science et la culture. Partenariat pour une action sur l'économie verte. (2017). Rapport sur les initiatives d'économie verte en Afrique.

United Nations Environment Programme (UNEP, 2018). Identifying and Addressing Environmental Trends: A Framework for Impact Assessment. Nairobi: UNEP.

United Nations Environment Programme (UNEP, 2009). Policy Objectives and National Development Priorities. Nairobi: UNEP.

UNEP (2011). Towards a Green Economy: Pathways to Sustainable Development and Poverty Eradication. United Nations Environment Programme.

SMART Goals Institute (2018). Formulating SMART Objectives for Policy Making. Cambridge: SGI.

United Nations Development Programme (UNDP, 2019). Defining Problems in Policy Development. New York: UNDP.

Organisation for Economic Co-operation and Development (OECD). (2020). Comparative Analysis of Policy Options. Paris: OECD.

United Nations Environment Programme (PNUE, 2013). A Guide for Developing Green Economy Strategies

United Nations (2021), Global Challenges: Poverty and Climate Change.

United Nations (2021), Overview of the 17 Sustainable Development Goals.

United Nations Development Programme (2022), The Poverty Trap and Natural Disasters. United Nations Environment Programme (UNEP). Investment World Bank. (2016). The Role of Subsidies in Agricultural Productivity. Washington, DC: World Bank Publications.

United Nations (2015). Transforming our world: the 2030 Agenda for Sustainable Development. United Nations.World Investment Report 2023 (publication de l'ONU, 2023). Africa Energy Outlook 2022 (Paris, 2023)

Union africaine, Banque africaine de développement et Commission économique pour l'Afrique (2010). Déclaration de consensus. Septième Forum pour le développement de l'Afrique, Addis-Abeba, 10-15 octobre 2010.

Ury, W. (2011). Getting to Yes: Negotiating Agreement Without Giving In, Penguin Books, p. 98-105.

Utting, P. (2015). Social and Solidarity Economy: Beyond the fringe?. Zed Books.

Victor, D. G. (2006). Fragmented Politics: Climate Governance and the Rule of Law. Oxford University Press.

White, D. (2019) The Role of Corporate Reputation in Talent Attraction, Palgrave Macmillan, p. 45-50

White, D. (2020) Greenhouse Gas Reduction Strategies, Routledge, 2020, p. 45-50.

White, l. (2019), Public Health and Environmental Management, Palgrave Macmillan, 2018, p. 50-55

White, E. (2021) Innovation as a Driver of Competitive Advantage, Palgrave Macmillan, p. 40-45.

White, E. (2022) Diversification and Competitive Position in Financial Services, Routledge, p. 45-50.

White, E. (2021) Consumer Contributions to Sustainable and Equitable Economies, Springer, 2021, p. 22-27.

White, J. (2022) Accelerating the Transition to Sustainable Business Practices, Routledge, p. 100-105. U.S. Department of Energy. "Energy Saver: LED Lighting." DOE, 2021.

White, J. (2022) Building Brand Reputation with Innovative Practices, Routledge, p. 105-110.

World Bank (2014). Green Growth and Economic Policies. Washington, D.C.: World Bank Group.

White, S. (2020) Civil Society and Environmental Accountability, Springer, p. 28-34.

White, S. (2019) Target Setting in Environmental Policy, Springer, p. 134-140.

White L. (2020), Long-Term Socio-Economic Development and Sustainability, Routledge, p. 54-60. Williams, C. (2020). Rethinking Policy Instruments for Sustainable Development. Presses Économiques.

Williams, C. (2021). Technologies vertes et qualité du processus de transition. Journal des Technologies Durables, 19(2), 67-82

Williams, C. (2020). Application de la règlementation et mécanismes de financement durables. Journal de l'Économie Environnementale, 21(4), 134-150.

Williamson, O. E. (1985). The Economic Institutions of Capitalism: Firms, Markets, Relational Contracting. Free Press.

World Bank (2020) "Regulations and Institutional Arrangements for Policy Implementation." World Bank.

World Bank (2022). "Public Expenditure Review: Improving Efficiency and Effectiveness". World Bank.

World Bank (2012). "Inclusive Green Growth: The Pathway to Sustainable Development". World Bank.

World Bank (2015). Poverty and Social Impact Analysis: A Conceptual Framework. Washington, D.C.

World Bank (2015) International Organization for Standardization (ISO). ISO 14001: Environmental Management Systems – Requirements with Guidance for Use. Geneva: ISO

World Bank legal review (The), volume 5: Fostering development through opportunity, inclusion, and equity. Washington: Banque mondiale

International Institute for Environment and Development (IIED, 2019). Incentives and Disincentives in Policy Implementation. London: IIED.

World Bank (2018). Capital Investments and Policy Strategies for Sustainable Development. Washington, D.C.: World Bank.

World Bank (2013). World Development Report 2013: Jobs. World Bank Group.

World Bank (2020). Trends and Models in Sectoral Performance Assessment. Washington, D.C.: World Bank.

Yellow, M. (2019) Sustainable Development Integration, Oxford University Press, , p. 142-148.

World Bank (2015). Poverty and Social Impact Analysis: A Conceptual Framework. Washington, D.C.: World Bank.

World Bank (2020). Understanding Poverty: Key Factors and Behavioral Determinants. Washington, D.C.

World Bank (2021). World Development Report 2021: Data for Better Lives. World Bank Publications.

World Bank (2021). Potentiel Routier et Infrastructures au Tchad. Washington, DC: World Bank Publications.

World Bank (2018). Capital Investments and Policy Strategies for Sustainable Development. Washington, D.C.: World Bank.

World Bank (2019). Terres Cultivables et Utilisation Agricole au Tchad. Washington, DC: World Bank Publications

World Bank (2018). The Role of Resource Efficiency in Promoting Sustainable Development. Banque mondiale.

World Bank (2005). Managing Stakeholder Priorities in Development Projects. Washington, DC: World Bank.

World Bank (2020). Green Economy Strategies: A Framework for Action. Washington, D.C.: World Bank

World Bank. "Regulations and Institutional Arrangements for Policy Implementation." World Bank, 2020.

World Bank "Private Sector Development: Overview." World Bank, 2020.

World Bioenergy Association (WBA, 2021). "Global Bioenergy Statistics 2021." WBA.

World Commission on Environment and Development (WCED, 1987). Our Common Future: Report of the Brundtland Commission. Oxford University Press

World Resources Institute (WRI, 2019). Engaging Stakeholders in Environmental Policy Making. Washington, D.C.: WRI.

World Resources Institute. (2020). Sectoral Performance and Sustainable Development. Washington, D.C.: WRI.

World Resources Institute. (2020). Setting Targets and Measuring Progress in Environmental Policy. Washington, D.C.: WRI

World Wildlife Fund (WWF, 2022). "Fonds Mondial pour la Nature Afrique: Rapport Annuel 2022." WWF.

Table des matières

www.ingramcontent.com/pod-product-compliance
Lightning Source LLC
LaVergne TN
LVHW011006061026
849535LV00006B/1743

Structures éditoriales du groupe L'Harmattan

L'Harmattan Italie
Via degli Artisti, 15
10124 Torino
harmattan.italia@gmail.com

L'Harmattan Hongrie
Kossuth l. u. 14-16.
1053 Budapest
harmattan@harmattan.hu

L'Harmattan Sénégal
10 VDN SICAP AMITIE 3
BP 45034 Dakar-Fann
direction@senharmattan.com

L'Harmattan Cameroun
Tsinga/Derrière polyclinique FECAFOOT
BP 11486 Yaoundé
Jacques.koukam@harmattan.fr

L'Harmattan Burkina Faso
Villa 281, secteur 23 623, rue 14.32
Ouagadougou
zagbie@outlook.fr

L'Harmattan Guinée
Almamya, rue KA 028 OKB Agency
BP 3470 Conakry
harmattanguinee@yahoo.fr

L'Harmattan RDC
185, avenue Nyangwe
Commune de Lingwala – Kinshasa
matangilamusadila@yahoo.fr

L'Harmattan Congo
219, avenue Nelson Mandela
BP 2874 Brazzaville
deunovmikhael@gmail.com

L'Harmattan Mali
Immeuble Mgr Jean Marie Cissé
Aci Hamadallaye
BP 145 Bamako
syllaka@yahoo.fr

L'Harmattan Togo
Djidjole – Maison Amela
face EPP BATOME
02 BP 20680 Lomé
didieramela11@gmail.com

L'Harmattan Côte d'Ivoire
Résidence Karl – Cité des Arts
Abidjan-Cocody
03 BP 1588 Abidjan
harmattan.ivoire@gmail.com

L'Harmattan Bénin
Rue 604, (Immeuble à l'entrée
de la rue UCAO- Cite de Saint-Jean)
Cotonou
stepcorpus@gmail.com

Nos librairies en France

Librairie internationale
16, rue des Écoles
75005 Paris
librairie.internationale@harmattan.fr
01 40 46 79 11
www.librairieharmattan.com

Librairie des savoirs
21, rue des Écoles
75005 Paris
librairie.sh@harmattan.fr
01 46 34 13 71
www.librairieharmattansh.com